L'IMAGINAIRE FAMILIAL

L'IMAGINAIRE FAMILIAL

Tests projectifs en famille

Éric Loonis

—

ISBN : 9781507562154

Autres ouvrages de l'auteur

ericloonis.com

TABLE DES MATIÈRES

1 - INTRODUCTION

Entre rêve et réalité : l'homme

L'imagination est, avec le langage, la faculté qui distingue le plus nettement l'animal humain des autres animaux. Grâce à elle nous pouvons prévoir, anticiper, supposer, mais aussi nous motiver, nous stimuler. En ce sens elle nous permet une meilleure adaptation à notre univers terrestre, elle nous donne des outils psychiques à la base des nombreux outils techniques qui nous permettent aujourd'hui une puissance d'action considérable sur notre environnement humain et non humain.

À l'inverse, l'imagination peut, de par sa virulence, nous entraîner vers l'illusion, déformer notre perception de la réalité ambiante, voire nous en couper plus ou moins complètement. De là, l'imaginaire peut devenir la source de comportements préjudiciables tant pour nous-mêmes que pour notre environnement social et écologique.

Nous voici alors amenés au constat bien commun, qu'en imagination, comme en toutes choses, il faut un équilibre entre le trop et le pas assez. Or, nous constatons que cette régulation de l'imaginaire passe essentiellement par l'interaction avec autrui. Certes, l'émulation collective peut conduire aux pires excès lorsqu'elle est marquée par la croyance en une indifférenciation entre les hommes ; mais si l'originalité et la différence de chacun sont respectées, l'imagination d'autrui devient source d'équilibre pour notre propre imaginaire. À la fois stimulant, apport de nouvelles images, nouveaux concepts, nouvelles réflexions, mais aussi frein à nos propres débordements imaginaires par effets de relativisation, occasion de remise en question de nos croyances, par la confrontation directe aux idées des autres.

Au temps où les hommes n'avaient pas encore d'écriture pour transmettre leurs connaissances et leurs rêves, ceux qui avaient le plus de mémoire et d'imagination avaient aussi le plus de pouvoir sur leurs semblables. Qu'ils soient sorciers bâtisseurs de mythes, conteurs pour les longues soirées au coin du feu, harangueurs, bonimenteurs, orateurs devant les guerriers, les foules, les clients, tous utilisaient le médium de la parole pour influencer leurs semblables, modifier leurs perceptions des choses et du monde, les stimuler à l'action, susciter des émotions. C'est l'imagination humaine qui a créé les religions, l'amour, les arts et les sciences, mais c'est elle aussi qui habille de valeurs négatives l'ennemi à abattre, qui entretient la haine et la peur, les stéréotypes, les illusions et les superstitions.

Ainsi, l'imagination nécessite un double équilibre, en quantité entre en avoir trop ou pas assez, mais aussi en qualité, entre avoir une *bonne* ou une *mauvaise* imagination. Loin de nous l'idée présomptueuse de prétendre définir les critères du trop ou du pas assez, du bon ou du mauvais. Nous pensons plutôt que ces critères n'existent pas dans l'absolu. Simplement, selon les situations, les contextes sociaux, historiques, personnels, chacun doit découvrir, pour lui-même et pour son groupe social (société, entreprise, famille, etc.) ce que sont l'excès ou le manque, le bien ou le mal, en matière d'imagination. Cette découverte personnelle, dynamique, jamais figée, toujours remise en question, passe par une juste confrontation à l'imaginaire d'autrui.

L'imagination, poumon du psychisme

Aujourd'hui, à l'ère de la chose écrite, du cinéma, de la télévision, de l'ordinateur et de l'internet, on observe à la fois une inflation de l'imaginaire collectif et, en contrepartie, un appauvrissement, une carence d'imagination par une sorte de saturation, mais aussi par la perte des liens imaginaires, vivants, entre des individus de plus en plus isolés socialement, psychiquement. Nous avons perdu, dans les sociétés occidentales de haut niveau économique technologique, la plupart de nos racines imaginaires originales, originelles et collectives, qui ont été remplacées par un imaginaire pauvre et stéréotypé dont la télévision est le plus visible représentant.

La recherche moderne en psychologie montre que la croissance, la maturation et la santé de la personnalité humaine, ainsi que ses capacités d'adaptation, sont liées aux capacités d'imagination de l'individu. Lorsque cette forme de mentalisation se trouve réduite ou bloquée c'est alors qu'apparaissent les troubles psychosomatiques, les problématiques de l'agir, les passages à l'acte pervers ou agressifs, les comportements stéréotypés, les idéologies rigides et extrémistes, la maladie mentale des individus et de leur société.

L'imagination est une sorte de poumon du psychisme qui le nourrit en oxygène. Que ce poumon vient à perdre de son pouvoir vivifiant et tout le psychisme sombre dans l'asphyxie « idéatoire ». Un psychisme, comme un groupe d'individus, ne se maintient en vie qu'au prix de conflits incessants. Conflits dans le moi et entre ça et surmoi, entre les désirs, entre désirs et interdits, entre les perspectives nouvelles et les vieilles pensées, entre les souvenirs nostalgiques et les visions d'espérance. Sans cette tension psychique, l'individu, comme le groupe, sombre dans une sorte de chaos intérieur, une mort psychique, un étouffement.

Il y a toujours un moment dans la psychothérapie où, patient et thérapeute, se demandent comment se réalise le processus de croissance, de résolution, voire de « guérison » (à condition d'enlever à ce terme toute connotation trop médicale). Les théories qui tentent d'avancer une réponse ne manquent pas ; mais le sens concret du changement reste toujours un peu mystérieux. La théorie ne parvient jamais à expliquer totalement l'alchimie subtile de la cure.

L'hypothèse que nous voudrions avancer est que, sous quelque forme que ce soit, le thérapeute et le cadre de la thérapie qu'il offre, sont toujours un facteur de relance, de stimulation et de développement de l'imaginaire du patient. Ce phénomène, qui est patent dans des techniques essentiellement axées sur l'imaginaire, comme le psychodrame, le rêve éveillé dirigé, l'hypnothérapie stratégique, existe aussi dans la plupart des autres approches. Par exemple, dans les thérapies psychocorporelles le patient est entraîné à réaliser des liens imaginaires entre ses sensations corporelles et ses nœuds psychiques ; en psychanalyse, hormis le fait que la règle fondamentale de libre association et les interprétations éveillent l'imagination, le simple cadre de la cure, par les éléments transférentiels qu'il suscite, peut être considéré, lui aussi, comme un stimulant de la fantaisie imaginaire.

Au travers du concept de *roman familial*, Freud a mis en évidence cet aspect de l'imaginaire, des fantasmes de l'enfant qui réinvente sa famille, ses parents, sa fratrie, afin de réguler ses impressions, ses affects, ses pensées autour du conflit œdipien et fraternel, la prise de conscience de ce que sont réellement ses parents. À l'aide de ce roman familial, l'enfant s'aide à accepter la réalité d'une famille qui ne l'enchante pas toujours. Il peut trouver parfois ses parents faibles et mesquins alors qu'il les voudrait forts et parfaits. Il lui faut accepter de partager l'amour de son parent du sexe opposé au sien, avec l'autre parent et avec ses frères et sœurs. L'imagination peut lui permettre d'écarter les gêneurs. Plus tard l'adolescent, puis l'adulte, s'inventent spontanément plus qu'un roman, mais un véritable mythe de leur enfance, de leur passé : enfant malheureux, ou enfant-roi, bon père, mauvaise mère, chacun habille la réalité de ses souvenirs des masques de ses désirs, de sa volonté de paraître, de se justifier, de s'expliquer à lui-même et aux autres.

L'imagination nourrit les mythes collectifs

Si l'imagination est nécessaire à la santé psychique de l'individu, elle est toute aussi indispensable à celle du groupe, qu'il soit naturel ou artificiel, famille, entreprise, institution, équipe, classe d'école, etc. À ce niveau l'imaginaire devient collectif et s'érige en mythes que l'on partage, que l'on commémore, que l'on joue ensemble, qui donnent un sens aux liens, aux relations, aux affects que l'on partage dans le groupe, aux comportements de chacun. Les mythes qu'un groupe d'humains développe et entretient ont deux grandes fonctions. Ils servent tout d'abord la mémoire collective et, en ce sens, ils donnent un sens au présent en regard du passé. Mythe fondateur, mythe des origines, épopées des grands héros du passé, ils donnent des racines aux individus et justifient la pérennité des valeurs qu'ils partagent entre eux. La vie, la mort, la cosmologie, les guerres, les légendes, aussi bien que les faits réels, s'y mêlent pour donner une âme à un groupe.

La seconde fonction des mythes, complémentaire de la première, est celle d'une régulation dans l'ici-maintenant du fonctionnement d'un groupe. En ce sens nous verrons qu'un groupe, une famille, qui fonctionnent mal, qui sont en crise, peuvent, bien souvent, être déclarés comme en « carence de mythe ». Ainsi, plus que mémoire d'un passé collectif, le mythe, et donc l'imaginaire, devient-il l'outil permettant de maintenir l'homéostasie du groupe. Il se présente comme des mises en scène spontanées, des psychodrames quotidiens, des scènes de ménage, des crises qui se répètent. Car la crise n'est carence de mythe que si elle se prolonge indéfiniment et ne parvient pas à se résorber.

Dans le mythe partagé, le groupe se raconte à lui-même, à un niveau de communication plus ou moins inconscient, il se joue aussi à lui-même, il reprend les éléments de sa problématique pour essayer de les réarranger, de les faire évoluer. Ici l'imagination est, plus ou moins, aux émotions présentes et aux images du passé. D'autres images peuvent alors surgir, elles concernent l'avenir du groupe ; inquiétantes ou optimistes, elles nourrissent les motivations, les projets, les perspectives temporelles du groupe.

Au sein de ces interactions propres aux groupes humains, comme la famille, l'équipe professionnelle, on voit bien que l'imagination n'est pas seulement images invisibles, parce que dans la tête de l'autre, pensées, rêves intimes. Elle est des discours que l'on s'adresse, des réactions que l'on affiche, des comportements qui interagissent, des émotions qui se heurtent ou se conjuguent. Quelque part, on peut dire que l'imagination n'est rien si elle n'est pas partagée. Même le poète, ou l'écrivain, dans la solitude de leur inspiration, œuvrent pour s'adresser à leurs semblables et attendent d'eux la reconnaissance de leurs créations.

Dans cet ouvrage nous parlerons d'imagination : celle d'une famille. Une famille en carence de mythe, avec des difficultés relationnelles, psychologiques, scolaires pour les enfants. Une famille que l'on a pu aider à l'aide de deux techniques qui ont stimulé directement son imaginaire collectif : le *Test Aperceptif Systémique Thématique* (TAST) et la *Technique de Stratégie Paradigmatique* (TSP). À cette occasion, nous découvrirons ces deux outils cliniques, qui sont nouveaux et que nous avons mis au point pour les familles que nous recevons en consultation.

Nous essaierons de montrer comment la première de ces techniques, le TAST, peut se révéler être un outil intéressant d'évaluation de la famille tant à ses niveaux intrapsychiques, psychodynamiques, que systémiques et interactifs. Et comment il engage efficacement le mouvement de la psychothérapie familiale et permet d'appuyer des interprétations, donc de dynamiser l'imaginaire familial tout au long de la cure. Puis, nous aborderons la seconde technique, la TSP, qui nous permet, à certaines étapes difficiles du traitement, de relancer la dynamique mentale familiale, tout en favorisant des sédations et des réaménagements.

Notre approche n'est ni purement psychanalytique, ni purement systémique. Son originalité tient à ce qu'elle cherche, non à opposer, mais au contraire à créer des ponts entre ces deux courants que beaucoup jugent comme incompatibles. Nous essaierons de montrer, au-delà des simples ébauches que l'on rencontre chez quelques auteurs œcuménistes, qu'un modèle théorique « psychosystémique », qui prendrait en compte à la fois les variables intrapsychiques et interactives, et les renverrait les unes aux autres au travers d'hypothèses testables, est aujourd'hui possible. C'est même, selon nous, la seule voie prometteuse d'avenir pour la clinique psychologique, car c'est la seule qui permettra de profiter de l'ensemble des approches de la personnalité humaine, de la psychanalyse jusqu'à la sociologie, voire la neurobiologie, en passant par les apports cognitivistes, néo-comportementalistes, systémiques, psychosociaux.

La synthèse, jeter des ponts entre les disciplines, est un exercice à la fois difficile et périlleux. On y côtoie aussi bien le risque d'amalgame incohérent, d'éclectisme stérile, voire de confusion mentale ou méthodologique pour le chercheur trop téméraire. En même temps, la synthèse, en sciences humaines comme ailleurs, passés les verdicts hâtifs qui la condamnent d'avance, s'est toujours révélée un formidable terrain d'avancées, de découvertes, en un mot, de cette imagination, objet de notre travail avec les familles et dont, en science, on n'a jamais de trop.

2 – UN MODÈLE PSYCHOSYSTÉMIQUE

Les racines du modèle

Ce modèle psychosystémique de la famille, tel que nous le proposons, ne sort pas du néant. Il a de nombreux précurseurs qui annoncent depuis des années son avènement. Tout d'abord une lignée de psychanalystes qui se sont efforcés de transposer des concepts de la métapsychologie individuelle à celle du groupe et de la famille. Si déjà Freud, en considérant les instances psychiques (ça, moi, surmoi, idéal du moi) comme un groupe intériorisé, préfigurait la psychanalyse groupale, s'il ne manqua pas de tenter d'établir des ponts entre la psychologie individuelle et collective (*Psychologie des foules et analyse du moi*, *Totem et Tabou*, etc), c'est sans doute Bion et Anzieu qui ont, les premiers, approfondi une « théorie des groupes » prenant en compte les aspects imaginaires, fantasmatiques, de l'interaction.

L'impact du fantasme, ou son absence, ou ses distorsions apparaissent très tôt dans la vie de l'être humain et déjà dans la relation entre la mère et son enfant (Bion, 1961, 1964 ; Winnicott, 1975). La « capacité à rêver » de la mère conditionne le développement psychique de son enfant, sa propre capacité à élaborer une fantasmatique qui va lui permettre de littéralement *digérer* les matériaux psychiques afin de se les rendre assimilables. Il s'agit de la transformation des éléments *béta* bruts, c'est-à-dire des impressions fortes, des angoisses, des images terrifiantes, en éléments *alpha* intégrables sous la forme de représentations élaborées, structurées, habitées de personnages, d'événements, de tableaux familiers, le tout formant des protos mythes. Ce métabolisme psychique va se retrouver au niveau des groupes humains : petits groupes artificiels, institutionnels, famille.

Si l'individu présente comme une *peau psychique* (Anzieu, 1974), le groupe et la famille constituent aussi, au niveau de leur psychisme collectif une sorte de *moi-peau groupal* qui marque une frontière, à la fois filtre et protection, entre l'intérieur et l'extérieur du groupe (Anzieu, 1975). Cette enveloppe qui fait tenir ensemble les individus est constituée d'un mythe collectif sur le plan de l'imaginaire, mythe qui fonde l'histoire du groupe, son origine et sa situation actuelle. Puis viennent des lois implicites ou explicites, des coutumes, des rites, qui mettent en acte le mythe. L'enveloppe groupale donne et marque la place de chacun au sein du groupe, elle délimite un espace et une temporalité propres à ce groupe, un réseau d'interaction et une trame symbolique qui dépasse la vie du groupe et peut se perpétuer dans la mémoire collective.

Un psychisme collectif

L'ensemble de ces considérations sur le psychisme collectif a conduit les auteurs à appliquer aux groupes et aux familles des notions jusque-là réservées aux individus. C'est ainsi que furent forgés les concepts d'*appareil psychique groupal* (Kaes, 1976) et d'*appareil psychique familial* (Ruffiot et al., 1981). La famille, ou le groupe ne sont pas un agrégat d'individus, mais un système. On a vu que ce système possède une enveloppe psychique faisant tenir ensemble ses membres, mais l'ensemble des psychismes individuels en interaction forme une masse psychique commune qui constitue un véritable appareil. Il est bien entendu, qu'à l'instar des autres concepts métapsychologiques, cet appareil est une métaphore, une *fiction utile* (Freud, à propos des pulsions), afin de pouvoir décrire, comprendre et formaliser la clinique groupale et familiale.

Avec l'appareil psychique collectif, le groupe prend corps, il s'organise de l'intérieur. Entité sans corporéité au départ, au fur et à mesure de sa maturation, le groupe se forge des métaphores corporelles qui vont étayer ses instances psychiques collectives. Pour la famille, déjà constituée de *membres*, de *ressemblances*, d'un *air de famille*, du *sang*, de *marques corporelles* ou *vestimentaires*, le corps familial est là depuis toujours ; il fut transmis par la génération des parents et celles d'avant. Ce corps commun partage la même nourriture matérielle et aussi spirituelle. On repère le très important phénomène d'*interfantasmatisation* lorsque les membres d'un groupe ou d'une famille semblent fonctionner au travers d'une représentation commune qui les anime et *résonne* des uns aux autres. Cette représentation, plus ou moins consciente, peut être un *fantasme individuel* qui s'est collectivisé sous l'impact d'un leader, ou bien un de ces *fantasmes originaires* partagés par toute l'humanité. Souvent l'enveloppe psychique du groupe devient un lieu de projection du fantasme partagé. Par exemple, telle famille qui partage des représentations angoissantes, persécutrices vis-à-vis du monde social extérieur, projette cela sur les parties rituelles de son enveloppe et se livre à des comportements protecteurs, comme ne pas ouvrir aux étrangers, garder en permanence les volets clos.

Du psychisme au système

Nous venons de lancer le concept de système en évoquant le concept d'appareil psychique familial ; pour certains psychanalystes, ou systémiciens, puristes, c'est presque là une hérésie ! Pourtant c'est bien à ce genre d'exercice de rapprochement que nous nous livrerons tout au long de cet ouvrage. Référons-nous, tout d'abord, à la définition classique du concept de système, soit (Vocabulaire de la Psychologie, 1987) : « Un ensemble organisé d'interrelations entre objets, *individus* ou événements. Au travers du réseau d'interrelations se dégagent les propriétés fonctionnelles du « tout » dépendant des « parties » et contraignant les « parties » ».

Nous voyons que le groupe familial est tout d'abord une structure constituée de parties, fonctionnellement reliées pour former une globalité interdépendante. Cette structure devient système dès qu'on la conçoit dans le dynamisme de son fonctionnement, sur la trame d'une temporalité, dans son ouverture à d'autres systèmes de même niveau (d'autres familles), ou de niveau supérieur (les institutions sociales). Pour les systémiciens ce système familial est perçu comme un ensemble *pragmatique* d'interactions et de communications. Pragmatique signifie ici que les communications, à leurs divers niveaux (digital, analogique, contextuel, implicite ou explicite), ont un impact sur le comportement des individus. Sorti de là, le systémicien s'interdit, en principe, toute référence, et en fait toute inférence, quant à des processus psychiques conscients ou inconscients. On ne touche pas à la boîte noire !

Sur le versant intrapsychique, la définition d'un appareil psychique familial est beaucoup moins nette. C'est comme si déjà la pensée, les fantasmes et l'inconscient, ces objets invisibles, impalpables, subjectifs, ne pouvaient former qu'un ensemble flou, un peu nébuleux, voire en négatif des apparences. On se réfère communément à la définition de Ruffiot (Miermont, *Dictionnaire des thérapies familiales*, 1987 et Ruffiot, 1979, 1981) qui a proposé les termes : « Un espace intermédiaire, ternaire, médiateur, entre la réalité psychique interne et la réalité sociale externe. L'appareil psychique familial serait la matrice de tout appareil psychique groupal. Il se construit dans *une zone obscure, indifférenciée, des différents membres du groupe familial.* Il serait une confusion des espaces psychiques, ouverts sur la communication et aurait pour fonction de contenir les psychismes individuels et de permettre une capacité de rêverie collective ».

Voyons ce que nous pouvons tirer de cette définition assez complexe. Cet espace intermédiaire, médiateur, nous renvoie irrésistiblement à l'espace potentiel, ou transitionnel (Winnicot, 1975). Il s'agit d'un concept abstrait, une métaphore, pour signifier qu'entre la mère et l'enfant se forme un espace psychique où s'élaborent et sont partagés les rêveries, les fantasmes et les premiers symboles. On pourrait ainsi dire que l'appareil psychique familial tient de cet espace intermédiaire, entre tous les membres, ce qui explique que l'espace potentiel entre la mère et l'enfant soit le prototype fondateur de tous les espaces intermédiaires au sein des familles et des groupes. Cela nous permettrait de relier cet espace à une possibilité de communication des psychismes (sans que l'on sache encore ce qu'il faut entendre par là exactement, ni comment peut s'opérer une telle communication) et aux capacités de rêverie collective.

Enfin, « zone obscure, indifférenciée », au-delà de la poésie, l'auteur veut nous rappeler que cet espace transitionnel participe et reste plus ou moins rattaché à l'état d'indifférenciation sujet-objet du nourrisson. Il s'agit des liens narcissiques où les personnes semblent se prolonger les unes les autres, avec un moi-peau commun. En ce sens, l'appareil psychique familial renvoie à une fonctionnalité très primitive et archaïque, c'est un appareil de pensée fusionnel au sein duquel les individualités ne sont pas clairement différenciées, ce qui implique des possibilités de coalitions interpsychiques variées.

Dans cette définition de l'appareil psychique groupal-familial nous pouvons relever une faiblesse du côté de la fonctionnalité commune, du côté du système, de parties reliées les unes aux autres par un réseau de règles, de représentations, etc., et qui sont en interaction. L'accent est trop porté sur la dimension archaïque, indifférenciée, la confusion et l'on perçoit mal le fait que nous sommes en présence d'individus qui, même s'ils participent à des éléments indifférenciés de leur fonctionnement psychique collectif, présentent aussi des possibilités d'articulation les uns par rapport aux autres au travers de la distribution des instances, des imagos, des rôles sexuels, des fantasmes.

Pour d'autres analystes familiaux cette articulation des psychismes est mieux mise en évidence (Caillot, Decherf, 1989, p.54) : « L'appareil psychique familial, par le biais de l'interfantasmatisation, se construit en articulant entre eux les appareils psychiques individuels (…) grâce au développement d'une aire fantasmatique commune, intermédiaire entre la famille externe et la famille interne propre à chaque membre de la famille ».

L'appareil psychique familial serait donc marqué à la fois par un pôle de différenciation nécessaire à l'articulation des psychismes entre eux, et un pôle d'indifférenciation qui implique l'imaginaire familial dans une résonance fantasmatique. L'indifférenciation dans l'appareil psychique familial est bien marquée par le fait que les différentes composantes de cet appareil ne recoupent pas exactement les personnes. Si l'on y repère, par exemple, les instances du ça, du moi et du surmoi, on s'aperçoit que le ça peut correspondre aux deux fils délinquants et à une partie du père, celle relative à une ancienne erreur de jeunesse qui l'aurait conduit en prison. Que le surmoi peut être incarné par l'épouse et sa mère (la grand-mère maternelle), plus l'assistante sociale qui a pris, malgré elle, une place privilégiée dans la dynamique familiale. Le moi, quant à lui, il arrive souvent que ce soit le thérapeute qui l'incarne. Dans le système thérapeutique, par les voies occultes du transfert/contre-transfert, le thérapeute représente durant la cure ce pôle (en grande partie idéalisé) de cohérence, cette fonction digestive, de secondarisation qui manque à la famille.

Ainsi, en complétant la définition de l'appareil psychique familial, nous nous rapprochons peu à peu du concept de système. Ce rapprochement pourra être accentué si nous rappelons que pour Freud l'appareil psychique individuel accomplit un travail d'équilibrage de l'énergie psychique : il la maintient au plus bas. Nous ne reviendrons pas ici sur la critique de l'énergétique freudienne, sinon pour souligner que l'énergie psychique en question est éminemment métaphorique, que l'on pourrait la traduire par des degrés de motivation appliqués sur divers buts comportementaux moteurs, langagiers, émotionnels ou proprement psychiques. Et ensuite, que loin de maintenir cette tension motivationnelle au plus bas, l'appareil psychique s'efforce plutôt de maintenir une certaine tension entre un niveau trop bas qui serait vécu comme angoisse mortifère et un niveau trop élevé qui pourrait être destructeur. Partant de là, nous pouvons supposer une même fonction de régulation en ce qui concerne l'appareil psychique familial. Il maintiendrait un équilibre psychique, motivationnel et émotionnel entre les membres de la famille, c'est-à-dire une homéostasie du système familial, ce qui correspond à la définition classique du système familial pour les tenants de l'approche systémique.

Ayant ainsi pu rapprocher les concepts de système et d'appareil psychique collectif, nous commençons à voir s'esquisser les premiers liens que nous essaierons de renforcer entre les approches psychanalytique et systémique.

Un auteur comme Eiguer (1983, p.61), qui est psychanalyste familial, n'hésite pas à souligner les proximités entre les deux courants. Par exemple, il relève que le concept systémique de « la totalité du système, qui représente plus que l'addition des parties », peut être appliqué à l'interfantasmatisation, qui représente plus que la somme des fantasmes de chaque membre. Une nouvelle dimension imaginaire apparaît.

De même, la notion systémique des types logiques (la classe des objets est d'un tout autre niveau logique que les objets eux-mêmes) peut être appliquée aux diverses couches psychiques que sont le fantasme inconscient, la figuration du rêve qui en est issue et le récit du rêve qui suit. Un saut logique est accompli entre ces couches qui sont à un niveau

« méta » les unes par rapport aux autres. Le rêve est un commentaire à propos du fantasme et le récit est un commentaire à propos du rêve. Dans certaines familles on peut observer des confusions paradoxales entre ces diverses couches psychiques. Ce qui renvoie aux confusions de niveaux logiques décrites par les systémiciens.

Qu'il s'agisse du système ou de l'appareil psychique groupal-familial, nous avons toujours affaire à des fictions nécessaires, qui proposent deux regards complémentaires du même objet. Cette dualité des regards ne doit pas être considérée comme un handicap, ou une incompatibilité, mais bien au contraire comme une chance de passer d'une vision borgne à une vision binoculaire des groupes et des familles. L'appareil psychique familial nous donne de la famille un modèle explicatif sur le versant intrapsychique, fantasmatique, symbolique et pulsionnel, tandis que le système familial nous offre un autre modèle explicatif, complémentaire du premier, sur le versant communicationnel, pragmatique, interactionnel. Ces deux modèles ne s'opposent pas, ils sont épistémologiquement conciliables, bien que souvent ils demandent une certaine gymnastique mentale pour le chercheur. Ce qui doit alors être mis en question n'est point la compatibilité des fictions, mais la souplesse psychique, imaginaire du clinicien et du théoricien.

Il n'est plus borgne, il louche

Certains collègues nous ont avoué qu'ils avaient les plus grandes difficultés à voir leurs familles de patients sous l'autre regard, et ce malgré des connaissances approfondies de l'autre courant. Nous voulons répondre à ces difficultés non en abondant dans le sens de l'exclusion, qui nous paraît stérile, mais en soulignant que la conjonction des modèles psychanalytique et systémique, déjà peu aisée au niveau théorique, très difficile au niveau de la pratique clinique, nécessite un entraînement soutenu sur une durée plus ou moins longue. Par exemple, durant nos études universitaires, nous nous sommes astreints à lire, soit en alternance, mais souvent en même temps, à la fois des ouvrages de psychanalyse familiale et systémiques. Pour tous ces ouvrages, nous nous sommes laissés emportés par l'esprit de conviction, la séduction qui émanait de leurs descriptions et analyse des phénomènes familiaux. Nous avons volontairement goûté l'inconfort intellectuel de ces séductions opposées. À jouer ce jeu, nous n'avons pas eu l'impression qu'il y avait un risque de devenir intellectuellement schizophrène ! Car au-delà de la conviction, nous nous sommes aussi efforcés d'opposer et d'enrichir les deux courants de pensée l'un à l'autre. Les faiblesses de l'un éclairées par les atouts de l'autre ; les précisions, ou au contraire les globalisations, de l'autre nous aidant à dépasser les limites de l'un.

D'autres points de convergence peuvent être proposés ; nous ne ferons que les esquisser, car l'objet de notre ouvrage se situant ailleurs, leur rôle n'est ici que de renforcer l'idée de la convergence. Par exemple, l'ensemble du jeu interactif du transfert et du contre-transfert n'est-il pas le versant intrapsychique du système thérapeute-famille (ou système thérapeutique) décrit par les systémiciens sur le versant communicationnel ? Souvent, la stratégie implicite d'indifférence de l'analyste face au symptôme, n'est-elle pas équivalente (*qui ne dit mot consent,* affirme le dicton populaire), dans son esprit (celui de la stratégie !), à l'acceptation ou à la connotation positive du symptôme par le systémicien ? Lorsque le psychanalyste parle de non-intervention, de neutralité, n'est-ce point équivalent au respect de l'homéostasie familiale dont parle le systémicien ?

À propos d'homéostasie, la critique la plus abrupte que les psychanalystes font à l'égard des systémiciens est leur interventionnisme, que ces derniers qualifient à juste titre d'anti-homéostatique. Nous ne nions pas qu'il y ait eu chez les systémiciens des gens un peu lestes et intrusifs auprès des familles ni qu'il y eut une époque un peu trop inspirée et fanatique qui a favorisé de tels débordements par l'effet de cette fascination qu'entraîne toute découverte. La pragmatique, tout comme l'hypnose (dont elle est en fait une extension) du temps de Charcot avait aussi fasciné Freud, l'approche pragmatique suscita chez de nombreux cliniciens l'illusion d'un pouvoir thérapeutique sans limites : il suffisait de savoir prescrire le comportement adéquat selon la bonne stratégie. Et il est vrai que cela a pu marcher, pour certaines familles, à une certaine époque. Il est vrai aussi que des dégâts ont pu être commis, c'est là la rançon de la découverte et du succès.

Les analyses sauvages, très pédagogiques, de Freud et de ses premiers disciples, n'ont pas fait mieux. Lorsqu'un psychanalyste familial (Eiguer, 1983, 1987) déclare que l'analyse du « Petit Hans » par Freud est le prototype des thérapies familiales psychanalytiques, nous renvoyons le lecteur aux recherches de Ellenberger (1974), où il découvrira de quelles façons la fascination des premiers analystes pour leur théorie toute neuve pouvait les conduire aux pires intrusions totalement inconscientes. Il y a toujours un moment dans la recherche scientifique, en sciences humaines comme ailleurs, où le chercheur est tellement séduit par la nouveauté de sa théorie, dont il attend des preuves avec tant d'impatience, qu'il perd toute prudence et influence, à son insu, les facteurs de ses expériences, ou de ses observations, afin de confirmer coûte que coûte ses hypothèses (Rosenthal, Jacobson, 1968).

Le « minimalisme » (Minuchin, 1979) de l'école de Palo Alto, simpliste et réducteur, est actuellement dépassé. Ces stratégies trop géniales, employées de façon stéréotypée, n'étaient plus assez stratégiques. Selvini Palazzoli (1990) a dénoncé le caractère arbitraire, général, stéréotypé de ses interventions paradoxales. Son approche a fini par rejoindre les néo-cognitivistes en ce que tout paradoxe thérapeutique, pour être efficace, se doit d'être justifié de façon spécifique, en prenant appui sur une compréhension en profondeur du fonctionnement familial. À partir de là, le paradoxe devient une source de réaménagements cognitifs pour toute la famille. L'intervention doit prendre appui sur un bon lien thérapeute-famille et prendre en compte tous les membres. Ainsi, le paradoxe thérapeutique, les interventions de prescriptions comportementales, ne sont plus utilisées à la légère, automatiquement, mais font l'objet d'une réflexion approfondie préalable (ce qui n'empêche pas une certaine spontanéité qui relève de l'« art du clinicien »), dans le cadre de recours extrêmes, souvent pour débloquer une situation thérapeutique. L'intervention systémique stéréotypée est équivalente au cliché psychanalytique, elle relève de la même résistance contre-transférentielle. Les problèmes de la forme, de l'opportunité, de la force pragmatique, etc., se posent aussi bien pour l'interprétation psychanalytique que pour l'intervention systémique.

Aujourd'hui les systémiciens sont beaucoup plus sages. Lorsqu'ils *interviennent* sur le système familial, ils le font avec prudence, selon des stratégies très élaborées et jamais comme on donnerait un coup de pied à une fourmilière pour voir comment ça fait. Aujourd'hui, ce sont souvent les psychanalystes familiaux qui *interviennent* dans l'appareil psychique familial, tombant malgré eux dans le défaut qu'ils reprochent aux systémiciens. Ces intrusions psychanalytiques ont deux origines. La première est la conviction quasi dogmatique des psychanalystes de toujours rester neutres et non intrusifs. La seconde est que beaucoup d'entre eux se cantonnent aux écrits psychanalytiques classiques et semblent ignorer aussi bien les théories de la communication, de la pragmatique que celles de la *psychanalyse interactive*.

Le système thérapeutique

C'est une certaine vision unilatérale des relations thérapeute-patient, ou thérapeute-famille, qui conduit aux deux erreurs classiques, soit de croire que le clinicien peut ne pas intervenir, ne pas être intrusif, soit à l'inverse, croire qu'il peut se permettre d'intervenir comme il l'entend. Cette double erreur, dans laquelle on reconnaîtra respectivement les psychanalystes et les systémiciens (disons, certains extrémistes parmi eux), se forge sur la croyance plus générale que patient et thérapeute seraient dans deux sphères étanches, indépendantes l'une de l'autre et que les rapports entre ces deux sphères seraient linéaires, allant de préférence dans un sens ou dans l'autre, selon les a priori théoriques du clinicien. Sortir de l'erreur linéaire, erreur fondamentale, se fit par petites étapes au fil des décennies. Tout d'abord on s'avisa que le patient et son symptôme, souvent de nature somatique, appartiennent à un système psychosomatique au sens où le psychisme agit sur le soma, mais que le corps, en retour, influence le psychisme. Plus tard, on s'avisa que le patient ne fait pas qu'agir par sa maladie sur son entourage, mais que son entourage, familial, institutionnel, le lui rend bien. Longtemps, une vision linéaire a persisté, conduisant à définir des parents, des familles, voire des institutions, pathogènes. Au bout du compte, on en arrive actuellement à une intrication de systèmes bio-psycho-sociologiques emboîtés et qui interagissent.

Au sein de ces systèmes, le thérapeute n'est qu'un acteur comme un autre, il agit autant qu'il est agi. Minuchin (1979) parle d'un *système thérapeutique* qui met en jeu les inter-influences circulaires entre le patient, sa famille, le thérapeute (éventuellement l'institution, voire la société – médecin de famille, police, juge, etc.). Ce système implique que le clinicien a toujours une action, quelle qu'elle soit, sur la famille, et que la famille influence en retour le clinicien. Une part de ces influences sont facilement repérables, mais une grande proportion d'entre elles sont totalement inconscientes et passent par des canaux de communication particulièrement subtils. Savoir l'existence de ces influences, connaître les canaux qui les véhiculent, tel est le devoir de formation de tout psychothérapeute.

Déjà au cœur des laboratoires des sciences dites « exactes », comme la physique, on s'est interrogé depuis de nombreuses années à propos de l'influence de l'observateur sur son objet d'observation, ou de l'opérateur sur son champ d'intervention. Étrangement, c'est dans les sciences humaines, là où les influences de l'opérateur sont les plus évidentes, que s'est maintenu avec le plus de force le mythe de l'« étanchéité ». Il faut dire que ce mythe est, en sciences humaines et sociales, bien pratique, car il évite au clinicien un ensemble de remises en question quant à sa pratique, quant à la pertinence de ses diagnostics et de ses nosographies. Il permet le maintien d'autres mythes bien utiles pour notre société, comme la maladie mentale, la toute-puissance du savoir académique, de la raison sur les sentiments, etc.

On ne peut pas ne pas…

Les travaux autour des théories de la communication (Watzlawick, 1976, 1978 ; Watzlawick et al., 1967, 1975) démontrent que la communication est inévitable : *on ne peut pas ne pas communiquer.* La communication passe par trois canaux : digital, analogique et contextuel. Même si l'analyste ne dit rien, même s'il reste invisible assis derrière son patient, il continue à communiquer sur le plan contextuel par le biais du cadre de la cure (son contexte) qu'il maintient et dont il est le garant. Il continue aussi à communiquer sur le plan analogique au travers d'une multitude de signes physiologiques, corporels, gestuels, dont il n'est pas du tout conscient (changements du rythme respiratoire, soupirs, changements de posture, raclements de gorge). Le patient qui ne voit plus, ni souvent n'entend plus parler son analyste, devient excessivement sensible (c'est là un apprentissage inconscient tout à fait réel) à tous ces signes analogiques et contextuels auxquels il réagit le plus souvent à un niveau inconscient. Par exemple, durant les quelques secondes qui terminent la séance, lorsque le patient se retrouve face à son analyste, pour lui donner son chèque, lui serrer la main et lui dire au revoir, il capte en un instant sur la mimique, dans le regard, dans la poignée de main, une foule de sentiments issus de son analyste.

En psychanalyse familiale la situation est bien pire. La cure est aménagée, l'analyste est bien visible face à ses patients. Souvent il travaille en association avec un co-thérapeute analyste. Le contexte est très différent ; dans ce face-à-face avec une famille il est submergé d'informations, très sollicité à plusieurs niveaux et s'il perd pied cela se verra immédiatement. Alors qu'il est aisé de laisser un patient solitaire, allongé sur le canapé, mijoter dans le silence, face à une famille, le silence devient très vite gênant et insupportable. La rencontre avec une famille est très complexe. Le cadre est souvent bousculé, le thérapeute est attiré par de multiples alliances, il doit composer avec les forces d'indifférenciation, les secrets, les générations, les absents, les agissants, les somatisants, etc. Dans un tel contexte, croire encore à une possible neutralité relève de la foi aveugle.

Nous nous souvenons encore de cet analyste familial qui avait rapporté, lors d'un séminaire, une de ses interventions dans le cadre d'une thérapie familiale. L'épouse était absente ce jour-là, pour garder un enfant malade, seuls étaient présents le père et l'autre enfant. À l'occasion d'un travail sur le génogramme, l'analyste arrêta la parole du mari qui s'apprêtait à parler de la famille de sa femme et lui demanda de ne parler que de sa propre famille. Un autre analyste présent à ce séminaire fit la remarque judicieuse que cette intervention était intrusive et venait rompre le fil des associations du mari en infraction à la règle fondamentale de l'analyse. Le premier analyste refusa bien entendu le terme d'intrusion et justifia son intervention par un argument *a posteriori* : à la séance suivante, l'épouse refusa de parler de sa propre famille, il y avait là un secret. Si cette intervention a pu se révéler pertinente, on peut aussi se demander, dans quelle mesure elle aurait pu influencer l'épouse indirectement. Ce que l'on peut tirer de cette anecdote est que certains cliniciens ont tendance à dénier les interventions, souvent très intrusives, qu'ils opèrent avec leurs familles.[1]

---

[1] Une autre solution eut été d'annuler le rendez-vous avec une famille incomplète. En théorie ! Car lorsqu'on voit venir à son cabinet, sans prévenir, une famille incomplète, parfois de loin, les renvoyer purement et simplement peut être difficile et peut entraîner une rupture de l'alliance thérapeutique. Finalement, « l'intrusion » de ce clinicien était sans doute la solution inévitable.

Ce déni, qui est d'abord défensif et destiné à préserver l'image d'un thérapeute idéalement neutre, se nourrit de l'ignorance de la pragmatique. Issue des travaux modernes de linguistique (Austin, 1982 ; Searle, 1988), la pragmatique montre que le langage est action et que tout acte de langage entraîne des modifications de l'environnement social, du contexte, des pensées, des affects, des motivations, et enfin, des comportements. Dans la mesure où le langage, qui est communication, ne s'arrête pas au seul canal verbal, comme nous venons de le voir ; dans la mesure où l'on ne peut pas ne pas communiquer, en conséquence, on ne peut pas ne pas influencer, on ne peut pas ne pas intervenir, ne pas être peu ou prou *intrusif.*

Quant à l'interprétation psychanalytique, il n'est qu'à se fier à ce qu'en dit un psychanalyste familial pour comprendre toute sa portée intrusive dans le psychisme des patients. Et d'ailleurs, comment pourrait-il en être autrement si on veut lui accorder une quelconque efficacité, il faut bien qu'elle agisse quelque part avec consistance.

L'effet d'une interprétation est fonction, en premier lieu, du métamessage *et du* style de l'interprétant *; et ensuite de son contenu verbal* (Eiguer, 1983, p.154). Ce qui signifie que des éléments analogiques s'ajoutent au message simplement digital pour influencer le patient. L'auteur souligne ensuite l'importance des *messages tangentiels* qu'il définit comme *des interventions ne visant pas directement l'objet de l'analyse, mais qui «passent à côté»* pour réguler et relancer le processus. Il précise encore que l'interprétation psychanalytique *ne se réduit pas à l'explication des motifs inconscients,* mais est avant tout *une invitation à penser, à fantasmer, elle éveille le « déchiffreur d'énigmes » qui est en nous tous et en chacun* (Ib. p.155).

Le scepticisme et la dérision font feu de part et d'autre, à partir d'un manque de compréhension de la position adverse et de lourds préjugés en son encontre. Du côté des systémiciens, qui tiennent pour illusoire l'interprétation psychanalytique, du côté des psychanalystes, qui considèrent les interventions systémiques comme des techniques trop activistes, de type « commando » (Ib. p.152). Notre propos, dans l'intention de développer un modèle psychosystémique qui ferait la synthèse des deux courants, est de renvoyer dos-à-dos les uns et les autres. S'il se trouve dans l'un ou l'autre camp quelques extrémistes qui travaillent, et surtout s'expriment, de façon tranchée et dogmatique, nous pensons, avec Huber (1987), que les pratiques des cliniciens les plus expérimentés, quelle que soit leur école d'origine, tendent à converger vers des styles très proches les uns des autres. Les rugosités idéologiques s'émoussent peu à peu, au fil de l'expérience professionnelle, et chacun finit par trouver un équilibre entre la prudence et les petits coups de pouce déstabilisateurs qui émaillent toute psychothérapie et garantissent son efficacité.

Tous ces débats d'école nous semblent stériles dans la mesure où ils font l'impasse sur les réactions réelles des patients, des familles. Souvent, ces réactions sont présentées de façon alarmiste, dramatique, pour entretenir la polémique au feu des affects. Les interventions systémiques seraient catastrophiques, elles ne feraient que déplacer les symptômes. (Caillot, Decherf, 1982, Préface). D'un autre côté, les interprétations psychanalytiques seraient, au pire confusionnantes et paradoxales, au mieux totalement inefficaces (Watzlawick et al., 1972, pp. 249-250).

En fait, on oublie que les familles ont de multiples ressources pour contrecarrer toutes les interventions non appropriées, qu'elles soient psychanalytiques ou systémiques. La plus pertinente interprétation psychodynamique peut se voir essuyer une disqualification cuisante par une famille qui la tournera en dérision, ou fera semblant de n'avoir rien entendu. La prescription comportementale systémique la plus géniale peut faire l'objet d'une opposition farouche par une famille qui s'ingéniera pour l'oublier, ou la détourner à son propre avantage pathologique. L'inertie d'un système familial est toujours très grande, même dans les situations de crise grave, et on peut compter sur cette résistance pour moduler les interventions du clinicien, même les plus hasardeuses, de quelque bord d'origine qu'elles soient. Nous pensons que ce sont ces régulations-là, au sein du système famille-thérapeute, qui entraînent un apprentissage inconscient du thérapeute familial sur ce qu'il peut faire, ou ne pas faire, à tel ou tel moment de la cure. C'est cet apprentissage, fruit de l'expérience qui, selon nous, assouplit les prises de position théoriques trop excessives et, aussi bien, assagit les systémiciens trop manipulateurs, qu'elle ne stimule les psychanalystes trop timorés.

L'interaction en psychanalyse

Cette citation de Chrzanowski (1977), thérapeute de tendance psychanalytique, nous paraît pertinente pour introduire la suite de notre exposé : « *L'analyste comme observateur et l'analysant comme observé sont deux côtés du même champ thérapeutique. Observer est un phénomène qui, invariablement, modifie et altère l'objet de l'observation. En d'autres termes, le rôle de l'analyste est tel que des notions comme l'analyste « miroir » ou la neutralité de l'analyste ne sont plus valides. On ne peut être en dehors du champ de l'observation que l'on effectue. En conséquence, l'observation participante comprend des aspects importants de la personnalité de l'observateur dans l'émergence de faits thérapeutiquement significatifs* ».

Nous appelons *psychanalyse interactive* ce courant de pensée américain qui, avec des auteurs comme Searles, Greenson, Langs, ont tenté, avec succès, d'approfondir le problème du contre-transfert quelque peu négligé par la psychanalyse classique. Dans l'un des ouvrages majeurs de ce courant de pensée (Langs, 1988), l'auteur dénonce tout d'abord le postulat classique des psychanalystes, à savoir leur attente plus ou moins implicite que tous leurs patients se conforment à un modèle idéal pour lequel ce patient associe librement en réponse à la *règle fondamentale*, communique des dérivés de son monde psychique interne (fantasmes, souvenirs, etc.) plus ou moins inconscients.

L'analyste lui-même se perçoit au travers du postulat qui lui délègue une certaine perfection inhérente à son statut d'analyste, capable d'interpréter les matériaux du patient, ses défenses, reliés au conflit intrapsychique et à la psychopathologie. Les éléments contre-transférentiels de l'analyste sont considérés comme accessoires, peu fréquents et d'une importance négligeable. Tout ce qui vient perturber ce beau schéma ressortit au transfert, à la résistance et à la pathologie du patient (les *actings in* et *out*, les ruptures du cadre, etc.). Et si cela ne suffit pas, lorsque le thérapeute se trouve confronté à un patient réellement récalcitrant, difficile, il lui reste un dernier recours imparable, il décrète que le patient est un schizophrène, ou un état limite « inanalysable ». Que voilà une belle défense par évitement de l'analyste ! (Rillaer, 1980).

Pour Langs, patient et thérapeute se rencontrent dans un *champ bipersonnel de communication*. Ce champ n'est pas différent du concept de *système thérapeute-patient* (ce *patient* pouvant être une famille) des systémiciens ni de celui d'appareil psychique groupal. Dans tous les cas, au lieu de postulats qui déséquilibrent la perception de la situation de façon unilatérale au profit d'un thérapeute quasi parfait face à un patient standardisé essentiellement pathologique, nous concevons thérapeute et patient comme participant à une interaction sur différents niveaux de comportement, de communication, conscients et inconscients. Transfert, mais aussi contre-transfert sont constamment présents, des éléments pathologiques surgissent autant du côté du patient que du thérapeute ; mais surtout, ce que Langs appelle des éléments de *non-transfert* et *non-contre-transfert* sont aussi présents, c'est-à-dire des perceptions exactes et non pathologiques tant du côté du thérapeute que du côté du patient, des modes pathologiques d'interaction et de communication de l'autre partenaire. Le plus souvent cette perception est très fine (surtout chez le patient qui n'a pas les préjugés professionnels du clinicien !), très exacte ; décelée à un niveau inconscient et donne lieu à des réactions dérivées sous la forme d'associations particulières qui sont équivalentes à un commentaire du défaut de l'autre.

Ainsi, dans un champ bipersonnel, chacun des participants, à chaque instant, apporte des éléments d'influence réciproque, en proportion variable, sur la communication et les comportements de l'autre partenaire. Tous les éléments d'un champ bipersonnel de communication doivent être étudiés selon leurs composantes de vérité ou de pathologie, car ces deux groupes de composantes sont toujours présents, selon des proportions qui varient dynamiquement. Ainsi, pour Langs, dont les conceptions psychanalytiques sont essentiellement interactives, la relation entre le thérapeute et son patient (une famille aussi bien), peut prendre place dans l'un des trois champs de communication suivants : soit un *champ de type A* marqué par des dérivés imaginaires (c'est le champ classique de la libre association en psychanalyse), soit un *champ de type B* marqué par la décharge et l'identification projective, soit enfin, un *champ de type C* marqué par une non-communication, un discours vide. Nous retrouverons ces trois champs lors de notre définition des dimensions psychodynamiques au TAST.

Ces travaux théoriques et cliniques de Langs, les réflexions approfondies d'un Searles sur le contre-transfert et les stratégies, aussi bien du patient que du thérapeute, *pour rendre l'autre fou* (Searles, 1981, 1977), nous amènent à aborder la psychanalyse sur un versant interactif qui devient très fécond dès qu'on l'applique, au-delà de la relation duelle, aux groupes et aux familles. Après les théories de la communication et de la pragmatique, une psychanalyse interactive nous conforte dans cette complémentarité et, même, dans cette véritable conjonction qui existe entre les approches intrapsychiques et interrelationnelles.

Les paradoxes

Cette conjonction va devenir patente lorsque les psychanalystes familiaux vont aborder les problèmes des paradoxes et des stratégies perverses. Les analyses qu'ils en font sont l'héritage direct des systémiciens et à commencer par les recherches de Bateson qui développa le concept de double contrainte. En germe dans son ouvrage célèbre *Naven* (Bateson, 1971), ce concept ne fut développé que vingt ans plus tard dans une théorie interactive originale sur la schizophrénie (Bateson et al., l'article de 1956 in Bateson, Tome 2, 1980) ; mais c'est beaucoup plus tard que les psychanalystes ont montré un intérêt pour les paradoxes (Anzieu, 1975 ; Racamier, 1978). Ils les rattachent à la pulsion de mort (en tant que pulsion agressive d'emprise psychique) et montrent comment, sur le versant intrapsychique, la paradoxalité opère un véritable blocage des processus de pensée élaborée (la secondarisation, les rêves et les fantasmes). La paradoxalité est un mode relationnel avec ses stratégies perverses (confusiogènes, de séduction mensongères, anxiogènes) basé sur une relation narcissique, c'est-à-dire au niveau d'une indifférenciation entre moi et l'autre. Par la paradoxalité la différence est ignorée, l'autre n'est jamais perdu, puisqu'il n'est jamais reconnu, il n'y a ni ambivalence, ni conflit, mais une relation d'emprise mortifère souvent accompagnée de graves troubles somato-psychiques, ou psychotiques.

Psychanalystes et systémiciens : même combat

En fait, l'héritage systémique batesonnien que les psychanalystes familiaux ont repris est conséquent. Qu'il s'agisse de la métacommunication, de la famille comme système, de l'homéostasie familiale, ou de la communication paradoxale (Caillot, Decherf, 1982), chacun de ces apports conceptuels est un nouveau pont jeté entre les deux courants de pensée en question. Notre propos n'est cependant pas d'opposer l'un des systèmes à l'autre, que ce soit au niveau théorique ou de la pratique clinique. Une réduction de l'un à l'autre ne nous paraît pas non plus souhaitable ; simplement nous avons voulu souligner surtout les convergences, les similitudes entre certains concepts appartenant à des paradigmes de pensée différents. Quant aux différences, nous pensons qu'elles présentent une complémentarité et qu'elles sont en cela une source de compréhension mutuelle.

Le propre d'un paradigme (Khun, 1972) est de refléter l'ambiance culturelle dans laquelle il prend naissance. Chaque thérapeute est influencé par sa propre culture dans le choix de son paradigme scientifique de pensée. Il accueille les clients, les familles qui s'accordent, en général, avec ce paradigme et cette culture, ou en tout cas, c'est sans doute avec ces gens qu'il fera le meilleur travail. On sait qu'il est très difficile, par exemple, de proposer une psychothérapie, voire une thérapie simplement médicale, à des populations issues d'une culture différente de celle du psychothérapeute ou du médecin ; il faut alors prévoir des aménagements (Nathan, 1986).

Nous avons aussi voulu montrer les similitudes au niveau des pratiques. Au-delà des croyances et des dénis que chacun porte sur sa propre pratique, on retrouve des comportements des thérapeutes, sinon semblables, au moins équivalents, *mutatis mutandis*. Bien que les thérapeutes de chaque camp éviteront consciemment les modes d'action spécifiques à l'autre camp, les uns et les autres ne pourront pas éviter des dérives plus ou moins inconscientes du côté de la pratique adverse, en certaines étapes de la psychothérapie notamment. Un psychanalyste peut ainsi devenir à son insu très intrusif sur le plan de la vie psychique de ses patients, tandis qu'un systémicien peut succomber à certaines interprétations épigénétiques trop évidentes. Ces dérives ne doivent pas être perçues comme des défauts, des erreurs, mais comme des options inévitables qui peuvent être alors exploitées comme des possibilités intéressantes pour la thérapie.

L'erreur vient toujours du désir artificiel d'isoler le thérapeute dans une bulle hermétique. En réalité, nous avons vu que tous les thérapeutes sont influencés par leur culture, mais en outre, ils forment un système avec leurs patients et la culture de ces patients. Ce système est souvent un compromis entre deux cultures, ou deux versions dérivées de la même culture. Un systémicien peut se sentir mal à l'aise avec une famille d'intellectuels nourris à la sauce freudienne. Il les trouvera rigides, engoncés dans des rationalisations passéistes. À l'inverse, un psychanalyste peut ressentir un malaise semblable face à une famille de milieu modeste, peu cultivée dans le sens académique du terme, qu'il jugera comme bardée de résistances par l'*acting*.

Mais lorsqu'un thérapeute rencontre une famille qui colle parfaitement à sa culture et à son paradigme scientifique, ce n'est souvent pas mieux. Le fils de la célèbre thérapeute familiale psychanalyste et systémicienne, Mara Selvini Palazzoli, révèle qu'elle a fini par avoir des difficultés dans sa pratique du contre-paradoxe avec ses familles, lorsque celles-ci ont commencé, notoriété oblige, à arriver en séance avec l'un de ses livres sous le bras (Selvini, 1987). De même, Anzieu relève cette expérience d'un groupe de travail psychanalytique, avec des psychanalystes en formation, dans lequel il ne se passait rien dans la mesure où les participants, au lieu de s'impliquer, étaient venus observer les moniteurs au travail (Anzieu, 1975). L'auteur explique alors avec beaucoup de pertinence que : « la représentation sociale consciente de l'inconscient est utilisée comme défense contre la reconnaissance individuelle de la représentation inconsciente. »

En transposant cette remarque psychanalytique au plan systémique, on pourrait aussi dire qu'une représentation sociale consciente des stratégies systémiques peut être utilisée par les patients pour disqualifier ces stratégies. Notre conclusion ira donc dans le sens de la souplesse, de l'adaptation et du non-enfermement dans des pratiques rigides (Madanes, 1991). C'est bien dans le cadre de cette philosophie irénique, que se situe notre travail de synthèse psychosystémique.

Ce tour d'horizon des points de conjonction entre psychanalyse groupale-familiale et systémique aura pu paraître fastidieux au lecteur, mais nous l'avons jugé indispensable pour introduire notre modèle psychosystémique qui, sans cela, aurait pu sembler bien aventureux. Mais avant d'aborder ce modèle, nous donnerons le fin mot à un psychanalyste (Eiguer, 1983, p.153-154) : « Une telle polémique (entre psychanalyse et systémique) opposerait radicalement la méthode des uns à celle des autres et négligerait par conséquent les apports des communicationnistes utiles et enrichissants pour le point de vue analytique et vice versa. C'est exactement ce qui se passe dans les familles lorsqu'éclatent les conflits : **une opposition qui empêche d'admettre l'interdépendance, laquelle est indispensable dans le monde scientifique actuel.** »[2]

---

[2] Souligné par nous.

Un défi à la complexité

Les sciences qui ont par définition l'être humain comme objet d'étude sont confrontées, dans la recherche portant sur l'individu, à un objet complexe dont les comportements obéissent à des lois bâties sur une multifactorialité. Si l'on considère à présent l'être humain en groupe, notamment en famille, on passe à un niveau d'analyse encore plus complexe, une sorte de complexité de la complexité. Chaque membre de la famille est une unité complexe qui, associée avec les autres unités, forme un système hypercomplexe : le système familial.

Devons-nous baisser les bras devant tant de complexité ? Devons-nous renoncer à voir comme une entité théorique unifiée cet objet-famille qui défie notre entendement ? Pourtant, la clinique quotidienne, au sein des institutions, nous met constamment en présence, directement ou indirectement, actuellement ou virtuellement, de notre plein gré ou à notre esprit défendant, en présence de cette famille qui peut nous gêner, nous aider, nous fasciner, nous horripiler, nous déranger, nous séduire…

La tentation serait, devant tant de complexité, de vouloir faire théoriquement trop simple. Tentation néfaste, car au-delà de la paresse de l'esprit qu'elle révèle, nous courons alors le risque de tomber dans les schémas simplistes, dans les modèles trop beaux pour être honnêtes avec la réalité des faits cliniques. Cette tentation consisterait à ne vouloir voir la famille que selon deux points de vue, exclusivement l'un de l'autre, deux *épistémologies* (Bateson, 1977, 1980) à la complexité réduite, car réputées inconciliables. On verrait alors la famille soit comme un *appareil psychique commun* (Kaes, 1976 ; Ruffiot, 1981) au sein duquel s'activeraient les pulsions, les affects, les représentations fantasmatiques en résonance collective et les rôles sexuels ; soit comme un *système de communication à plusieurs niveaux* (Watzlawick, 1972) qui recherche constamment un *équilibre dynamique* (Bateson, 1971) au sein d'une homéostasie. Dans les deux cas, pourtant, on va se référer aux mêmes unités générales d'observation, c'est-à-dire les *comportements*. Cependant, ce ne seront pas les mêmes, ou si ce sont les mêmes, le filtre que produit la théorie sous-jacente à l'observateur, son *paradigme* (Khun, 1972), induira une interprétation différente des mêmes faits observés. D'un côté on relèvera les verbalisations et les *actings* en tant qu'ils sont le reflet des pulsions, affects, fantasmes supposés virtuellement présents dans le psychisme familial. D'un autre côté, les mêmes verbalisations, les mêmes comportements, ou à peu près, seront vus comme des communications, des informations circulant au sein du système familial et ayant une valeur pragmatique, c'est-à-dire influençant en retour les comportements des autres éléments du système. À partir de chacun des groupes d'interprétations, on tirera un modèle particulier (le modèle

35

psychanalytique familial ou le modèle systémique, en l'occurrence), qui viendra conforter le paradigme sous-jacent, et la boucle est bouclée !

Certes cette façon de procéder, commune à toutes les sciences, n'est pas à critiquer en elle-même. Cependant, nous voudrions ici essayer de faire partager au lecteur notre propre malaise. Le malaise de se retrouver devant deux belles théories de la famille, des théories fécondes, riches, des théories qui ouvrent sur des applications cliniques passionnantes, mais des théories repliées sur elles-mêmes, isolées l'une de l'autre, qui nécessitent de la part du chercheur non partisan, des prouesses de gymnastique mentale pour effectuer les sauts épistémologiques destinés à passer de l'une à l'autre. C'est bien à partir de cet inconfort épistémologique que nous nous sommes décidé à tenter une approche *psychosystémique* de la famille, à tenter de concilier le réputé inconciliable.

Le bébé télépathe

Cette approche « fusionnelle » part d'une hypothèse très générale, celle de la complémentarité entre les points de vue psychanalytique et systémique sur la famille. Une complémentarité destinée à combler ce que nous reconnaissons comme l'incomplétude de l'un ou l'autre regard pris isolément. Incomplétude mystérieuse du regard psychanalytique, en tant qu'ensemble d'inférences quant aux processus qui se déroulent dans l'intrapsychique familial, si l'on ne précise pas quels phénomènes concrets, donc comportementaux, donc communicationnels, président à cette communion des esprits au sein de la famille. Incomplétude mystérieuse du regard systémique, au raz de la surface phénoménologique des faits comportementaux d'interaction et de communication dans le système familial, si l'on ne précise pas ce qui se passe dans les psychismes pour qu'il y ait système entre les individus. De là, notre *hypothèse psychosystémique* (hypothèse théorique générale) pose que : **les approches psychanalytique et systémique de la famille sont complémentaires et que chacune apporte à l'autre ce qu'il lui manque.**

Afin que cette revendication de complémentarité ne soit pas que vaines paroles, nous nous proposons d'illustrer rapidement quelques éléments fondamentaux de la théorie psychanalytique et montrer les éclaircissements complémentaires que peuvent y apporter les approches plus interactives, communicationnelles.

À propos des relations précoces entre la mère et son enfant, on relève, aussi bien chez Bion (1979) que chez Winnicott (1975) l'affirmation que « *la capacité de rêverie de la mère conditionne le développement psychique de son enfant* ». Nous ne nous attarderons pas sur les abstractions de Bion à propos des éléments et fonctions « alpha » et « bêta » ni sur le concept d'espace transitionnel de Winnicott. Ces concepts n'apportent malheureusement rien de concret pour comprendre ce qui réellement se déroule entre une mère et son bébé pour que les conditions psychiques de cette mère agissent sur celles de son enfant. À la limite, un tel phénomène, s'il se révèle exact, est bien mystérieux : s'agit-il de télépathie, de forces occultes ? Nous ne voulons pas, bien entendu, tomber dans les superstitions qui, habituellement, ne font pas bon ménage avec la science et la raison. Pourtant, lorsqu'on entend certains psychanalystes se délecter d'abstractions, dont nous ne nions pas la pertinence, mais dont ils ne cherchent pas à révéler les soubassements cliniques concrets et profonds, nous nous demandons où ils veulent en venir ?

La description de ces soubassements cliniques concrets et profonds existe pourtant. On la trouvera aussi bien dans les approches de la psychologie du développement, de la psychologie du langage, de l'éthologie humaine ; elles sont suggérées par les théories de la communication et des systèmes. Selon cette dernière, le couple mère-enfant forme un système, ce qui signifie qu'ils sont l'un et l'autre les deux éléments d'une structure dynamique. En d'autres termes, ils interagissent l'un avec l'autre à partir de leurs comportements réciproques qui forment un pont, une liaison entre eux. Bien entendu, l'interaction ne peut avoir lieu que si les informations venant de chacun des partenaires du système ont pu être traitées dans le psychisme de l'autre, nous ne nions donc pas la nécessité de processus intrapsychiques comme la fantasmatisation, la rêverie ; mais simplement, il faut bien que quelque chose de concret, même si cette chose est ténue, passe entre les deux éléments du système pour que celui-ci puisse fonctionner.

Les observations montrent, au-delà des actions immédiatement visibles, de *niveau 1* pourrait-on dire (dans le style : la mère crie ou secoue son bébé pour lui montrer qu'elle n'est pas contente, ou bien le bébé hurle, tape des pieds dans son berceau pour montrer qu'il a faim) et qui emportent l'évidence, d'autres actions, de *niveau 2* qui, tout étant très efficaces pour marquer l'interaction mère-enfant, sont plus difficiles à observer et nécessitent souvent un appareillage complexe (enregistrements vidéo, kinégraphiques, vocaux, notamment). La théorie de la communication nous apprend que ces interactions subtiles ressortissent à des messages analogiques, qui sont pratiquement inconscients (aussi bien pour les protagonistes – la mère et son bébé – que pour les observateurs qui ont dû s'armer d'instruments pour en prendre conscience).

Concrètement, ces messages analogiques peuvent se présenter chez le bébé comme une façon de se tenir, de regarder, d'être raide ou souple quand on le porte, de sourire et d'être attentif quand on lui parle, ou au contraire de se détourner et se mettre à pleurnicher. Du côté de la mère, il y a aussi sa façon de tenir son enfant, face à elle ou en retrait, sur le côté, souplement ou avec des gestes maladroits, sa façon d'être attentive à son enfant ou de le négliger. On constate que la mère imite beaucoup les gestes et les expressions de son enfant ce qui encourage certainement l'activité sociale de ce dernier par la stimulation de ces propres capacités à imiter qui sont très précoces. Tous les actes sociaux de l'enfant (mouvements, gesticulations, sourires, gazouillis, hochement de tête, cris, regards, etc.) sont liés aux propres actes de la mère qui sont un renforcement pour la socialisation de l'enfant (Lebovici, 1983 ; Montagner, 1978 ; Bruner, 1983 ; Fivaz, 1987).

Ainsi, prendre en compte l'interaction va nous permettre de donner un sens concret à l'affirmation d'une capacité de rêver de la mère qui influencerait le psychisme de son bébé. On peut supposer que cette capacité à rêver, à imaginer donne à une mère une détente au niveau de ses comportements avec son enfant qui, en retour, ont des effets bénéfiques sur son développement. À l'inverse, on peut supposer qu'une mère trop dépressive, angoissée pour pouvoir rêver, s'abandonner à son imaginaire, se comporte de façon plus tendue avec son enfant, répond mal à ses demandes de socialisation, ne le stimule pas suffisamment pour lui permettre un développement psychique correct. En fin de compte, il est probable que ce n'est pas directement la capacité à rêver de la mère qui serait en cause dans les réactions du nourrisson, mais sa résultante au niveau des comportements analogiques de la mère (sauf, encore une fois, à concevoir le nourrisson comme un télépathe !).

Le comportement « dermique » du fantasme partagé

Le moi-peau familial, l'enveloppe psychique familiale, est décrit comme l'ensemble des mythes, des lois, des rites que partagent les membres d'une même famille. Cette réalité psychique, que l'on peut reconnaître au fait que les membres se considèrent comme appartenir à un même corps métaphorique, se double donc de corrélats comportementaux au niveau de l'interaction et de la communication. Il n'y a d'enveloppe psychique que parce que les membres de la famille forment un système avec ses règles, ses théories implicites ou explicites, mais toujours opérationnelles.

Lorsqu'un psychanalyste familial parle d'interfantasmatisation à quoi fait-il référence concrètement ? Il observe les comportements verbaux des membres d'une famille et constate que, sémantiquement parlant, tous les membres ont tendance à évoquer des idées autour d'un même thème. Par un processus d'analyse et d'abstraction, l'analyste rattache alors cet ensemble de discours à une catégorie générique qu'il appelle, par exemple, fantasme de persécution, ou imago maternelle dévoratrice, fantasme de castration, etc. Enfin, il en infère que dans le psychisme de chacun des membres ce fantasme doit avoir sa place et que cette partie semblable, partagée, du psychisme de chaque membre correspond à un phénomène qu'il nomme métaphoriquement : appareil psychique familial.

Nous pouvons aller plus loin que notre psychanalyste et nous demander comment font les membres de cette famille pour parler sur le même thème. On pourrait dire tout simplement qu'ils s'imitent les uns les autres. L'un a commencé à aborder ce thème et les autres ont suivi. Si l'imitation est un élément interactif à prendre en compte, elle n'est sans doute pas suffisante pour expliquer la totalité du phénomène d'interfantasmatisation. L'imitation n'est jamais automatique, il y faut une motivation, un désir. Cette motivation peut avoir deux sources qui peuvent exister séparément, mais qui doivent le plus souvent marcher ensemble. Une source diachronique dans le sens où parler de ce thème est une habitude dans la famille, cela appartient à l'histoire de la famille. Lorsque quelqu'un aborde le thème, les autres membres, par habitude, par apprentissage, parce que cela appartient aux règles qu'ils ont apprises dans leur famille, abordent à leur tour le même thème. Cependant, il y a aussi la source de motivation synchronique qui consiste en l'ensemble des signaux analogiques que fait passer le membre instigateur du thème. Ces signaux, comme on le sait, passeront par l'attitude corporelle, le ton de la voix, les mimiques faciales, etc. Ce peut être des signaux aversifs, angoissants, qui vont contraindre les autres à parler du même thème sous peine de déclencher une crise grave dans la famille. Ou bien, au contraire, ce peut être des signaux renforçateurs, séducteurs, qui font appel au plaisir de parler de ce thème, tous ensemble, de le retourner dans tous les sens et de se l'envoyer les uns aux autres comme on ferait d'une balle. En fait, il est difficile concrètement de distinguer entre le diachronique et le synchronique, car ce dernier, bien souvent pour être efficace, fait appel à un apprentissage.

Il est aussi possible de prendre le problème par l'autre bout. Soit un systémicien qui observe que les membres d'une famille ont tendance à parler autour d'un même thème. Il repère des comportements analogiques accompagnateurs qui semblent encourager la famille à persister sur ce thème, la dimension diachronique des comportements familiaux lui suggère, par ailleurs, un apprentissage social articulé au système familial. Cependant, si déjà l'apprentissage évoque une structure psychique que l'on va retrouver chez chacun des membres, celle-ci n'est sans doute pas suffisante pour expliquer, par exemple, la fascination que semble produire ce thème sur les membres de la famille, ni l'angoisse, ou bien le plaisir, ou bien encore la contrainte, qu'un tel thème semble poser sur l'ambiance de la famille. En d'autres termes, l'interaction entre les membres au sein du système familial est insuffisante pour rendre compte de la totalité du phénomène de partage d'un thème de discours. Il faut y ajouter une dimension plus intérieure, plus subjective.

On est alors amené à poser l'existence de formations mentales complexes, comme des fantasmes, même à des niveaux inconscients, et communes à tous les membres ; soit une interfantasmatisation au sein d'un appareil psychique collectif. Il existe toujours une part du psychisme des membres d'une famille pour laquelle cette famille est conçue comme un corps commun au sein duquel les membres sont liés les uns aux autres sur un mode indifférencié. Cette dimension fusionnelle, qui transparaît au travers de certains comportements pathologiques, se modélise difficilement au niveau des seules interactions systémiques, communicationnelles. Il faut aussi envisager de fortes structures intrapsychiques partagées qui sont davantage que des apprentissages ou des conditionnements sociaux. Ces structures ne se substituent pas aux apprentissages, elles s'y ajoutent. Les fantasmes, les représentations imagoïques, l'imaginaire, s'ajoutent aux apprentissages et aux conditionnements et aux facteurs interactifs dans l'ici-maintenant pour produire ce *phénomène psychosystémique* qu'est une famille (ou un groupe).

Ce petit exercice de synthèse auquel nous venons de nous livrer mériterait de plus amples démonstrations, qui ne sont malheureusement pas de notre propos dans cet ouvrage ; mais déjà, nous voyons que les ponts entre l'intrapsychique et l'interactif sont tout à fait patents. Nous voyons aussi que des notions très élémentaires de la psychologie, comme les apprentissages sociaux (Bandura, 1980), les stimuli aversifs, renforçateurs, les conditionnements, l'habituation, sont des concepts toujours pertinents pour parler de choses aussi sophistiquées que l'appareil psychique familial, ou l'interfantasmatisation.

Un modèle psychosystémique

Il s'agit de transposer un ensemble de conceptions propres au psychisme individuel, sur un hypothétique psychisme familial, tel que l'a défini Ruffiot et al. (1981) avec son concept d'*appareil psychique familial*, issu des réflexions de Kaes (1976) à propos d'un *appareil psychique groupal*, réflexions elles-mêmes basées sur les développements du concept de *moi-peau* par Anzieu (1974).

Ce modèle, destiné à nous permettre une compréhension plus facile et synthétique des familles rencontrées au cours de la consultation clinique, propose une représentation spatiale de la famille. Celle-ci est composée d'un *espace familial intérieur* qui comprend tous les psychismes individuels sous une forme plus ou moins indifférenciée. Cette dialectique différenciation/indifférenciation évoluant d'une façon dynamique au travers des divers états de dysfonctionnalité de la famille, états qui marquent les étapes, les crises, les remaniements, les réaménagements sur le décours du développement du *cycle de vie de la famille* (Haley, 1978). Cet espace familial intérieur est à la fois le lieu du *corps familial*, c'est-à-dire une vision synthétique des corps des individus en un système structuré par les liens de la communication et des comportements, et le lieu de l'*imaginaire familial*, de la pensée archaïque, primaire ou secondarisée de la famille. L'appareil psychique familial qui comprend aussi les apprentissages sociaux, les modes de régulation cognitive, de régulation des interactions et des communications, est la base intrapsychique du système familial que l'on observe directement au niveau des comportements interactifs et communicationnels. Appareil psychique et système familiaux sont ainsi les deux faces inséparables d'une même entité : un **bisystème psychosystémique**.

Éthos et *eïdos* familiaux

Ce bisystème peut être utilement repéré au travers des concepts d'*éthos* et d'*eïdos* familiaux. Bateson dans son ouvrage *Naven* (Bateson, 1971, p. 263) présente les concepts d'*éthos et d'eïdos culturels* en tant que systèmes culturellement normalisés qui organisent, d'une part, les instincts et les émotions et d'autre part, les aspects intellectuels de la personnalité des individus. Une transposition de ces concepts au plan familial nous conduit à suggérer les définitions suivantes, d'un *éthos* familial *en tant que système familial normalisé qui organise les pulsions et les affects des membres de la famille. Et d'un eïdos* familial *comme système familial normalisé qui organise les aspects cognitifs, épistémiques et intellectuels de la vie familiale.*

L'idée de normalisation nous renvoie à l'idée d'un *apprentissage social*, une *modélisation* (Bandura, 1980) des individus les uns par les autres, surtout des parents aux enfants, mais aussi des grands-parents aux parents, l'*héritage transgénérationnel* (Boszormenyi-Nagy, Framo, 1965), ainsi que les aspects sociaux de cette normalisation, dont les processus d'identification ne doivent pas être absents. Nous verrons plus loin l'importance opératoire des concepts d'*éthos* et d'*eïdos* familiaux.

Cet espace familial intérieur, qui forme l'appareil psychique familial (donc, une des deux faces de notre bisystème psychosystémique), est séparé de l'espace du dehors par une enveloppe psychique familiale, ou *moi-peau familial*. Ce moi-peau familial, à l'instar du moi-peau individuel, s'étaye sur les fonctions du corps familial. Quant à ce corps familial, il est une formation psychique inconsciente, partagée par tous les membres, et qui tend à représenter la famille comme un corps commun, pourvu de « membres », de parties articulées les unes avec les autres et formant une unité indivisible.

Selon ce modèle, nous convenons que l'appareil psychique familial n'est pas en contact direct avec l'espace du dehors familial, mais qu'un *espace transitionnel* (Winnicott, 1975) sert d'interface afin de fluidifier les relations de la famille avec l'extrafamilial. Ce dernier est le lieu de la réalité physique et sociale, donc économique, politique, religieuse, idéologique, etc., où baigne la famille. L'institution et le clinicien appartiennent, au départ, à cet *espace du dehors familial.*

À ces aspects intrapsychiques, s'ajoutent et s'articulent les aspects interactifs et communicationnels (donc, la deuxième face de notre bisystème psychosystémique). Les individus définissent des relations, des hiérarchies, des règles de comportement. Ils s'adressent les uns aux autres des signaux qui sont l'exact reflet des mouvances psychiques internes qui les animent. À ce niveau la famille forme un système d'interaction qui possède ses propres lois de régulation et d'homéostasie.

Éthos et *eïdos* familiaux peuvent être mis en correspondance avec les deux faces de notre bisystème. L'*éthos*, l'ambiance familiale, les modes de régulation émotionnelle entre les membres concernent davantage la part externe, systémique, du bisystème. Tandis que l'*eïdos*, les représentations, les fantasmes partagés, le mythe familial concernent davantage la part interne, en tant qu'appareil intrapsychique collectif, du bisystème.

De même, l'enveloppe psychique, le moi-peau familial, est à rattacher au système interactif et à ses règles. C'est au travers de ses modes d'interaction et de communication, tant dans l'intrafamilial, qu'avec l'extrafamilial, que la famille se donne une frontière, une enveloppe. Par contre, l'espace transitionnel est une formation de l'appareil psychique familial qui met à contribution la capacité à rêver ensemble, l'imaginaire familial, la capacité à digérer en commun et assimiler ce qui vient de l'extérieur de la famille.

Ce regroupement des concepts selon les deux faces du bisystème psychosystémique ne doit pas être considéré de façon trop rigide et formelle. Il s'agit avant tout d'un modèle théorique destiné à simplifier ce qui est au départ fort complexe, afin de pouvoir en avoir une certaine maîtrise, tant intellectuelle que pratique, au niveau de la clinique. Il est évident que dans la réalité familiale brute les deux faces du bisystème sont intriquées l'une à l'autre et l'on retrouverait aussi bien des aspects intrapsychiques dans l'*éthos* et l'enveloppe psychique, que des aspects systémiques dans l'*eïdos* et l'imaginaire familial. Le modèle doit guider la pensée du clinicien, mais ne point l'entraver et la détourner de la réalité clinique, au risque de *confondre la carte et le territoire* ! (Korzybski, 1941).

Un dynamisme dans le cycle de vie

Ce modèle de la famille présenté de façon statique comporte un dynamisme propre dans son fonctionnement au sein du *cycle de vie*. Celui-ci, repéré par les chercheurs systémiciens (J. Haley, M.H. Erickson) et repris par les psychanalystes familiaux (A. Eiguer), nous conduit à considérer que la famille évolue au cours du temps selon un processus dont les perturbations entraînent, chez les êtres humains qui constituent cette famille, l'apparition de bouleversements et de symptômes plus ou moins psychopathologiques. C'est ainsi qu'à côté d'une dynamique de l'inconscient, se joue toute une dynamique rattachée au contexte social de la vie privée et dont l'influence peut être très importante. Le *cycle de vie* est une succession de crises rythmée par les aspects biologiques et sociaux du développement des individus qui composent la famille.

Après le mariage, l'établissement de la vie commune du couple, ce sont les premières naissances qui remettent en question bien des aspects de la relation des parents à présent envahie par les investissements sur les enfants, sans compter la crise propre au couple lui-même dans l'émergence d'une *illusion groupale* vers la prise de conscience d'une désillusion vis-à-vis du partenaire, l'effondrement de son idéalisation (Eiguer, 1983).

Par la suite, ce sont surtout les étapes du développement des enfants qui vont scander les crises affectives de la famille. On peut citer la crise d'opposition des 3-4 ans, l'étape œdipienne des 5-6 ans, la période d'autonomisation de la latence, la crise pubertaire. Plus tard, ce sera le départ des enfants, les étapes du vieillissement des parents (crise de la trentaine-quarantaine, de la sénescence), les deuils et de nombreux événements critiques (chômage, accident, maladie, fugue, séparation, divorce, etc.) qui émailleront le cycle de vie de tensions, d'éruptions, de remaniements.

Chacune de ces crises confronte la famille à la nécessité d'établir un nouveau rapport avec elle-même et avec l'extrafamilial, le monde du dehors. Pour ce faire, l'appareil psychique familial met à contribution une zone intermédiaire, l'*espace transitionnel* dans lequel les tensions pourront être métabolisées.

Familles fonctionnelles et dysfonctionnelles

Parvenu en ce point de notre modèle son explicitation va nécessiter d'envisager deux grandes catégories de familles, celles qui parviendront à résoudre et traverser les crises de leur cycle de vie et que nous proposons d'appeler familles *fonctionnelles* et à l'inverse, les familles *dysfonctionnelles* qui ne pourront pas dépasser leurs crises sans une aide extérieure. Avec ce concept de *fonctionnalité/dysfonctionnalité* nous prenons de la distance avec l'opposition pathologique/non pathologique qui ne convient pas au contexte de notre recherche. En effet, une telle référence à la « maladie », qui fait aussi résonance avec les nosographies psychiatriques, nous paraît non appropriée au contexte familial.

Nous avons ici affaire à un groupe d'individus appréhendés d'une manière collective, dont la plupart, pris individuellement, peuvent paraître tout à fait adaptés. Certains de ces individus pourront continuer à nous paraître adaptés une fois appréhendés dans le système familial, d'autres pourront nous paraître au contraire très *pathologiques*, mais dans tous les cas, c'est au système que nous nous référons, dans sa globalité. Par là, l'individu « malade » peut nous sembler aussi réagir adéquatement dans une situation familiale très difficile et pénible pour lui et, à l'inverse, l'individu apparemment « sain » peut présenter un style de comportement « malsain », ou « faussé » qui peut nous faire douter de sa « santé » (un peu comme le « paranoïaque » bien aménagé, qui cache son jeu et peut paraître, pour un temps, pour ce qu'il n'est pas). En ce sens, une famille en tant que système n'est pas « pathologique » ou « non pathologique ». C'est un organisme en fonctionnement et ce fonctionnement, perçu dans son dynamisme, peut être correct ou incorrect, ce qui nous conduit à préférer une appréciation non comme « pathologie », mais comme fonctionnalité.

La famille fonctionnelle

La famille fonctionnelle présente des membres bien différenciés dans son espace psychique interne. La fonctionnalité de l'*éthos* familial se caractérise par un équilibre et une modération des expressions affectives, tandis que l'*eïdos* familial paraît souple, créatif, donnant des bases conceptuelles et existentielles aux membres, sans les entraver dans une lourde mythologie chargée de missions difficiles.

L'enveloppe psychique familiale est en bon état avec des règles d'interaction cohérentes. L'interface entre la famille et l'extrafamilial est basée sur la *désillusion* et forme un espace transitionnel que la famille utilise pour intégrer la différenciation entre le dedans et le dehors familiaux. Dans cet espace potentiel la rêverie familiale s'inscrit et se déploie, avec les projets, les espoirs, les interprétations de la réalité, permettant à l'extrafamilial social de prendre corps sans danger pour la famille. C'est encore dans cet espace intermédiaire que la crainte de l'effondrement et de la dépression peuvent être élaborées et métabolisées afin de structurer l'espace familial intérieur dans son rapport au monde.

La famille dysfonctionnelle

La famille dysfonctionnelle est marquée par l'effritement des frontières entre les psychismes individuels et donc par l'aspect fusionnel des relations entre les membres qui sont mal différenciés. La dysfonctionnalité de l'*éthos* familial est marquée par le déséquilibre et les excès des expressions affectives, soit dans le repli et la froideur, soit dans l'expansivité émotionnelle ; tandis que l'*eïdos* familial est représenté par une idéologie contraignante dont les mythes entravent les motivations dynamiques, les espérances des individus, les enfermant dans de lourdes missions transgénérationnelles.

L'interface entre le dedans familial et l'extrafamilial est basée sur l'*illusion*. L'enveloppe psychique familiale est déchirée, percée entraînant, avec des modes interactifs incohérents, paradoxaux, une mauvaise différenciation entre le dedans et le dehors familiaux qui entretient un espace d'illusion autour de la famille, un lieu où prennent place les projections et les identifications projectives, où la famille décharge une fantasmatique massive et angoissée. On y trouve l'illusion de devoir attendre une assistance sociale vitalement nécessaire, mais dans l'ambivalence d'une autre illusion, celle d'un danger social, le risque pour la famille d'être pénétrée, envahie, morcelée, changée, transformée par l'extrafamilial. La crainte de l'effondrement, de la dépression, est déniée, refusée, ou au contraire pleinement vécue, mais de façon non élaborée, dans l'angoisse sans nom.

Le cycle de vie : un enchaînement de catastrophes

Il nous faut voir ces deux grands types de familles comme les deux extrêmes théoriques d'une échelle qui va de la fonctionnalité à la dysfonctionnalité, échelle qui forme un continuum sur lequel il est possible de placer les familles réelles que nous rencontrons en clinique. Bien que théoriques, nous garderons ces deux grands types familiaux pour les besoins de la discussion du modèle au cours de laquelle nous allons montrer que chacun des deux types de familles réagit différemment devant les crises du cycle de vie.

Nous avons considéré comme un apport très fécond aux problématiques diachroniques des familles la *théorie des catastrophes* (Thom, 1983, 1988). Nous venons de voir qu'une famille suit un processus d'évolution existentielle appelé cycle de vie. Celui-ci peut-être représenté comme une ligne continue qui présente à certains endroits de son cours un « saut », un changement d'état, une mutation, qui correspond en fait à un changement de niveau logique. La famille, entre deux « sauts », vit selon un fonctionnement lisse basé sur l'homéostasie familiale. Il y a alors comme un équilibre entre les diverses tensions et forces individuelles, mais il s'agit d'un équilibre dynamique, donc instable, avec des forces qui s'opposent et se neutralisent momentanément.

Lorsque la famille parvient au niveau d'une « fronce » dans le cycle de vie (la puberté d'un des enfants, par exemple), elle entre dans une discontinuité, une crise, qui va prendre la forme d'un *chaos familial*. Brusquement, l'équilibre dynamique est rompu, on passe de l'ordre au chaos. Alors que jusque-là la famille vivait sur le plan de la désillusion, en ayant intégré les affects dépressifs issus de la dernière crise, maintenant, elle est subitement plongée dans une logique de l'illusion, par exemple, celle de continuer à croire que l'adolescent est toujours un enfant. L'adolescent entrant dans cette zone intermédiaire où il n'est plus un enfant sans être encore un adulte, sera à la source d'un accroissement de tensions et de forces affectives, mais aussi de « forces » d'opposition idéologiques, il cherche à remettre en question l'ordre établi, les principes de vie de ses parents, les traditions. On voit bien ici les modifications qui se jouent au niveau de l'*éthos* (les affects et leurs modes de régulation) et de l'*eïdos* (les théories, les mythes) familiaux.

Le « saut » de la famille fonctionnelle

À partir de ce chaos familial, la famille fonctionnelle, dont le moi-peau familial est bien constitué, va mettre à contribution son espace potentiel, « transitionnel », c'est bien le cas de le dire, puisqu'il est destiné à effectuer une transition tant dans le décours du cycle de vie familiale que dans l'évolution génétique de l'adolescent, dans notre exemple. C'est dans cet espace potentiel que la *catastrophe* se déroulera, que la *fronce* dans le cycle de vie sera franchie. Et parce que le « saut », le passage à une nouvelle logique (celle d'un adolescent apparu d'un coup dans la famille et avec lequel il faudra désormais compter), est réalisé et métabolisé dans cet espace de transition, et de désillusion, où s'élabore la rêverie familiale, la famille est protégée de tout dérapage de sa crise sur le plan de la réalité. Elle parvient alors à un nouvel équilibre dynamique, une nouvelle homéostasie, qui permet un développement individuel et collectif harmonieux.

Le chaos de la famille dysfonctionnelle

Pour une famille dysfonctionnelle dont le moi-peau familial est défectueux, la différenciation entre le dedans et le dehors familiaux s'effectue mal. Tant les forces biologiques que sociales qui poussent l'adolescent, toujours selon notre exemple, ne sont pas perçues comme des forces externes qu'il est toujours possible de parer et d'assimiler, mais comme des forces envahissantes, submergeantes que l'on ne parvient pas à maîtriser. Dans ce cas, l'espace potentiel n'est pas suffisamment développé pour permettre la transition. La famille aborde sa crise de façon littéralement « catastrophique » dans un espace d'illusion. Faute de pouvoir métaboliser son changement, la nouvelle donne, nouvelle répartition des forces, avec l'émergence d'un adolescent, la famille va s'enliser dans la crise, dans le chaos familial. Elle parviendra bien à une sorte d'homéostasie, mais il s'agira d'un équilibre d'une grande précarité, sujet à de multiples petites catastrophes, dans les affres des symptômes du patient désigné et de la souffrance collective globale.

La dialectique du cycle de vie

Le cycle de vie peut-être représenté par la ligne continue du développement familial, ligne composée du faisceau des lignes de développement individuel biologique, cela en confrontation avec la réalité sociale et culturelle. Le *cycle de vie* est ainsi émaillé de grandes et petites étapes du développement de chacun et de la famille dans son ensemble. Entre ces étapes, la famille semble suivre un cours tranquille, un *fonctionnement lisse, homéostatique*, dans un *équilibre dynamique*. Et, justement, parce que cet équilibre est dynamique, ces étapes, qui vont demander des changements, des réaménagements tant psychiques que comportementaux, se présenteront sous la forme de crises, l'entrée dans un *chaos familial*. Ce chaos représente un ensemble de conflits intriqués les uns avec les autres, conflits entre pulsions, entre pulsions et défenses, entre instances, et tout cela par membres interposés ; mais aussi conflit entre les représentations anciennes que la famille se faisait d'elle-même et les nouvelles représentations induites par l'avènement des étapes biologiques, par les contraintes sociales, les contingences du réel extrafamilial. C'est dire qu'avec cette notion de conflit, qui nous renvoie à la valeur structurante du dit conflit, le *chaos familial* ne doit pas être appréhendé de façon péjorative, nous devons y voir un temps, un moment certes souvent difficile et pénible, mais toujours nécessaire et enrichissant de la vie familiale.

Le cristal brisé

Le chaos peut, selon les familles, mettre en avant d'une façon bruyante soit l'*éthos*, soit l'*eidos familial*. En ce point de notre exposé, nous croyons utile de reprendre la métaphore freudienne du cristal brisé (Freud, 1976 ; Bergeret, 1974, p. 50). Dans tous corps cristallisés, il existe, à l'état d'équilibre normal, des lignes de clivage invisibles. Ces lignes sont préétablies de façon précise, fixe et constante pour chaque cristal et lui donnent ses caractéristiques propres. Ces lignes sont aussi invisibles tant que le corps n'est pas brisé ou placé sous un appareil optique adéquat, tout au plus, les lignes de clivage laisseront-elles transparaître à l'observateur quelques spécificités du contour général du corps cristallin. Mais si nous laissons tomber à terre notre cristal, il ne pourra se briser (…) que selon les lignes de clivage préétablies et qui définissent sa structure interne.

Cette métaphore, à l'origine utilisée pour parler de la structure du psychisme individuel, transposée sur la famille, elle peut nous aider à comprendre le passage de la logique lisse au *chaos familial*, puis du chaos, retour à l'homéostasie et pourquoi certaines familles restent dans le chaos et trouvent une forme d'homéostasie dans ce chaos. Là où notre métaphore va diverger de la métaphore freudienne, est qu'ayant affaire à un groupe d'individus dans un système dynamique et ouvert, nous ne pouvons pas concevoir la famille comme un cristal aux lignes de clivage immuablement fixées. Lorsque la famille parvient en un point critique de son *cycle de vie*, la logique chaotique met en évidence les lignes de clivage, le cristal familial est momentanément brisé. Cependant, cette brisure n'est qu'un moment, une phase dans la *catastrophe* qui s'abat sur la famille. Dans les meilleurs des cas, c'est-à-dire lorsque nous avons affaire à une famille fonctionnelle, le « saut » finit par s'accomplir, sortant d'un état de *surfusion* le système familial se recristallise, mais cette fois-ci en adoptant de nouvelles lignes de clivage qui représenteront son nouvel équilibre homéostatique… jusqu'à la prochaine crise…

La métaphore du cristal est sans doute très porteuse puisque nous la retrouvons aussi chez Lewin (1959) qui voit le groupe comme un *champ de forces* en équilibre, une *totalité dynamique*, tout comme un cristal. Il explique qu'un changement ne peut être réalisé que si, dans un premier temps, on « décristallise » ce champ de force, pour lui permettre de se « recristalliser » par la suite selon un nouvel état d'équilibre plus satisfaisant. Cette description « minéralogique » préfigure ce que nous allons retrouver au niveau des changements spontanés qui peuvent advenir dans une famille fonctionnelle, ou bien ce que nous induisons au travers des crises expérimentales, des décristallisations, opérées durant une psychothérapie.

Une représentation spatiale du bisystème psychosystémique peut être utile pour sa compréhension, son assimilation et son exploitation clinique au moment de poser des hypothèses autour d'un cas. Cependant, hormis le fait que cette représentation ne doit pas nous conduire à réifier le modèle qui serait alors artificiellement plaqué sur les familles étudiées, au détriment de la perception de toute la complexité de leur réalité, cette représentation est en elle-même déjà fort difficile. Elle est multiple selon que l'on privilégiera la répartition des concepts, la fonctionnalité, l'une ou l'autre face. Nous proposons le schéma de la figure 1, mais c'est sans doute à chaque clinicien de tracer, selon sa personnalité, sa compréhension, son inspiration, le modèle spatial qui lui convient.

Figure 1 : Schéma du modèle psychosystémique familial.

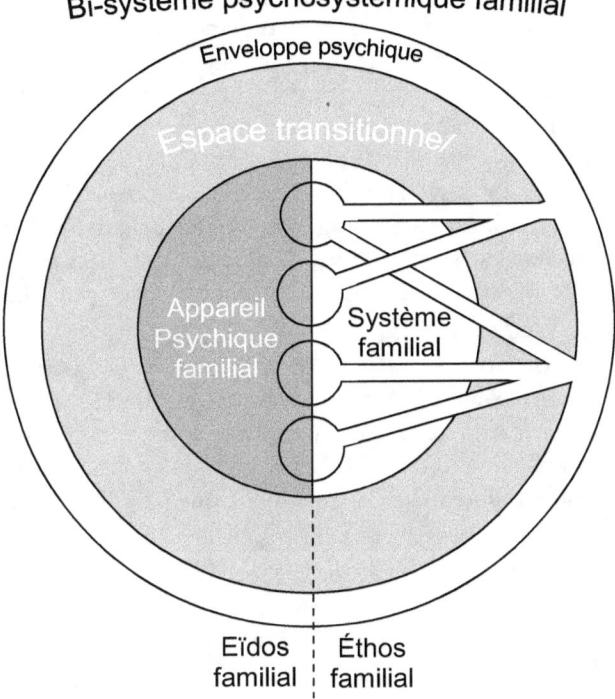

Nous commençons par l'enveloppe psychique qui délimite le familial et l'extrafamilial. À l'intérieur, la couche interne représente l'espace transitionnel qui fait tampon entre l'extérieur et l'intérieur. Ce tampon, organe d'assimilation, est une excroissance de l'appareil psychique familial dans lequel baignent les psychismes individuels représentés par des cercles (ici avec quatre membres). Cette partie intrapsychique du système correspond à l'*eïdos* familial. De l'autre côté, les individus sont rattachés au système interactif familial, sur le versant de l'*éthos*. Des lignes de force, liées à l'enveloppe psychique, forment le cristal des relations familiales telles qu'elles se présentent à un moment donné. Cet ensemble fonctionne selon une unité complexe. Les changements qui se produisent au niveau du système interactif ont des répercussions sur l'appareil psychique familial et vice versa.

Cette structure, le « bisystème psychosystémique familial », est mouvante ; elle évolue sur la trame temporelle en fonction de facteurs à la fois internes et externes. Internes selon les étapes du développement biologique, psychologique, la maturation des individus. Externes selon les variations du milieu physique et social. La mouvance du bisystème n'est pas strictement linéaire. Elle passe par des périodes de crise, au cours desquelles les tensions s'accumulent du fait d'une inertie. Les changements sont toujours difficiles à accepter, car l'inconnu représente toujours une menace et un inconfort : il faudra abandonner de vieilles habitudes, des apprentissages devenus inadaptés et faire l'effort d'en acquérir de nouveaux. Les étapes du cycle de vie familiale, tout en ayant une certaine continuité, représentent souvent de véritables mutations. Le bisystème bascule, c'est la *catastrophe*, les individus doivent réaliser un *saut* épistémologique, changer leurs points de vue, recadrer, renouveler leurs conceptions, abandonner des aspects d'eux-mêmes qui relèvent du passé et se tourner vers leurs potentialités pour l'avenir.

Nous allons pouvoir aborder, à présent, la première des deux techniques familiales qui font l'objet de cet ouvrage : le TAST. Notre modèle psychosystémique sera appliqué à l'analyse et la compréhension de l'impact d'un travail avec l'imaginaire familial. Nous verrons comment cet imaginaire remplit sa fonction métabolique et métaphorique et gère les étapes de la psychothérapie d'une famille.

3 – LE TAST

Souvent critiqués pour leur manque de validité statistique, les tests projectifs n'en restent pas moins d'excellents instruments de médiation entre le clinicien et son patient. Que leur dépouillement soit complexe, coûteux en temps si l'on veut le faire sérieusement, faisant appel souvent à l'intuition clinique, la subjectivité de l'opérateur, ne doit pas nous décourager d'y trouver des lumières vives et intéressantes quant au fonctionnement psychique de nos sujets. Mais c'est bien dans leur pratique collective, encore peu répandue, que les tests projectifs donnent toute la mesure leur utilité clinique. Passées en famille, ces épreuves se transforment en un laboratoire d'observation privilégié où l'on voit se dérouler aussi bien la dynamique interactive, communicationnelle, que celle des inconscients brassés dans le flot de l'œuvre collective.

Le test collectif : bilan des recherches

Le TAT (Test Aperceptif Thématique) de Murray (1935), aussi bien que le Test des Taches d'Encre de Rorschach (1921) sont les deux piliers (au moins en France) de l'évaluation clinique individuelle en psychologie. Par contre, on connaît en général moins bien leur usage collectif, groupal ou familial. La plupart des recherches de ce style sont américaines et font appel à des modes de passation souvent très éloignés de ce que l'on pourrait concevoir d'une simple transposition de l'individuel au collectif. Nous proposons une courte présentation de quelques-unes de ces recherches parmi les plus marquantes.

Ferreira, Winter et Pointdexter (1966) : *Quelques variables interactionnelles chez des familles normales et anormales*.[3] Les familles ont été placées devant trois planches du TAT à la fois et on leur a demandé de bâtir une histoire en les liant ensemble. Des différences ont été trouvées au niveau des interactions familiales pendant la passation entre les deux groupes de familles.

Jacob et Davis (1973) : *L'interaction familiale en fonction d'une tâche expérimentale*. Ici une série de planches de TAT n'est que l'occasion d'observer que l'on retrouve, dans la tâche de raconter ensemble des histoires, les mêmes modèles d'interaction familiale que dans la vie courante.

Minuchin, Montalvo et al. (1967) : *Familles des taudis*. Étude réalisée à partir d'une version familiale du TAT (*Wiltwyck Family Interaction Apperception Technique*), destinée à évaluer un ensemble de variables interactionnelles. Les familles des taudis présentent des caractéristiques remarquables dans leurs modes d'interaction.

Murrel et Stachowiack (1967) : *Consistance, rigidité et pouvoir dans les modèles interactionnels de familles en consultation ou pas*. Parmi d'autres épreuves, il a été demandé aux familles étudiées de bâtir des histoires à partir de sept planches du TAT. On a pu constater la consistance des modèles de « qui parle à qui ». Les familles pathologiques présentaient une labilité du discours, un plus grand pouvoir de l'aîné des enfants et une moindre production par rapport à des familles non pathologiques.

Roman et Bauman (1960, cité dans Boszormenyi-Nagy I. et Framo, 1965). Il s'agissait de comparer les résultats au Rorschach et au TAT entre la passation individuelle et familiale. Les principaux résultats observés sont : 1) des déformations conjointes de la réalité ; 2) une activation de la pathologie latente d'un des partenaires par la pathologie manifeste de l'autre ; 3) une connivence sadomasochiste ; 4) la soumission du partenaire le plus sain au plus malade ; 5) des variations brutales du résultat intellectuel en fonction de l'interaction.

Winter, Ferreira et Olson (1966) : *Les thèmes d'hostilité dans le TAT familial*. À partir de la production d'histoires avec trois planches du TAT, les chercheurs ont repéré les pourcentages relatifs d'hostilité latente et manifeste (système d'analyse Hafner-Kaplan). Les niveaux co-variaient selon le degré de pathologie des familles, avec une forte hostilité chez les familles pathologiques. Une autre étude similaire, des mêmes auteurs (Winter, Ferreira & Olson, 1965), a montré que les histoires des familles anormales sont caractérisées par des attitudes négatives envers la réussite, la moralité, la responsabilité, les relations humaines et la réaction à l'agressivité (système d'analyse Arnold).

---

[3] En italiques la traduction des titres des recherches. Les références proviennent de Strauss et Brown (1978).

En Allemagne, Stierlin (1979) a étudié le Rorschach et le TAT en passation familiale. Dans une approche essentiellement interactive, l'auteur réalise une microanalyse selon deux perspectives : d'abord digitale, au niveau de la production en tant que reflet des possibilités de consensus dans la famille. La seconde perspective est analogique et porte sur les relations au travers de la métacommunication, le climat émotionnel. Le test est utilisé dans le but d'établir un pronostic et de monter un plan stratégique pour la thérapie familiale. Il s'agit d'évaluer l'*ego familial*, c'est-à-dire juger de la capacité du groupe familial à se poser en tant que tout et le degré d'individuation des membres.

D'autres recherches apparentées peuvent encore être citées. Sur le groupe non familial : Horwitz et Cartwright (1953) : *Une méthode projective pour le diagnostic des particularités groupales*. Dans cette étude, cinq planches spécifiques, n'appartenant pas à la collection du TAT, sont les supports pour produire des histoires en commun. L'analyse des histoires s'effectue selon la dynamique du groupe, la structure du groupe, le résultat du processus de groupe.

Les systémiciens ont utilisé aussi la technique de la tâche familiale en mettant à contribution, dans une visée interactionniste, l'imaginaire familial pour : commenter un proverbe, élaborer un projet de voyage, se remémorer ensemble les moments de la première rencontre du couple, etc. Les données d'interaction ont été utilisées pour établir des typologies cliniques (Watzlawick, 1972 ; Riskin & Faunce E.E., ainsi que Sluzki C.E. et Beavin J. in Watzlawick P. et Weakland J.H., 1981).

En France, Caillé (1985), Caillé & Rey (1988), mettent à contribution l'imaginaire familial dans une visée thérapeutique, au travers d'un jeu scénique non verbal symbolique portant sur les modes prévalant d'interaction et leur représentation (la méthode des *sculpturations*), ou bien à un niveau verbal, il s'agit d'achever un conte. Cependant, il n'y a pas de dynamique de l'imaginaire collectif dans la mesure où le travail est individuel et non partagé au moment de l'action créatrice. Le conte est produit par le clinicien, les productions familiales commentées par lui, la famille, en tant que système, semble dans ce cas confinée à une certaine passivité, qui ne doit toutefois pas nous faire mésestimer l'importance des échanges d'inconscient à inconscient, au moment de la découverte des histoires individuelles, et leurs effets de réaménagement psychique.

Le bilan que nous pouvons tirer de ces quelques recherches est, qu'au point de vue de la méthode, à côté de quelques recherches qui utilisent une série de planches du TAT de façon « classique », mais sous une forme collective, nombre de recherches s'éloignent de ce schéma de base pour mettre en pratique des variantes plus ou moins éloignées, telles que demander une histoire pour trois planches, associer le TAT familial à d'autres épreuves

(Rorschach, questionnaires, etc.), ou bien encore modifier les planches dans leur contenu, utiliser d'autres matériels figuratifs.

En ce qui concerne les variables étudiées, dans la plupart des recherches elles sont interactives et concernent des modèles d'interaction ou de communication, les variables intrapsychiques étant ignorées, ou seulement évoquées, comme dans les deux recherches qui repèrent des thématiques particulières (Winter, Ferreira, Olson, 1966 ; Caillé, 1985).

Les hypothèses testées se bornent à comparer les protocoles individuels et collectifs afin de repérer l'incidence du collectif sur l'individu. La plupart cherchent à démontrer l'influence de la pathologie familiale (familles « anormales », « inadaptées », « de taudis », « avec un schizophrène », etc.) sur l'interaction familiale. Enfin, certaines recherches se contentent de mettre en lumière la consistance des modèles interactifs ou de l'organisation familiale à travers différents contextes familiaux. Nous n'avons pas connaissance[4] de recherches avec un test projectif familial, dans une perspective au long cours et ayant l'ambition de développer un outil standardisé et statistiquement validé d'évaluation de la famille.

Les objectifs d'une recherche avec le TAST

Ce bilan nous a amenés à créer le « Test Aperceptif Systémique Thématique » (TAST), à partir de certaines planches et de la consigne de passation issues du « Test Aperceptif Thématique » (TAT) classique de Murray (1935). Nous avons poursuivi quatre objectifs destinés à compenser les faiblesses que nous avons relevées dans les recherches répertoriées. Ces objectifs ont pour but de proposer l'élaboration, statistiquement validée, d'un outil d'évaluation familiale. Ils consistent en :

- S'en tenir à un matériel figuratif connu et reconnu, standardisé et invariant (donc huit planches du TAT standard, mais on pourra à l'avenir envisager la création de planches spécifiques au groupe familial) ;

- S'en tenir à une méthode elle aussi reconnue et standardisée avec consigne, règles, exceptions, toutes bien codifiées ;

- prendre en compte une double perspective, dite *psychosystémique*, à la fois psychodynamique et interactive ;

- et enfin, produire un nombre suffisant d'analyses de protocoles standardisées pour aboutir à des résultats dont la validité statistique permettra, il faut le souhaiter, l'élaboration d'une typologie familiale

---

[4] En 1993. Une revue réalisée en 2015 sur PubMed, ne donne aucun résultat quant à l'utilisation d'une épreuve projective en famille…

ayant valeur diagnostique, pronostique et indicatrice sur les modes de prise en charge de la famille, ainsi que les stratégies à mettre en œuvre dans le cadre thérapeutique.

Le TAST (Test Aperceptif Systémique Thématique)

Ce test familial consiste à proposer, à tous les membres d'une même famille, ensemble, de raconter des histoires à partir d'un matériel figuratif qui leur est présenté.

Le matériel figuratif utilisé consiste en huit planches du TAT de Murray, qui ont été sélectionnées parmi la quinzaine de planches habituellement utilisées par l'école française d'orientation psychanalytique de Shentoub (1990). Ces planches ont été choisies du fait des particularités de leur contenu latent susceptible de stimuler et inspirer une famille. Voici ces planches présentées dans l'ordre de la passation et décrites au niveau du contenu manifeste et du contenu latent selon les interprétations les plus habituellement données :

Planche 2, qui représente une « scène champêtre » avec trois personnages : au premier plan une jeune fille tenant des livres dans ses bras, au second plan, un homme derrière un cheval et une femme adossée à un arbre et qui semble enceinte. Ces trois personnages semblent à peu près de la même génération. Au niveau latent, la relation triangulaire est généralement repérée, impliquant une différenciation des générations, les personnages du fond étant vus comme les parents de la jeune fille du premier plan. Souvent la relation est présentée comme conflictuelle, par exemple, entre les ambitions de la jeune fille et les désirs de ses parents.

Planche 4, qui représente un couple homme-femme de même génération, la femme semble s'agripper à l'homme qui se détourne. L'expression des visages renvoie à des émotions assez fortes. En arrière-plan on distingue difficilement un personnage féminin en tenue légère. Au niveau latent, le conflit est souvent repéré avec les pulsions d'amour, d'emprise, opposées à celles d'agressivité, de rejet. Parfois une relation triangulaire, elle aussi conflictuelle, à base de compétition et de jalousie est évoquée avec le troisième personnage en arrière-plan. Un quatrième personnage, invisible, souvent un homme, auquel s'adresse l'agressivité de l'homme figuré, est souvent mentionné.

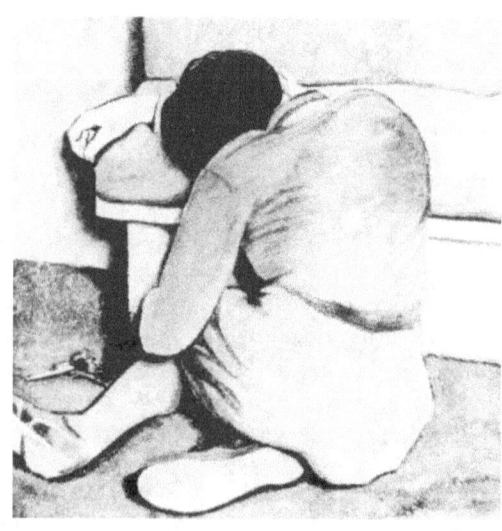

Planche 3BM, qui représente un individu affalé sur une banquette et dont le sexe et l'âge sont indéterminés. En bas à gauche, un objet difficile à identifier. Au niveau latent, la dépression est très souvent perçue, dans le contexte d'une perte (d'une personne, un chagrin d'amour, le chômage, etc.). Souvent, en écho à la planche précédente, on y voit une femme battue, parfois une femme qui a bu. L'objet en bas à gauche et rarement exploité dans les histoires. Il est souvent vu comme un livre, un calepin, voire une arme à feu, pouvant alors évoquer le suicide.

Planche 6GF, qui représente un couple homme-femme, avec la jeune femme assise au premier plan, qui se retourne avec une expression de peur ou de surprise vers un homme, souvent perçu comme plus âgé, qui se penche vers elle, avec un demi-sourire et une pipe à la bouche. Au plan latent la relation père-fille est souvent évoquée, avec des éléments de séduction, de contrôle du père sur sa fille. Souvent apparaissent une faute et une culpabilité de la femme, tandis que l'homme paraît dominateur, sardonique, voire persécuteur.

Planche 5, qui représente une femme qui est sur le seuil d'une pièce, dans laquelle elle regarde. Son expression présente une certaine inquiétude. L'intérieur de la pièce est figuré par un mobilier (bibliothèque, table, bouquet de fleurs), tandis que l'extérieur évoque un couloir sombre. Au plan latent, la femme est souvent une mère, ou une gouvernante, une bonne. L'inquiétude est repérée avec des éléments de danger, de culpabilité, de persécution. D'autres personnages sont souvent évoqués comme vus par la femme : des enfants faisant des bêtises (parfois un animal domestique), un voleur, un couple surpris.

Planche 6BM, qui représente un homme et une femme, cette dernière tournant le dos à l'homme. L'homme à l'air soucieux. La femme est beaucoup plus âgée et semble regarder ailleurs. Au plan latent, on voit souvent une mère et son fils, ou une grand-mère et son petit fils. Il y a un contexte de malaise, de deuil, ou autre perte, échec. Parfois une culpabilité est évoquée.

Planche 11, qui représente un paysage un peu flou, sombre, où l'on distingue comme un canyon encaissé, des falaises, une forêt, un chemin, un pont, une cascade, quelques éléments vivants sur le chemin ou émergeant de la falaise. Il n'y a pas de représentations humaines. Au plan latent, les interprétations vont d'un paysage angoissant et inquiétant, jusqu'à (sans doute sur un mode défensif) une brousse luxuriante et attirante. Souvent apparaissent des thèmes mythiques avec des monstres, des héros qui subissent des épreuves. Ou bien on se contente de décrire ce que l'on voit en fouillant les plus petits détails ou l'on évoque un souvenir de voyage familial.

Planche 10, qui représente les visages d'un couple, très rapprochés, dans une ambiance sombre avec des ombres contrastées. Les personnages de même génération paraissent âgés. Une certaine tendresse semble transparaître. Au plan latent, le vieux couple est souvent évoqué, soit dans un contexte de séparation prochaine ou, au contraire, de retrouvailles. Parfois une différence de génération est évoquée avec généralement un homme plus âgé. La tendresse est souvent présente, bien que parfois peuvent apparaître des thèmes de mort imminente ou de malveillance sous forme d'hypocrisie.

L'ordre de présentation des planches durant la passation (qui correspond à celui de la présentation ci-dessus) reste classique, allant des planches les moins anxiogènes vers celles qui le sont davantage avec, toutefois, quelques permutations destinées à produire une alternance entre les représentations à un seul ou plusieurs personnages. La passation se fait en une seule fois et dure environ quarante minutes (cinq minutes par planche) ; auxquelles il faut ajouter une trentaine de minutes pour la prise de renseignements et l'entretien de régulation post-passation, soit un peu plus d'une heure au total.

Le protocole est enregistré au magnétophone avec l'accord des familles. La consigne est donnée en deux parties. D'abord une consigne explicative que nous présentons librement sur le ton de la conversation et qui reprend les informations suivantes :

- *Je vais vous présenter un à un huit dessins différents ;*
- *à partir de chaque dessin, il vous est demandé d'imaginer et de raconter tous ensemble une histoire ;*
- *pour chaque dessin vous aurez chacun un même exemplaire entre les mains ;*
- *le temps sera limité à cinq minutes par dessin, même si l'histoire n'est pas terminée.*

À l'issue de cette première consigne, la première planche est distribuée (il s'agit de photocopies d'excellente qualité, sur carton, des planches du TAT officiel), puis la consigne standard est présentée à la famille :

- *Racontez tous ensemble une histoire à partir de la planche, en disant ce qui s'est passé avant, ce qui se passe maintenant et comment cela va se terminer, ce que pensent et ressentent les personnages. Vous devez mettre en commun vos idées pour essayer de faire une seule histoire.*

L'épreuve a commencé, la consigne ne sera répétée qu'une seule fois, si nécessaire, dorénavant le clinicien n'intervient plus jusqu'à la fin, quelles que soient les demandes de la famille. La fin des cinq minutes pour chaque planche est annoncée par les bips d'une minuterie qui contribue à la neutralité de la passation et nous permet de nous consacrer entièrement à l'observation de la famille (une prise de notes est réalisée pour les comportements intéressants qui ne passent pas par le magnétophone, ainsi que pour certaines indications destinées à différencier certaines voix qui pourraient être confondues, ou bien à préciser à qui parle un tel lorsque cela risque de ne pas être évident).[5]

La durée de cinq minutes par planche peut sembler courte au regard du temps pratiquement illimité accordé lors de la passation du TAT individuel. Cependant, il faut voir que nous avons ici affaire à une dynamique groupale pour laquelle l'inspiration est souvent difficile à obtenir et qu'elle s'éteint parfois assez rapidement. Ensuite, comme il s'agit de ne recueillir que trente énoncés par planche, cinq minutes sont suffisantes pour les produire. Enfin, le TAST est souvent une *épreuve*, au sens premier du mot, pour certaines familles dysfonctionnelles, et quarante minutes de passation sont parfois à la limite du supportable. À noter à ce propos que la durée du TAST est aussi incompressible, la famille *planche* sur chaque planche cinq minutes,

---

[5] L'enregistrement est stéréophonique, ce qui, avec une écoute au casque, aide au repérage spatial des interlocuteurs au moment du dépouillement.

inspirée ou pas, ainsi le protocole ne peut être abrégé, sauf à vivre des périodes de silence. Le clinicien doit ici faire preuve d'intuition et de tact pour décider s'il doit ou pas soutenir la famille en difficulté. S'il le fait, ce sera en restant au plus près du texte de la consigne, en demandant, par exemple, comment l'histoire va se terminer, etc.

Le traitement des protocoles se fait donc ultérieurement à partir des enregistrements sonores et des prises de notes. Ce traitement est fait à l'aide d'un logiciel informatique[6] afin de rendre possibles des calculs portant sur un très grand nombre d'énoncés. Ceux-ci sont retranscrits un à un en prenant les trente premiers énoncés de chaque planche, soit deux cent quarante énoncés par protocole, ce qui donne un temps de traitement d'environ quatre heures pour un opérateur expérimenté (deux heures pour la saisie elle-même et deux heures pour l'interprétation des résultats et la synthèse clinique).

Il n'est pas possible de réduire davantage le nombre des énoncés traités sous peine de perdre toute validité statistique. C'est notamment le cas des familles ayant beaucoup de membres, car alors le nombre d'énoncés par locuteurs serait trop réduit. Cet investissement temps-clinicien peut paraître excessif, mais il faut bien voir qu'il n'est guère plus important que celui consacré au dépouillement, sérieux, d'un TAT ou d'un Rorschach en passation individuelle avec une synthèse clinique. Et l'on a la satisfaction de se dire que cet effort est consacré à un groupe de personnes, une famille et non à un seul sujet.

Notre expérience, déjà importante dans la pratique du TAST, nous a en outre montré que ce travail fastidieux de la saisie des énoncés et de leur paramétrage, était souvent l'occasion pour le clinicien, par le biais de cette sorte d'ennui, de se glisser dans un état d'esprit particulier, proche de la méditation ou de l'attention flottante psychanalytique, qui favorise l'émergence d'hypothèses, d'intuitions, spontanées autour du protocole de la famille que l'on réécoute au magnétophone. Ces éléments aidant énormément le clinicien à cerner la problématique familiale et à engager la thérapie familiale.

Le traitement des énoncés

Un énoncé se définit comme un élément de discours d'un locuteur entre le moment où il commence à parler et celui où il s'arrête, cédant la place à l'énoncé d'un autre locuteur. Chaque énoncé est évalué et indexé suivant quatre paramètres :

---

[6] Spécialement développé par l'auteur.

- **QUI PARLE ?** Le code du locuteur qui prononce l'énoncé : Père, Mère, GPèr, GMèr, pseudonyme de quatre caractères pour les autres personnes, les enfants sont codés de 1 à *n*, de l'aîné au cadet, en indiquant leur sexe par F ou G (Fille ou Garçon). Exemple d'une famille : Père, Mère, F1, G2, F3.

- **A QUI ?** Le code de celui à qui s'adresse l'énoncé. Même codage que ci-dessus avec en plus l'objet-famille (Fami), pour les énoncés adressés : à personne en particulier, à tout le monde, à plus d'une personne et au clinicien par convention, ceci étant rare ;

- **DIMENSION PULSION/DÉFENSE**, codée : Pulsion secondarisée (PS), Pulsion émergente (PE), Défense refoulement (DR) ou Défense évitement (DE).

- **POSITION INTERACTIVE**, codée : Basse (BAS), Symétrique (SYM) ou Haute (HAU).

À noter que ne sont pas pris en compte : les énoncés inaudibles ; les énoncés superposés à l'énoncé ayant le plus fort volume sonore et par là difficilement audibles ; les énoncés-commentaires brefs et de faible volume sonore du style : ah, oui, hon, heu, hum, etc., qui sont superposés à l'énoncé principal ; enfin, certains énoncés partiellement superposés sont présentés l'un à la suite de l'autre.

La reconnaissance du *qui parle* ne fait pas problème habituellement. Quelques indications à la prise de notes permettent de lever les doutes qui apparaissent, par exemple, entre deux enfants proches en âge et dont les voix pourraient être confondues.

Celle du *à qui* est, dans la majorité des cas, tout aussi aisée. Souvent la personne à laquelle s'adresse l'énoncé est clairement interpellée par son prénom, ou bien c'est elle qui répond à la suite. Dans les autres cas, le contenu de l'énoncé, le contexte de la conversation, permettent de trancher avec suffisamment de précision, sans compter que l'on peut s'aider par quelques notes et les souvenirs de la passation. Pour cela il est recommandé de ne pas tarder à traiter un protocole TAST.

Les déterminations de la dimension pulsion/défense et de la position interactive d'un énoncé sont beaucoup plus subjectives et font appel aux connaissances théoriques du clinicien. La définition des dimensions pulsion/défense est issue de la grille de Shentoub et al. (1990), elle se présente ainsi :

- **PULSION SECONDARISÉE :** toute élaboration basée sur des éléments culturels, fantasmes, fantaisie, imagination, avec expression d'affects, d'émotions, dans un cadre relationnel avec ou sans conflit, ou un cadre intrapersonnel de conflit (entre désirs, entre désir et interdit). Avec des personnages qui agissent corporellement, langagièrement ou psychologiquement, qui prennent des attitudes, des mimiques, expriment des émotions plus ou moins fortes. Avec des dialogues, des thèmes érotisés, de peur, ou de catastrophe.

- **PULSION ÉMERGENTE :** toute élaboration basée sur une altération perceptive, une altération des relations entre les personnages, une altération de l'intégrité corporelle des personnages. Un récit révélant une altération de la pensée et du langage. Un récit exprimant l'envahissement fantasmatique massif et cru. Tout *acting* massif et incontrôlé en cours de passation.

- **DÉFENSE REFOULEMENT :** tout énoncé qui suggère une élaboration sous-jacente, mais refoulée sous divers mécanismes qui consistent à s'accrocher à la description des détails, mais d'une façon vivante et constructive (pouvant soutenir des élaborations ultérieures) ; en faisant barrière aux éléments de pulsion secondarisée précédents par annulation, disqualification, désaffectivation, dénégation, isolation, intellectualisation, remâchage, hésitations sur les interprétations, sur le sexe, l'âge, les relations des personnages.

- **DÉFENSE ÉVITEMENT :** tout énoncé qui permet, d'une façon contrôlée, de ne pas répondre à la consigne et, en fait, de sortir du cadre de la passation. Il s'agit des commentaires, digressions, remarques, questions, réponses à ces questions, confirmations échangés entre membres (ou adressés au clinicien). Un agir contrôlé : exclamation, mimiques, rires, agitations motrices, etc. La critique du matériel, l'ironie, la dérision, les clins d'œil au clinicien. Ou bien à propos d'une élaboration : la banalisation, l'anonymat des personnages, l'absence de conflit, l'accrochage aux éléments manifestes (énumération descriptive vide, ne conduisant à aucune élaboration), la mise en avant de la référence personnelle, la mise en tableau, l'euphorisation, la restriction du récit.

Dans la mesure où nous n'utilisons pas le TAT dans sa forme conventionnelle, mais le TAST qui en est un dérivé collectivisé, il nous faut prendre comme un postulat de base *le fait de considérer isomorphes, dans leur fonctionnement et leurs mécanismes, l'appareil psychique individuel et l'appareil psychique familial.* Cette isomorphie se nourrit conceptuellement des faits que nous avons déjà soulignés, à savoir que déjà au niveau individuel l'appareil psychique peut être vu comme une collectivité du fait de l'association des instances psychiques selon la deuxième topique freudienne, il s'agit d'un *groupe intériorisé* (Ruffiot et al., 1981). Cette intériorisation, telle qu'elle apparaît dans la constitution du surmoi, ou de l'idéal du moi, par exemple, implique des identifications intermembres (des enfants aux parents en l'occurrence) qui préfigurent ce que nous entendons par appareil psychique familial, c'est-à-dire cette part du psychisme individuel qui a internalisé le système familial et y réagit sur un mode systémique, tant au niveau de l'interfantasmatisation que des communications.

En retour, dans les groupes aussi bien que dans les familles, les instances psychiques semblent se distribuer entre les membres (Anzieu, 1981). Ainsi, le conflit intrapsychique individuel entre les instances, ou entre les pulsions et les interdits, présente son équivalent collectif dans le conflit de rôle entre les membres. La consigne du TAST demande la mise en place d'un consensus, ce qui conduit nécessairement la famille à transposer sur la scène du TAST la dynamique de ses relations et de ses rôles. La famille prise dans son ensemble est isomorphe à l'individu, *mutatis mutandis*, et la lutte de pouvoir entre ses membres est équivalente à la lutte entre tendances, motivations, croyances au sein d'un sujet unique. C'est donc à partir de toutes ces analogies entre psychisme individuel et psychisme familial que nous avons décidé de reprendre la grille de dépouillement du TAT (version 1990) de Shentoub, en l'adaptant aux spécificités de l'appareil psychique familial.

L'analyse psychodynamique

La grille d'interprétation de Shentoub fait référence à quatre catégories de procédés : À, B, C et E. Les procédés (de discours ou de comportement employés par le sujet au cours de la passation du TAT) des séries A et B renvoient à des procédés d'élaboration du discours susceptibles d'être sous-tendus par des mécanismes de défense névrotiques, témoins de l'existence d'une conflictualisation intrapsychique. La série A concerne des processus de contrôle, tandis que la série B renvoie à une labilité, une expression créatrice. Les procédés de la série C traitent des mécanismes plus primitifs et moins élaborés d'évitement du conflit qui sont subdivisés en cinq sous-catégories (les aménagements phobiques, les modalités narcissiques du fonctionnement psychique, les mécanismes maniaques, les comportements expressifs de décharge et la pensée opératoire, déconflictualisée). Enfin, les procédés de la série E qui regroupent des modalités de pensée saturées en processus primaires (défaillances perceptives, dans le rapport à la réalité, de la pensée, du langage, identitaires et dans les relations d'objet, l'envahissement fantasmatique, etc.).

Avec notre grille TAST nous reprenons les catégories A et B selon un nouveau découpage destiné à remplacer les catégories contrôle et labilité, désormais redistribuées dans pulsion secondarisée (PS) et défense refoulement (DR). Notre PS reprend donc les procédés A1 de Shentoub, ainsi associés aux B2, car dans le contexte familial il n'est plus pertinent de distinguer entre la conflictualisation intra et interpersonnelle au sein d'un appareil psychique familial. Notre découpage se réalise donc entre pulsion et défense et nous considérons comme secondarisation tous les procédés mettant en jeu un conflit, quel que soit son niveau d'expression. Enfin, notre dimension PS comprend aussi les procédés B1 en tant qu'ils expriment une activation de l'imaginaire sur un mode élaboré. Par contre, notre dimension DR ne reprend que les procédés A2 de Shentoub, c'est-à-dire dans un contexte de défense marqué par le refoulement.

Notre dimension pulsion émergente (PE) reprend classiquement les procédés de la série E de Shentoub, en y ajoutant la possibilité de passages à l'acte massifs, peu ou pas contrôlés, étant donné la dimension groupal du TAST.

Enfin, notre dimension défense évitement (DE) reprend tous les procédés de la série C de Shentoub et représente donc un mode de défense plus primitif qui consiste à tenter de sortir du cadre de la consigne et de la passation du TAST. C'est dans cette dimension que peut prendre place un agir contrôlé (à distinguer des agirs massifs en PE) qui tient compte des conventions sociales intériorisées. Dans cette dimension apparaissent des items spécifiques à la situation familiale comme la confirmation d'un énoncé, ou les questions et remarques faites à un autre membre.

Voici quelques exemples pour illustrer nos dimensions psychodynamiques.

Exemples de PS (pulsion secondarisée) :

« Je pense à une fille qui va à l'école avec des livres sous le bras ». Planche 2, par la secondarisation un personnage est mis en action dans un contexte précis.

« Et… ça c'est la mère de la fille. Et… le monsieur de la deuxième image, il a du regret… de ce qu'il a fait. Donc, il est parti voir la mère, très gêné. Pour expliquer… qu'il regrette ». Planche 6BM, la secondarisation montre un personnage éprouvant des sentiments et engagé dans un conflit intrapsychique dans un contexte interpersonnel.

Exemples de PE (pulsion émergeante) :

« Ça va bien se terminer… par un enterrement ». Planche 6BM, la pulsion de mort émerge de façon crue.

« Un monstre. Qui surgit. Des ténèbres ». Planche 11, la pulsion émerge dans l'envahissement fantasmatique. Ce n'est ni un dragon ni un serpent qui montreraient le travail d'élaboration de la secondarisation, mais un *monstre*

évoqué dans un énoncé morcelé comme pour atténuer l'impact massif de la représentation.

Exemples de DR (défense refoulement) :

« Il y a deux mondes. Il y a un monde de paysans et il y a un monde scolaire, sorti de la paysannerie quoi. La jeune fille avec ses livres elle, elle fait plus partie du monde paysan. Il y a deux mondes. Elle, elle veut sortir de son monde de paysans sûrement ». Planche 2, le refoulement transparaît dans un récit répétitif et intellectualisé, désaffectivé. On entr'aperçoit bien le conflit et l'action du personnage, mais ils sont complètement opacifiés par la neutralité du ton.

« C'est une falaise, apparemment, avec de l'eau qui coule, une cascade ». Planche 11, le refoulement apparaît ici dans la description des détails sans aucune élaboration d'un conflit pulsionnel, d'une action motivée – qui apparaîtra plus tard.

Exemples de DE (défense évitement) :

La mère à la fille cadette : *« Cela ne t'inspire pas, F2, toi qui es une grande sentimentale ? »* Planche 4, l'évitement est produit par une demande et une remarque ironique adressées à un autre membre.

« C'est très rétro toutes ces images-là ». Planche 6GF, un commentaire critiquant le matériel et qui ne répond pas à la consigne.

(Nota : tous ces exemples ne sont pas repris du protocole de la famille R étudiée plus loin).

L'analyse interactive

Notre quatrième et dernier paramètre déterminant un énoncé concerne l'interaction entre les membres, sur le plan de la communication, il s'agit des *positions interactives* qui se définissent ainsi :

- **POSITION BASSE ou AFFILIATION** : toute reprise d'énoncé, intervention, commentaire qui prend le dessous par rapport aux énoncés précédents, ou par rapport à l'énoncé qui suit et qui lui répond. C'est une acceptation pure et simple de ce que l'autre a défini ou élaboré. Le sujet n'apporte rien qui lui appartienne.

Soit un énoncé :   qui vaut simple acceptation,

        //   qui reprend sans rien ajouter,

        //   qui questionne (sans suggestionner),

        //   qui vaut tentative d'enrichissement avortée ;

- **POSITION SYMÉTRIQUE ou CONSENSUS :** toute élaboration qui vient enrichir le thème en jeu à ce moment de l'interaction.

  Soit un énoncé :   qui reprend et enrichit un énoncé précédent,

       //   qui vaut simple enrichissement du précédent ;

- **POSITION HAUTE ou COMPÉTITION :** toute nouvelle élaboration ou intervention qui prend le dessus sur les énoncés précédents ou sur l'énoncé qui suit à travers une suggestion.

  Soit un énoncé :   qui est nouveau (élaboration, définition),

       //   qui annule,

       //   qui disqualifie (ignore ce qui a été dit),

       //   qui redéfinie,

       //   qui s'oppose,

       //   qui fait réponse,

       //   qui interroge en suggestionnant,

       //   qui ironise ou se moque,

       //   qui exprime un doute,

       //   qui incite à, qui suggère.

La détermination de la position interactive d'un énoncé n'est pas si simple et notre découpage est le fruit d'une réflexion critique autour des recherches systémiques. Les notions d'interactions symétriques et complémentaires sont issues des travaux de Bateson (1971) autour du concept de *schismogenèse*. On peut ici tenter d'en donner une définition approximative. Dans l'interaction symétrique le sujet A se trouve poussé à faire quelque chose parce que B l'a fait, ce qui détermine à son tour B à en rajouter, à la suite de quoi A en fait autant, et ainsi de suite. Dans l'interaction complémentaire, ce que fait A s'accorde avec ce que fait B, tout en étant différent et opposé (actif/passif, dominant/soumis).

Jackson (dans Winkin et al., 1981), Haley (1984) et d'autres auteurs ont étudié ces modes d'interaction dans le cadre d'une *théorie de l'autorité*. Toute personne, implicitement ou explicitement, essaie constamment de définir la nature de sa relation avec les autres. Dans une relation complémentaire, l'un des partenaires occupe une position haute de domination, tandis que l'autre occupe une position basse de soumission. Dans la relation symétrique, les deux partenaires tentent tour à tour de passer en position d'égalité (haute ou basse).

Watzlawick (1980) a précisé ces conceptions en soulignant qu'elles ne se rattachent pas à des comportements spécifiques, mais plutôt à un jeu d'interaction de comportements, des rôles et la définition de la relation que ce jeu implique. Ainsi, dans la relation symétrique, le jeu consiste à être l'égal de l'autre, ceci quels que soient les comportements mis en jeu (donner, recevoir, être le plus fort, ou le plus faible...). Dans la relation complémentaire, la position est celle du partenaire qui définit la relation, tandis que la position basse est celle de celui qui accepte la définition de cette relation. Cela n'a donc rien à voir avec la faiblesse ou la force respective des partenaires. Ainsi, l'un peut aisément tirer de sa propre faiblesse le moyen de définir lui-même la relation comme une relation dans laquelle il revient à l'autre de le protéger.

Cependant, il faut bien souligner que définir précisément l'aspect symétrique ou complémentaire d'une interaction présente de nombreuses difficultés, surtout face à une famille comportant plus de deux membres. Des sous-groupes (dyades, triades) peuvent coexister, les membres pouvant alors participer à des modes interactifs totalement opposés, croisés, simultanément par rapport à divers sous-groupes. Par exemple, la mère peut être en position complémentaire basse dans la dyade mari-femme, mais en même temps, par les mêmes comportements, se trouver en position symétrique par rapport au sous-groupe des enfants. En outre, beaucoup de relations sont marquées de paradoxes. Par exemple, dans la relation complémentaire dominant/soumis, le dominant à le pouvoir de par son statut, mais en retour il est à la merci du soumis qui utilise sa faiblesse pour lui faire faire ce qu'il veut, ce qui est une autre forme de pouvoir.

Dans le cadre des recherches portant sur les entretiens structurés (ce qui est le cas du TAST), l'analyse interactive porte sur les énoncés produits par la famille et que l'on a enregistrés. La plupart des auteurs choisissent de faire une analyse par paire d'énoncés, cette paire pouvant être considérée comme l'unité d'analyse minimale nécessaire pour qu'il y ait interaction, c'est-à-dire un message et sa réponse. Or, en prenant ainsi les énoncés par paires successives (en fait qui se chevauchent puisqu'une réponse devient le message pour la prochaine réponse), on risque d'omettre des éléments contextuels plus globaux. À l'inverse, si l'on fait une analyse de l'interaction globale (ou bien d'unités de discours trop grandes), se pose la question de savoir ce que deviennent les sous-interactions au niveau de l'analyse. Certains auteurs en viennent à parler de *méta-complémentarité* ou de *pseudo symétrie* (Watzlawick & Weakland, 1981), ce qui ne contribue guère à éclaircir la question.

Comment traiter cet exemple d'interaction, cité par les auteurs : « *d'un mari qui dit à sa femme de baisser la voix. Si elle accepte, dès lors, quelle que soit la forme symétrique ou complémentaire en position haute de ses futures interventions, tant qu'elle baissera la voix elle sera en position complémentaire basse.* » Ces problèmes d'analyse nous renvoient à la nature complexe de la communication humaine. Celle-ci se déroule sur plusieurs canaux qui véhiculent chacun un type d'information bien particulier. Nous avons le niveau de l'audible linguistique qui véhicule les messages digitaux, l'audible paralinguistique qui véhicule les messages analogiques (analogique vocal), le non audible paralinguistique qui porte d'autres formes de messages analogiques (analogique gestuel, postural, expressif), et enfin, le niveau contextuel.

Lorsque dans un dialogue, chaque personne communique à tous les niveaux, le champ des messages significatifs est si vaste et si complexe qu'on doit faire nécessairement un choix pour déterminer le niveau qui fera l'objet de l'étude, pour ne pas se perdre sous l'avalanche des données. Il ne sert à rien de recueillir des données à la fois visuelles, sonores, kinétiques, et même contextuelles, d'une interaction si l'on ne sait pas en faire une synthèse intelligible.

Ainsi, nous avons fait le choix, en ce qui concerne le recueil des données d'un protocole TAST, de nous limiter pour l'essentiel au niveau audible-linguistique en accord avec les raisons invoquées par Sluzki et Beavin (dans Watzlawick & Weakland, 1981), à savoir que, même si les différents niveaux de communication sont non congruents (comme dans la double contrainte, par exemple), il existe tout de même comme une *isomorphie structurale* entre les niveaux, nécessaire pour que la communication, même la plus *folle*, ait une portée pragmatique efficace. Cependant, en ce qui concerne le TAST, et de façon secondaire, nous tiendrons compte, autant que faire se peut, des nuances que peuvent apporter les autres niveaux dans la mesure où ils sont perceptibles sur l'enregistrement audio et que cela ne concourt pas à une inflation rédhibitoire des données.

Après le problème du choix du niveau de communication vient celui du choix de l'unité d'analyse. Ce second problème a été abordé par Sluzki et Beavin de la façon suivante. Ils ont considéré, à juste titre, que le message isolé (ce que nous appelons un *énoncé*) ne permettait pas à lui seul de juger de la symétrie ou de la complémentarité d'une transaction sans faire référence aux messages précédents ou suivants. Sans ce double horizon communicationnel porteur de sens, l'évaluation va s'appuyer sur une motivation ou une intention imputée au locuteur, c'est-à-dire sur une donnée qui n'est pas directement accessible à l'observateur et qui dépendra alors de sa subjectivité.

Pour finir, les auteurs semblent trouver un compromis en prenant la transaction, soit deux énoncés consécutifs, comme unité d'analyse. De là, ils prennent appui sur les formes grammaticales des deux énoncés d'une transaction (interrogation, affirmation, négation, déclaration, injonction, etc.) pour déterminer si une transaction est symétrique ou complémentaire.

Ils posent que : la relation est symétrique si le second message est grammaticalement identique au premier. Et à l'inverse, la relation est complémentaire si les deux énoncés sont grammaticalement différents. Par la suite, les auteurs tentent d'établir une sorte de *typologie des dyades interactives*.

Cette façon de procéder appelle plusieurs critiques. Tout d'abord elle ne tient pas compte des réserves que les auteurs ont eux-mêmes soulevées quant à une analyse par paires d'énoncés. Comme nous l'avons souligné plus haut, les transactions peuvent s'emboîter les unes dans les autres, *le mari gardera la position haute quoi que puisse dire sa femme en parlant doucement comme il le lui a demandé*. Notre seconde objection tient au contexte particulier de la recherche TAST. Si l'on peut considérer, à la rigueur, comme un compromis acceptable la transaction comme unité d'analyse dans des recherches portant sur des couples de locuteurs (ce qui est le cas de la recherche de nos auteurs), par contre, au-delà de deux locuteurs (ce qui est le cas généralement des familles passant un TAST), le chevauchement des paires d'énoncés, leurs croisements, la complexité des interactions, ne permettent plus une telle approximation sans fausser, faire perdre une grande partie de sa valeur à l'analyse interactive.

Un compromis difficile, mais nécessaire

En fin de compte, nous nous sommes rangés à un compromis capable de prendre en compte les spécificités de la situation familiale. La base de notre analyse interactive sera bien la paire d'énoncés, le second énoncé étant défini en position basse, symétrique ou haute par rapport au premier, mais cette règle sera nuancée par la prise en compte d'un contexte communicationnel plus large, prenant des énoncés en amont, plus rarement en aval, de l'énoncé analysé, afin de suivre au mieux toutes les subtilités transactionnelles. Ce que nous perdons un peu en standardisation de l'unité d'analyse, nous le gagnons certainement par plus de précision et de réalisme dans notre analyse.

D'autre part, la structure de l'énoncé que nous prenons en compte est plus sémantique que grammaticale. Si cette dernière a l'avantage d'être simple et aisée à déterminer, nous pensons qu'elle ne peut pas suivre toutes les subtilités du langage et ce sera la troisième objection que nous ferons à nos auteurs. Il s'avère que les niveaux de communication analogique et contextuel induisent une polysémie des mêmes structures grammaticales. Ainsi, selon le contexte, une affirmation au strict point de vue grammatical peut s'avérer être une négation au niveau de la transaction. Il arrive souvent, dans les familles dysfonctionnelles, que le ton très convaincu d'une question la transforme en affirmation. Voici quelques exemples de ces distorsions sémantiques, tirés du protocole d'une famille particulièrement dysfonctionnelle.

Planche 4 :

G2 : *Au début du XXe siècle…* (interrompu)

Mère : *On dirait du cinéma, tu crois pas ?*

G2 : *Non, non.*

Dans cette transaction, la question de la mère au lieu d'être cotée en position basse comme pour toutes les questions a été cotée en position haute, car le contexte de rupture de discours et le ton de l'énoncé lui donnent une valeur d'affirmation.

Planche 5 :

G2 : *C'est une chambre.*

Père : *Ça, c'est une chambre ? !*

Ici la question du père est en position haute, car son ton marquait le doute et donc avec un sens de négation sous-jacent.

Planche 11 :

Mère : *La végétation fait très africaine, je trouve.*

G2 : *Ah oui, tu la vois la végétation toi ?*

La question de G2, dite sur un ton ironique, marque le doute et la négation, elle fut cotée en position haute.

Même planche :

Mère : *Il y avait des trucs comme ça dans l'ouest du Sénégal.*

G2 : *Oui, oui.*

L'apparente acceptation de G2 ne fut point cotée en position basse, parce que le ton du discours était excessivement insolent (ironie et condescendance).

Enfin, un dernier cas de figure, à la planche 6BM, pour illustrer le fait qu'aucune analyse trop bien formalisée et comme automatique des énoncés humains n'est possible sans courir le danger du réductionnisme.

Père : *Ou c'est peut-être une femme de chambre avec le balai.*

Mère : *Oh ! Y'a pas de balai.*

F1 : *Y'a pas de balai.*

G2 : *Y'a pas de balai.*

Ici, les trois énoncés identiques ont été prononcés presque en même temps (chevauchement) de façon très audible. Les deux derniers ne peuvent être considérés comme une acceptation du premier d'entre eux en position basse, car tous ces énoncés marquent une prise de position haute sur le Père par annulation.

Les configurations familiales

Le protocole TAST (les deux cent quarante énoncés et leur paramétrage) a été laborieusement enregistré dans l'ordinateur. À l'issue de cette saisie informatique, le programme réalise en quelques secondes les calculs et nous donne une série de résultats qui représentent les différentes *configurations familiales*, au nombre de neuf actuellement, que nous allons présenter à la suite :

- **PRODUCTION :** cette configuration indique la répartition en pourcentages des productions d'énoncés pour chaque membre ou locuteur, pour les deux cent quarante énoncés retenus. Cette configuration sert à révéler l'équilibre productif entre les membres, ou au contraire si l'on note la présence de membres inhibés ou hyper productifs.

- **ADRESSAGES :** cette configuration indique la répartition en pourcentages des adressages pour chaque locuteur (c'est-à-dire le nombre d'énoncés produits à destination de tel ou tel membre) et pour la famille en général, pour les deux cent quarante énoncés retenus. Les adressages servent à révéler la force de l'investissement de l'objet-famille, l'équilibre des adressages intermembres et leur cohérence avec les productions.

- **PSYCHODYNAMIQUE FAMILIALE :** cette configuration indique la répartition en pourcentages, des deux cent quarante énoncés retenus, sur les quatre dimensions pulsion/défense. Cette configuration sert à révéler les capacités élaboratrices de l'imaginaire familial, ses possibilités de dynamisme émergent, la force et la qualité du contrôle défensif soit par un travail psychique de refoulement, soit par la fuite hors du cadre de la consigne.

- **PSYCHODYNAMIQUE LOCUTEURS :** cette configuration indique pour chaque locuteur la répartition en pourcentages de ses énoncés produits, parmi les deux cent quarante énoncés retenus, selon les quatre dimensions pulsion/défense (c'est la configuration précédente, mais appliquée à chaque membre). Il s'agit de repérer qui, dans la famille, occupe les pôles élaborateurs ou défensifs, s'il y a un membre qui se distingue des autres par une configuration particulière.

- **INTERACTIVE FAMILIALE :** cette configuration indique la répartition en pourcentages, des deux cent quarante énoncés retenus, sur les trois positions interactives. Cette configuration sert à révéler la force du consensus familial basé sur une bonne différenciation des membres, en balance avec les excès d'affiliation et/ou de compétition qui marquent l'indifférenciation et la lutte contre cette indifférenciation.

- **INTERACTIVE LOCUTEURS :** cette configuration indique pour chaque locuteur la répartition en pourcentages de ses énoncés produits, parmi les deux cent quarante énoncés retenus, selon les trois positions interactives (c'est la configuration précédente, mais appliquée à chaque membre). Elle sert à dégager les membres ou les sous-groupes marqués par l'affiliation ou la compétition et, par là, préciser les modes interactifs familiaux.

- **PSYCHOSYSTEMIQUE :** cette configuration, qui représente le croisement entre les configurations psychodynamique familiale et interactive familiale, est la configuration familiale qui exprime sans doute le plus notre tentative de réaliser un pont entre l'appareil psychique familial et le système familial. Pour chacune des quatre dimensions pulsion/défense, on trouvera trois pourcentages selon les positions interactives. Théoriquement, cette configuration est destinée à repérer la répartition des énoncés sur la double grille familiale du dynamisme pulsion/défense en regard des modes interactifs prévalents. On pourra ainsi dégager comment la pulsion, et la défense, au plan collectif, font l'objet d'une compétition, avec souvent des acteurs passifs qui répondent à des « leaders », ou bien font l'objet d'un consensus. Malgré les espoirs que nous avions placés en cette configuration, qui symbolise au plus près nos ambitions de synthèse, l'exiguïté même de notre échantillon de familles n'a pas permis de dégager des caractéristiques suffisamment significatives. Étrangement nos familles nous ont paru très proches sur cette configuration, sans que nous sachions encore vraiment la part de biais méthodologique dans cette proximité. Il est probable que l'accumulation des données finira par révéler des différences fines, mais pertinentes.

- **FAMILIOGRAMME GÉNÉRAL :** cette configuration représente, sous la forme d'un graphique fléché, les adressages préférentiels intermembres et à la famille en général. Chaque flèche issue d'un locuteur indique le plus fort pourcentage d'adressages (c'est-à-dire l'adressage préférentiel) de ce locuteur vers un autre locuteur ou vers la famille. Pour cette configuration la totalité des deux cent quarante énoncés retenus a été prise en compte. Sous sa forme dite **générale**, le familiogramme indique le degré d'investissement de l'objet-famille, la présence de forts adressages préférentiels intermembres, voire de dyades très prégnantes.

- **FAMILIOGRAMME RESTREINT :** cette configuration représente, sous la forme d'un graphique fléché, les seuls adressages préférentiels intermembres. Chaque flèche issue d'un locuteur indique le plus fort pourcentage d'adressages (adressages préférentiels) de ce locuteur vers un autre locuteur. Pour cette configuration, seuls les énoncés intermembres ont donc été pris en compte, sur les deux cent quarante énoncés retenus, en faisant abstraction des énoncés adressés à la famille. Il permet de repérer la présence ou l'absence de la dyade parentale, les dyades parent-enfant, les individus isolés.

Une recherche de l'auteur portant sur les protocoles de quinze familles (Loonis, 1992), à l'aide d'un traitement statistique (analyse factorielle des correspondances), ont pu dégager les traits caractéristiques des familles fonctionnelles et dysfonctionnelles. Il est à noter, bien évidemment, que les résultats de ce travail n'ont qu'une validité restreinte de par l'exiguïté même de la population testée. Il s'agissait d'une première recherche, encore tâtonnante, avec un nouvel outil d'évaluation. D'autres études, plus conséquentes, seront nécessaires pour donner toute sa validité à l'instrument.

L'impact clinique du TAST

La passation du TAST par une famille met en jeu de grands mécanismes mentaux sur plusieurs niveaux. Le TAST engage un double conflit, d'abord et classiquement, entre la pulsion et la défense (Shentoub, 1990), puis entre les membres. Ce double conflit correspond en effet aux deux exigences de la consigne, qui sont de raconter une histoire (une par planche), mais de la bâtir ensemble. Ce qui signifie qu'un double compromis devra être réalisé.

La famille est confrontée à une double représentation : celle consciente rattachée au but explicite de la passation, aux éléments manifestes du matériel, puis, celle inconsciente dans le rapport fantasmatique à la situation de passation et les sollicitations latentes réactivées par le matériel. Ainsi, le psychisme familial doit réaliser un compromis entre un contrôle conscient qui l'oblige à prendre en compte des éléments de la réalité collective, de la passation et sa consigne, sa règle, et une pression fantasmatique inconsciente autorisée par le champ de liberté imaginaire que la consigne a ouvert et activée par les représentations figuratives.

Le contrôle se joue sur deux registres. Le premier favorise la secondarisation, c'est-à-dire justement les compromis qui donnent une histoire écoutable, socialement acceptable et compréhensible, pouvant être partagée par tous les membres et comprise du clinicien. Le second registre du contrôle implique des mécanismes de refoulement qui marquent les élaborations imaginaires d'une certaine retenue, de restrictions.

Lorsque le contrôle s'estompe, deux réactions peuvent se produire, soit l'émergence plus ou moins crue de la pulsion, soit un pseudo-contrôle, mal élaboré, archaïque, par l'évitement : la famille fuit la passation en se réfugiant dans les remarques, les questions, en ne répondant plus à la consigne.

Le second compromis que la famille devra réaliser se situe dans l'interaction des membres entre eux. Ce compromis possède un aspect psychodynamique, en ce que l'opposition pulsion/contrôle ne se joue pas seulement dans le psychisme de chaque membre, mais donne lieu à une répartition de rôles dans le système familial. Chaque membre peut adopter, à chaque instant, l'une des quatre dimensions psychodynamiques suivantes : secondarisation, refoulement, émergence ou évitement. Ce choix se fera nécessairement selon une double détermination, d'une part le rôle habituel que la famille donne à chacun de ses membres et, d'autre part, la dynamique actuelle, dans l'ici-maintenant de la passation. On peut, par exemple, observer le rôle de la secondarisation assortie de fortes émergences délégué aux enfants les plus jeunes. L'aîné des enfants peut, avec le père, jouer le rôle du refoulement, tandis que la mère aura celui de l'évitement, elle coupera l'émulation imaginaire familiale par des remarques sur la qualité du matériel, la difficulté à imaginer, des questions. Cette répartition reflète exactement la structure du fonctionnement psychodynamique familial habituel.

Dans l'ici-maintenant de la séance, tous ces rôles vont être mobilisés, mais pas n'importe comment. Certains rôles seront mis en avant, d'autres au second plan. Ceci devra être comparé à la dynamique des rôles habituelle dans la famille. Pourquoi l'adolescent en crise, habituellement inhibé, peu communicatif, qui joue chez lui et à l'école à fond la carte de l'évitement, devient-il tout à coup loquace devant les planches du TAST, produisant des émergences qui font rire toute la famille ? Pourquoi cette mère de famille qui, chez elle, est complètement dépassée par les pulsions de ses enfants qu'elle n'arrive pas à maîtriser, se met-elle au cours de la passation à participer activement aux émergences des enfants ? Ces réajustements des rôles doivent être rattachés à la situation du TAST et compris comme une mobilisation de l'appareil psychique familial face à la consigne, face au clinicien et à l'image que la famille en perçoit.

Le TAST : une catastrophe expérimentale

Nous avons parlé de cycle de vie et d'un jeu entre le fonctionnement lisse et les crises, les *catastrophes* qu'une famille traverse. En ce sens le TAST doit être vu comme une crise expérimentale dans laquelle on plonge une famille pour tester, au travers de variables contrôlables, la façon dont la famille gère habituellement une crise. Cette crise expérimentale s'ajoute souvent à la crise que vit la famille amenée à consulter un psychothérapeute. La famille en TAST se trouve face à un nouveau « saut » à accomplir sur le décours de son cycle de vie. Elle vit une catastrophe et entre dans un *chaos familial* où la lutte et les conflits sont relancés. Conflits aussi bien intra qu'inter-personnels qu'il va falloir gérer et essayer de résoudre. La façon dont une famille réalisera ce « saut », résoudra sa crise (ou ne parviendra pas à la résoudre, ou n'y parviendra que partiellement), représente, selon un raisonnement par métonymie, la façon de faire habituelle de la famille dans ses crises *naturelles*. C'est sur la base d'une telle hypothèse que nous proposons d'étudier et d'utiliser le TAST comme un outil d'évaluation de la famille pouvant déboucher éventuellement sur la détermination de stratégies ou d'indications thérapeutiques.

La répartition des rôles psychodynamiques entre les membres du système familial et la force relative de chacun de ces rôles par rapport aux autres, cela dans le dynamisme et les fluctuations du système en fonctionnement, tout cela est réglé par les interactions et les communications. C'est par la prise de position haute de ses énoncés qu'un membre impose son pouvoir sur les autres, c'est par la prise de position basse qu'un autre accepte ce pouvoir. Un équilibre peut s'établir lorsque la réponse est symétrique, ce qui signifie que ce que l'autre a dit est reconnu, intégré, pour être ensuite repris et enrichi. Ainsi, des liens fonctionnels sont-ils établis entre l'appareil psychique familial et le système d'interaction familial. Par exemple, un petit garçon de sept ans incarne le ça familial par la production d'une fantasmatique crue et sexualisée dans ses histoires. Il devient un « leader pervers » en prenant constamment la position haute face à des parents qui se contente de timides remontrances sans opposer des élaborations secondarisées suffisamment consistantes pour faire équilibre avec les émergences du gamin. Ses frères plus âgés s'amusent bien, ils rient, autant des idées exprimées par le petit dernier, que du désarroi des parents. Le petit frère incarne leur pouvoir, ils le soutiennent et viennent enrichir ses fantasmes.

Plaisir ou déplaisir ?

En matière de boutade, nous avons envie de dire que la simple constatation de la présence ou de l'absence de plaisir à passer un TAST suffit à distinguer entre familles fonctionnelles et dysfonctionnelles. C'est une boutade, car si cette constatation nous paraît vraie, elle ne nous dispense pas des quelques heures passées à dépouiller un protocole et de l'analyse de toutes les données que nous en tirerons ; mais déjà, cette notion de plaisir/déplaisir, tout immédiate et superficielle qu'elle soit, nous éclaire sur les capacités d'une famille à développer un *espace transitionnel* à l'intérieur duquel l'expérience du TAST sera métabolisée.

La crise-TAST

Nous avons parlé de « crise expérimentale », car la situation du TAST, comme toute situation de passation d'un test et surtout d'une épreuve projective, place la famille dans une situation de crise. Cette crise est d'autant plus patente que dans l'épreuve projective il n'y a pas référence à un savoir objectif, socialement validé, comme dans les tests d'intelligence ou d'aptitudes, mais cette épreuve renvoi à un imaginaire, *a priori* non normatif, dans lequel le sujet, la famille, cherche malgré tout une norme en référence à l'imaginaire du clinicien vécu comme tout-puissant (certaines familles s'attendent effectivement à ce que le clinicien leur donne la « réponse juste » à l'issue de la passation).

Le TAST et ses planches doivent être vus comme une interface entre l'*appareil psychique familial* et le clinicien et/ou l'institution, l'autorité sociale, morale, médicale qui a prescrit le test. La consigne du TAST demande à la famille de développer un *espace transitionnel* dans lequel prendra place, à la fois l'imaginaire familial et les jeux interactifs propres à la famille. Cette demande clinique à passer un test familial crée une rupture dans le *cycle de vie* de la famille au même titre que n'importe quel événement existentiel. Toutes les familles se retrouvent alors confrontées au **chaos familial**, face à des planches, des illustrations qui éveillent des affects de tristesse, d'angoisse, de peur, d'agressivité comme d'amour, qui mobilisent aussi les grandes conceptions de la vie familiale, les principes, les croyances et les mythes, ainsi que l'histoire de la famille.

Chaos familial induit par la double nécessité déstabilisatrice, pour chaque membre, de devoir mettre en route son imaginaire, mais sur un mode collectif, dans la recherche d'un consensus. La famille pourra-t-elle créer et faire fonctionner un *espace potentiel* ? Pourra-t-elle vivre la *catastrophe*, faire le « saut » de l'avant à l'après TAST ? Sera-t-elle capable de prendre le risque de vivre le chaos familial et d'y prendre plaisir ? La réponse à ces questions dépendra de la fonctionnalité familiale.

Les familles fonctionnelles auront du plaisir à fonctionner en famille, à se laisser-aller dans l'imaginaire collectif où les fantasmes s'exprimeront librement avec juste ce qu'il faut de contrôle (ou à l'inverse, du contrôle secondarisé avec juste ce qu'il faut de « piment » émergent). La famille fonctionnelle s'offrira le luxe du chaos familial, en confiance, sans angoisse, se sentant capable de vivre le chaos comme un préalable à l'ordre. Ce plaisir se traduira par la réalisation d'une ambiance ludique, légère, détendue, avec des rires, des plaisanteries, un accueil enthousiaste de chaque nouvelle planche et l'expression d'un regret lorsque l'épreuve se termine.

Tandis que de son côté, la famille dysfonctionnelle vivra la situation TAST dans le déplaisir, dans l'angoisse, l'ennui, la suspicion, les sentiments d'impuissance, de perte de l'estime de soi, de haine et de tristesse dans les conflits qui émergent. Dans ces familles on ne se laisse surtout pas aller, on a peur du chaos et de la catastrophe, de là l'imaginaire paraît appauvri, on s'inquiète et l'on évite de répondre à la consigne. L'atmosphère est lourde et tendue, pénible. Chaque planche est accueillie avec des soupirs de lassitude, des exclamations de dépit et la fin de la passation fait l'objet d'une expression de soulagement, « ouf ! c'est fini ».

Une question d'équilibre

La **configuration de la production locuteurs** reflétera assez directement le degré de plaisir/déplaisir de la famille. La bonne fonctionnalité familiale s'exprime ici par un équilibre des productions qui montre que tous les membres ont participé de la même façon à l'œuvre collective. Cette collectivisation de la tâche montre aussi qu'un espace potentiel est réalisé qui nécessite la participation de tous les psychismes individuels regroupés en une entité unique. Les familles dysfonctionnelles ne présenteront pas la même homogénéité, des membres seront inhibés et d'autres au contraire parleront pour les autres, de sorte que l'appareil psychique familial paraîtra inconsistant, étiré entre les membres improductifs et ceux qui produisent. L'aire transitionnelle est, elle aussi, fragile, car seul un membre, ou un sous-groupe familial, donne l'impression de participer à un espace potentiel, les autres, les inhibés n'y sont pas, ils restent à distance psychique et affective.

La production ne met pas seulement en jeu la dialectique entre produire ou ne pas produire, avoir ou pas de l'imagination. Si l'on a de l'imagination se pose alors le problème de se sentir inspiré pour participer ou pas à l'imaginaire collectif ; ou encore de la possibilité, le pouvoir au-delà du vouloir, à condition que les autres nous laissent parler, nous écoutent et prennent en compte ce que l'on dit. Ainsi, la production doit être repérée à la fois sur le plan intrapsychique d'une « productivité » imaginaire et sur le plan interactif d'une volonté et/ou possibilité de participation collective. À ce propos il faut prendre en compte dans la compréhension d'une famille, ces moments de la passation où des membres se coupent la parole, ne s'écoutent pas, ainsi que ces moments dans l'entretien post-passation où un tel déclare « avoir vu des choses », mais qu'il n'a pas pu ou voulu les dire.

Le poids des individus

La **configuration des adressages aux locuteurs et à l'objet famille** nous fait entrer dans une autre dimension, au-delà du plaisir/déplaisir et de la pulsion/inhibition, dans la dimension de l'interaction. Deux points sont importants à repérer dans cette configuration, d'une part les proportions d'adressages pour les locuteurs et d'autre part l'importance des adressages vers l'objet-famille.

Pour ce qui concerne le premier point, notre hypothèse (classique en psychologie sociale) est que la quantité d'adressages que reçoit un membre est proportionnelle au degré d'acceptation ou de rejet de ce membre. Plus un locuteur reçoit d'adressages et plus il est accepté, intégré ; à l'inverse, avec peu d'adressages il paraît rejeté. De là, une famille fonctionnelle dont tous les membres seront bien intégrés dans le fonctionnement familial verra une bonne répartition des adressages entre ses membres. Et à l'inverse, dans une famille dysfonctionnelle, certains membres recevront trop d'adressages, d'autres pas assez.

Un autre aspect des adressages intermembres doit être ici relevé, il s'agit de la cohérence entre les taux d'adressages et ceux de production. Lorsqu'un membre est très productif, il prend une place particulière dans la famille, c'est une sorte de *leader* (nous avons remarqué que ce membre – souvent l'un des parents – aurait une fonction anxiolytique dans sa famille, c'est aussi le médiateur avec l'extrafamilial), il est naturel que l'on s'adresse souvent à lui, ne serait-ce que pour le stimuler dans sa fonction de porte-parole de la famille et c'est bien ce que l'on observe dans les familles fonctionnelles. À l'inverse, un membre quelque peu inhibé sera respecté dans son retrait et peu sollicité.

Par contre, dans les familles dysfonctionnelles on observe tout le contraire. Le membre hyperproductif ne reçoit proportionnellement pas autant d'adressages, comme si loin de remplir une fonction aidante par ses interventions, il aurait une fonction coercitive, étouffante vis-à-vis des autres membres et que ceux-ci lui feraient bien sentir leur désapprobation en évitant de s'adresser à lui. À l'inverse, le membre inhibé, ou opposant et peu productif, recevra dans les familles dysfonctionnelles, beaucoup d'adressages, il est très sollicité, souvent de façon agressive, en réponse à son mutisme qui est lui-même une forme d'agression. En harcelant ainsi le membre silencieux, la famille tente sans doute de maîtriser ses sentiments de culpabilité face à la « maladie » de ce membre.

Le poids de la famille

Le second point de la configuration des adressages à examiner est donc la proportion des adressages vers ce que nous avons appelé l'objet-famille, en référence à l'objet-groupe de Anzieu et Kaes. La consigne du TAST propose à la famille une mise en commun des imaginaires individuels au travers de la réalisation d'un consensus. Cette tâche demande à ce que les relations dyadiques soient évitées au profit d'un rapport au groupe familial dans son ensemble. Ce qui signifie que du fait de la densité des adressages intermembres, les familles dysfonctionnelles investissent peu l'objet famille et à l'inverse, les membres des familles fonctionnelles se parlent peu sous forme dyadique durant la passation, ce qui donne un objet-famille marqué par beaucoup d'adressages (nous rappelons ici que les adressages à la famille en général sont ceux qui sont adressés à personne en particulier et donc en principe à tous).

Ces diverses configurations d'adressages sont en rapport avec l'intégration familiale telle que nous l'avons posée dans notre modèle psychosystémique. En effet, dans une famille dont les membres sont bien différenciés, dont l'enveloppe psychique est intacte, séparant le dedans familial du dehors, un espace potentiel pourra être produit à partir de l'intégration équilibrée de tous les membres. Cette intégration se fera par la faiblesse des adressages intermembres et leur bonne répartition entre tous, tandis que le fort investissement de l'objet-famille, marque la présence d'un corps familial bien constitué.

À l'inverse, la famille dysfonctionnelle est mal intégrée, ses frontières mal définies. La densité des adressages dyadiques montre la mauvaise différenciation sous-jacente des membres. L'objet-famille, peu investi, n'est pas consistant et ne vient pas prendre position face à l'extrafamilial, mais dans l'espace d'illusion il est attaqué de toutes parts, de l'intérieur par les dissensions entre les membres, de l'extérieur par les illusions et les identifications projectives. Les adressages nous montrent le lien psychosystémique suivant : la consistance d'un espace psychique commun, actif au niveau d'un déploiement imaginaire, est en relation directe avec un mode de communication qui privilégie les adressages à l'objet famille au détriment des adressages intermembres.

Pouvoir rêver ensemble

La **configuration psychodynamique familiale** est aussi en rapport avec le plaisir qu'éprouve la famille à passer un TAST. Elle montre aussi, de façon directe, l'importance de l'espace transitionnel développé par la famille. En effet, le score en pulsion secondarisée indiquera que la famille répond bien à la consigne, qu'elle élabore des histoires après avoir mis en jeu son imaginaire. Cette secondarisation de la pulsion nécessite un mécanisme mental complexe dont la mise en route ne peut se faire si des émergences primaires trop importantes, risquant d'envahir le psychisme collectif, doivent être jugulées par de fortes défenses. La secondarisation est aussi entravée si une forte compétition existe entre les membres, l'énergie est alors détournée des capacités élaboratrices pour être utilisée à des fins de régulation interactive. La mauvaise différenciation entre les psychismes individuels et celle entre le dedans et le dehors familiaux ne permet pas aux membres d'une famille dysfonctionnelle de gérer en commun leurs imaginaires ; toute l'énergie des individus est destinée à éviter la fusion en une lutte constante contre l'indifférenciation, là encore, l'énergie ainsi détournée dans la lutte ne peut être employée pour la secondarisation.

Quand le rêve devient cauchemar

La pulsion émergente pose un problème méthodologique, car en fait, il faudrait créer deux sous-catégories d'émergences. Nous avons pu observer, d'une part, les émergences fantasmatiques crues, en général produites par les jeunes enfants[7] et régulées par les parents dans leur rôle de surmoi familial. Ces émergences, à l'observation, apparaissent dans les familles fonctionnelles et viennent en quelque sorte dynamiser les secondarisations et donner un sens immédiat à la notion de plaisir dont nous parlions plus haut.

La seconde sous-catégorie d'émergences pulsionnelles comprendrait toutes les fantasmatiques vraiment trop massives, les distorsions perceptives et idéatoires et les *acting* incontrôlés. Nous pensons qu'il est important d'illustrer ici cette distinction que nous faisons entre les fantasmatiques émergentes *crues* et les *massives*. Dans les premières on peut trouver des fantasmes sexualisés, des fantasmes de mort, sadiques, violents, voire de violence sexuelle, mais ces émergences gardent un caractère contrôlé dans la mesure où elles restent limitées en quantité, où les détails ne sont pas abordés, où il s'agit de scènes fortes, comme on peut en voir au cinéma et à

---

[7] On peut associer ici avec le conte d'Andersen « Les habits neufs de l'empereur », dans lequel, seul un petit enfant ose dire que « le roi est nu ».

la télévision, mais évoquées plutôt que travaillées, tout en conservant un caractère ludique, enjoué. Souvent, lorsqu'il s'agit d'enfants jeunes, il s'agit moins d'un plaisir à dire des choses fortes que d'une satisfaction à braver les interdits parentaux dans un cadre qui les en protège, celui de la passation du TAST avec sa consigne incitatrice.

Par contre, nous entendons par « émergences massives » des scènes fortes qui tendent à envahir tout le temps du protocole, qui entrent avec insistance dans des détails scabreux, qui font l'objet de réactions affectives exagérées, disproportionnées, incohérentes, chargées d'angoisse ou de dégoût, ou d'un plaisir malsain et pervers. Notre problème méthodologique tient à ce qu'ayant fait dérivé notre catégorie pulsion émergente des procédés de la série E (émergence en processus primaire) de la grille de Shentoub (1990), nous avions au départ considéré comme péjoratives, pour la fonctionnalité familiale, de telles émergences. Cependant, ne les voyant apparaître que chez les familles fonctionnelles, nous avons dû réévaluer cette option et considérer que de telles émergences, si elles gardent un caractère contrôlé, dynamisent les secondarisations et révèlent toute la vigueur de l'espace potentiel de la famille.

Lorsque le TAST aura été appliqué aux familles très dysfonctionnelles, ayant un ou plusieurs membres psychotiques, il est très probable que nous pourrons alors, parfois, y repérer de telles émergences excessives. Nous ne pensons pas qu'il soit nécessaire de créer deux sous-rubriques d'émergences ni qu'il faille glisser les émergences contrôlées dans la secondarisation. C'est dans la synthèse clinique qu'il convient, en regard des autres éléments issus de l'analyse du protocole, de préciser si les émergences sont de nature à soutenir les secondarisations pour leur apporter ce piment qui donne du plaisir à la famille ; ou bien, si ces émergences, côtoyant des défenses par évitement, par leur excès, les distorsions qu'elles impliquent à la vie fantasmatique familiale, l'ambiance sinistre, tendue ou coupable qui les accompagne, sont du registre de la *pathologie*.

Pouvoir se contrôler

Les défenses refoulement étant une forme d'élaboration secondarisée les remarques concernant cette dernière s'appliquent ici. Plus une famille sera fonctionnelle et plus il faudra s'attendre à ce que son score de refoulement soit élevé, marquant ainsi la mise en fonction de l'aire transitionnelle, où les pulsions sont métabolisées, comme digérées pour devenir acceptables. À l'inverse, bien que parfois elles puissent avoir un bon score de secondarisation, les familles dysfonctionnelles présenteront peu de défenses refoulement. Il serait sans doute possible de considérer qu'au-delà d'un certain score de refoulement, son excès devient péjoratif pour la fonctionnalité familiale. Nous n'avons pas encore pu rencontrer de telles familles, en supposant qu'elles puissent exister. Car nous pensons que la méthode de détermination de la configuration pulsion/défense ne permettra pas un tel excès, car la plupart des défenses refoulement viennent en réaction à des pulsions secondarisées ou émergentes, sans compter le score incompressible de défense évitement,[8] ce qui limite toujours le score de refoulement. De là, il n'y a pas lieu, pour le moment, de mettre en place des éléments théoriques supplémentaires autour du refoulement familial. La faiblesse du refoulement dans les familles dysfonctionnelles devra donc être considérée comme un signe de la faiblesse de l'espace transitionnel pour ces familles.

Comment ne pas jouer le jeu

Enfin, les défenses évitement qui, au-dessus du fond incompressible d'énoncés fonctionnels représentent l'incapacité des familles dysfonctionnelles à répondre à la consigne d'élaboration et de consensus imaginaires. Ces défenses marquent l'échec dans la mise en place d'un espace potentiel et révèlent par là l'espace d'illusion dans lequel se débat la famille. Étant donné la fragilité de l'enveloppe psychique de ces familles, l'espace familial intérieur et l'espace du dehors sont mal différenciés, en conséquence, ces familles vivent la passation du TAST, non comme une occasion de jouer ensemble, de trouver un espace de liberté et de plaisir, mais au contraire, elles entrent dans un rapport de méfiance, de dérision, de crainte et d'angoisse avec le clinicien-opérateur.[9] Un ensemble de projections et d'identifications projectives rendent confuses les communications tant dans l'intra qu'avec l'extra-familial. Les défenses évitement, nous allons le voir, sont associées à une forte compétition qui oppose les membres les uns aux autres dans des conflits incessants auxquels l'extrafamilial peut être facilement mêlé.

L'union dans la différence

La **configuration psychodynamique des locuteurs** nous permet de reconnaître à la fois la contribution de chaque membre à la configuration familiale et de nous faire une idée de l'économie psychodynamique des individus. Ces configurations locuteurs (psychodynamique, mais aussi interactive) semblent paradoxales face au concept de différenciation. En effet, nous considérons, aussi bien avec les auteurs du courant psychanalytique que systémique, qu'une bonne différenciation entre les

---

[8] Ce score incompressible pour toutes les familles s'explique par la présence d'un ensemble d'énoncés destinés à réguler la fonctionnalité familiale.
[9] Malgré le fait que TAST a pu être accepté d'une façon éclairée par la famille.

membres, c'est-à-dire la présence d'une distinction et d'une répartition de rôles différents et complémentaires dans une famille, selon les sexes, les générations et les compétences, est un gage de bonne fonctionnalité. D'autre part, nous avons toujours observé que la fonctionnalité familiale passait par une contribution équilibrée des divers membres à la configuration générale, ce qui signifie que les configurations individuelles ont tendance à se ressembler.

Ainsi, d'un côté c'est la différence, de l'autre c'est la ressemblance qui est critère de fonctionnalité. Ce paradoxe disparaît cependant, si l'on prend en compte les nuances suivantes. D'une part, il faut une certaine différenciation entre les membres et effectivement, sur le plan psychodynamique, par exemple (mais c'est aussi bien valable au plan interactif), on observe bien, au-delà d'une similitude très générale des configurations, des différences entre individus ou entre sous-groupes. Le *classique* de la famille fonctionnelle est un sous-groupe parental, avec parfois l'aîné(e) des enfants, marqué par davantage de défenses refoulement (rôle surmoïque) que le sous-groupe des jeunes enfants qui de son côté battra les records de pulsion secondarisée et/ou émergente. Cette différenciation, qui ne porte que sur quelques points de pourcentages (5 à 10%) n'empêche pas les configurations individuelles d'avoir un *air de famille*.

Cette différenciation doit donc être distinguée du fort déséquilibre que l'on observe chez le patient désigné des familles dysfonctionnelles. Là, brusquement, nous voyons une configuration marquée en excès par des défenses évitement, par exemple (cas le plus classique), avec des écarts très importants (souvent supérieurs à 50%). Cet écart ne doit pas être vu dans ce cas comme un signe de différenciation. Certes, le patient désigné, où la mère envahissante du patient psychotique, sont bien *différents* des autres membres de la famille, mais cela ne signifie pas une différenciation intrapsychique, car ici la différence des comportements sert justement à lutter contre l'indifférenciation sous-jacente, alors que dans une famille fonctionnelle les membres peuvent se permettre, tout en assumant des rôles différenciés, de participer de façon similaire et harmonieuse au fonctionnement global.

Il ne faut donc pas confondre la catégorie phénoménologique de la différence et celle structurelle au niveau familial de la différenciation. Différence n'est pas différenciation, tout comme similaire n'est pas semblable. C'est ainsi que dans une famille dysfonctionnelle on observera de grandes disparités entre les configurations individuelles ou de sous-groupes, des disparités qui montrent une sorte de pseudo-différenciation, qui cache en fait l'indifférenciation sous-jacente et l'incapacité à réaliser un espace potentiel familial où chacun pourra trouver un lien affectif et pulsionnel avec les autres.

À l'inverse, dans une famille fonctionnelle, les différences seront peu marquées, elles ne montreront que les tendances spécifiques aux différences sous-jacentes et effectives entre les membres. Membres qui montreront alors, par la similitude globale de leurs configurations, une capacité à fonctionner ensemble, à réaliser cet espace transitionnel qui va leur permettre de traverser et de métaboliser la crise induite par la situation TAST. En bref, dans une famille fonctionnelle les membres sont différenciés et fonctionnent dans la similitude, tandis que dans une famille dysfonctionnelle les membres sont semblables (indifférenciés) et fonctionnent dans l'opposition, la tension, l'incohérence d'une pseudo différence.

L'espace du consensus

La **configuration interactive familiale** va, elle aussi, nous parler de l'espace transitionnel qu'une famille aura su, plus ou moins, produire lors de la passation d'un TAST. Nous pensons que le consensus (la position symétrique) est en rapport direct avec cette capacité à créer un *espace potentiel*. En effet, le consensus exige deux mouvements psychiques sur le plan interactionnel, d'une part, de prendre en compte les pensées des autres, c'est-à-dire de savoir les écouter, les comprendre et accorder un certain crédit ou intérêt à ces pensées. Et, d'autre part, par une sorte d'identification, être capable de reprendre à son compte les pensées des autres, les faire siennes d'une certaine façon, pour pouvoir les enrichir. Ce double mouvement met en jeu les espaces potentiels individuels en utilisant les divers objets transitionnels de la communication (paroles, écrits, mimiques, etc.).

Le problème de l'espace transitionnel des individus n'est pas ici de notre propos et nous nous bornerons à poser que tout comme l'appareil psychique familial est un ensemble structuré des appareils psychiques individuels, l'espace transitionnel familial est constitué de l'ensemble structuré des espaces transitionnels des individus qui composent la famille. En reprenant ici la règle de base de la théorie des systèmes qui postule qu'*un système est plus que la simple somme de ses éléments* (Watzlawick et al., 1972, p. 120 s.), nous devons envisager, à la base de la constitution d'un espace potentiel familial, un ensemble d'interactions consensuelles ayant un caractère de réciprocité au travers des *feed-back* produits. Une famille fonctionnelle sera donc marquée par un bon score de consensus, tandis que compétition et affiliation resteront modérées. Cette intégration familiale montre toute la fluidité du fonctionnement psychique en commun sur une base de bonne différenciation entre les membres dont les distinctions sont une source d'enrichissement de l'œuvre collective plutôt que source de tension et d'agressivité. Ici il est sans doute bon de rappeler la vision psychanalytique de la valeur structurante du conflit, car c'est sur la base de leurs différences, bien établies, que les membres d'une famille fonctionnelle vont pouvoir utiliser le conflit dans un but créateur et adaptatif dans le consensus.

Une lutte contre l'indifférenciation

À l'inverse, les familles dysfonctionnelles seront marquées par une faiblesse du consensus, avec généralement des scores paradoxalement élevés à la fois sur l'affiliation et sur la compétition. La mobilisation de ces deux extrêmes peut s'expliquer selon le schéma suivant. À la base de la dysfonctionnalité familiale, nous avons posé la mauvaise différenciation des membres. C'est cette indifférenciation qui nourrit le score d'affiliation. Il existe toujours dans de telles familles un membre ou un sous-groupe, en général inhibé et sursollicité, qui réagissent aux idées des autres par une acceptation passive et dévitalisée. Ces personnes se défendent de la crise que suscite la passation du TAST par une attitude de retrait, d'indifférence et l'affiliation est le comportement participatif minimum qu'elles consentent à produire.

Cette affiliation ne doit pas être prise pour argent comptant, c'est un leurre, une façon économique d'étouffer le conflit sous-jacent. Si certains de ces membres affiliatifs sont vraiment *vides*, sans idées ou confus, d'autres ont eu des idées, des pensées (ils l'avouent parfois lors de l'entretien post-passation), mais ils ont refusé d'entrer dans l'arène familiale, ils ont préféré jouer une sorte de mort psychique de leur individualité plutôt que d'affronter le conflit familial. Les raisons en sont, d'une part, la fragilité des individualités en présence qui, en cas de bataille ouverte, risquent de décompenser de façon brutale dans la dépression ou la décharge agressive et, d'autre part, le besoin de lutter contre l'indifférenciation sous-jacente par cette forme de retrait passif.

À l'inverse, le membre ou le sous-groupe actif et productif dans les familles dysfonctionnelles est très compétitif. Ici, la lutte contre l'indifférenciation passe par une lutte pour imposer ses idées. Cependant, il ne faut pas s'y tromper et là le point de vue psychosystémique peut nous permettre de comprendre un peu mieux ce mécanisme. On a vu que les familles dysfonctionnelles ont aussi un score de défenses évitement très élevé, ce qui signifie en fait que la case psychosystémique compétition/défense évitement est très chargée (c'est-à-dire tous les énoncés qui ne répondent pas à la consigne d'imaginer ensemble et qui en plus s'imposent sur les autres énoncés. Il peut s'agir de remarques, de critiques, de descriptions sans suite, de digressions loin de la consigne et de la planche). En d'autres termes, le conflit est inconsistant, il ne porte pas tant sur les idées émises que sur tout un ensemble de chamailleries autour de petits détails, souvent sans rapport avec les planches du TAST et la situation de la passation.

Ce qu'il convient de tirer de ces éléments à propos des pics en affiliation et compétition dans les familles dysfonctionnelles est que ces familles ne donnent pas l'impression de fonctionner ensemble, on n'y sent pas une unité, une sorte d'*esprit de famille*, un plaisir, une émulation réciproque. Bien au contraire, elles paraissent figées, comme éteintes de l'intérieur, avec peu d'idées essentielles, elles s'amalgament autour de détails et de divagations. Le conflit qui apparaît est un pseudo conflit, car des membres indifférenciés ne peuvent pas entrer dans un vrai conflit structurant et créateur ; il s'agit d'une lutte pour la différenciation qui n'aboutit à aucun compromis, aucun consensus, aucun espace transitionnel familial. La famille dysfonctionnelle reste prisonnière d'un espace d'illusion où chacun est pris au piège de la confusion.

Les jeux de l'interaction

La **configuration interactive des locuteurs** appelle les mêmes remarques que la configuration psychodynamique des locuteurs, à savoir que c'est la différence importante entre les membres qui est un critère de dysfonctionnalité. Dans les familles fonctionnelles, les différences de configuration entre membres sont faibles, ce qui signifie que tous participent à égalité à la configuration familiale. Le fonctionnement interactif est donc homogène et montre par là l'intégration familiale en un appareil psychique commun capable de développer une aire transitionnelle de métabolisation des crises. Tandis que la famille dysfonctionnelle présente de grandes divergences de configuration de ses locuteurs. En règle générale, on pourra trouver les membres dominants, productifs, avec un haut score de compétition et les membres plus effacés, inhibés avec beaucoup d'affiliations. Ces divergences, comme nous venons de l'expliquer, reflètent la non-intégration familiale.

La matrice psychosystémique

Illustrée par la **configuration psychosystémique familiale**, cette matrice présente deux entrées. D'une part les quatre dimensions pulsion/défense (PS, PE, DR et DE) et chacune de ces dimensions peut-être jouée sur la position interactive haute, symétrique ou basse. Cette matrice comporte donc 12 cases psychosystémiques que nous pouvons décrire ainsi.

En PS (pulsion secondarisée), la position basse marque une inertie personnelle face à la qualité fascinante des fantasmes produits par un membre en position haute, qui lui, présente un dynamisme imaginaire personnel. Cette polarité marquée par un jeu de leadership imaginaire suggère l'inconsistance de l'espace transitionnel familial. À l'inverse, de la

PS en position symétrique signifie la mise en œuvre de cet espace, l'imaginaire prend ici toute sa dimension familiale.

En PE (pulsion émergente) on ne trouve guère de scores élevés en consensus (sauf à imaginer une improbable famille entièrement adonnée aux émergences : un véritable chaos social !), mais en position haute le membre (ou sous-groupe) « symptôme » qui joue son leadership pervers sur les autres membres. Ceux-ci ont alors deux possibilités de réaction, soit sur un mode d'émulation, la PE en position symétrique, ils se laissent séduire par les décharges primaires du leader et abondent dans son sens, davantage souvent pour l'encourager que pour participer effectivement. Ou bien, la réaction peut se faire sur un mode de soumission, on laisse faire, on ferme les yeux, on montre qu'on a peur, qu'on est dépassé. Souvent, cette attitude face au leader pervers, s'inscrit dans l'interaction avec l'extrafamilial : il s'agit de montrer à l'institution psychiatrique, au juge des enfants, à quel point la situation est grave, « on ne peut plus rien faire, aidez-nous ! ».

En DR (défense refoulement), les mécanismes de refoulement mis en jeu renvoient à un surmoi de type œdipien. Ce surmoi est exprimé par des membres qui l'incarnent en position haute, face à d'autres membres qui peuvent s'y soumettre en position basse. Cette opposition est toutefois trop simple, car dans une famille on rencontre généralement deux formes possibles d'alliances pour le surmoi familial. Soit une alliance directe en position symétrique (il s'agit le plus souvent d'une alliance générationnelle : les parents surmoïques contre des enfants pulsionnels), soit une alliance moins franche entre un représentant surmoïque et un autre membre qui s'y affilie passivement. Cette dernière configuration implique généralement une opposition entre cette alliance et un sous-groupe pulsionnel.

Enfin, en DE (défense évitement) les mécanismes défensifs primitifs et coûteux mis en jeu impliquent davantage un surmoi archaïque, antéœdipien. En position haute on retrouve tous les énoncés fonctionnels qui permettent la régulation familiale. C'est l'excès de ces énoncés qui marque donc la présence d'un surmoi archaïque qui se présente le plus souvent sur un mode de fort conflit familial, marqué d'une grande agressivité latente ou manifeste. Plus rarement trouve-t-on des membres affiliatifs, en position basse sur cette dimension, par contre, le consensus (position symétrique) apparaît chez les familles qui font de la résistance passive dans une lutte à la fois contre l'indifférenciation entre membres, mais aussi dans une lutte contre l'extrafamilial menaçant, perçu comme envahissant, persécuteur.

Un schéma de la famille

La **configuration du familiogramme général** (ainsi que sa forme restreinte) reprend les données d'adressages pour en dégager les crêtes individuelles (les plus forts pourcentages d'adressages par locuteurs). Dans sa forme générale, le familiogramme prend en compte tous les énoncés, ceux adressés aux autres membres en particulier et ceux adressés à tous, c'est-à-dire à l'objet-famille. C'est dire que cette configuration tendra à refléter celle des adressages locuteurs. Si dans cette dernière configuration l'objet-famille fait l'objet d'un fort pourcentage d'adressages, il y a de fortes chances pour que la totalité des membres aient leurs adressages préférentiels orientés vers la famille en général. À l'inverse, dans les familles dysfonctionnelles où l'objet-famille est peu investi, des adressages préférentiels intermembres seront présents, avec même parfois des dyades. L'interprétation théorique des familiogrammes reprend en fait ce que nous avons pu dire plus haut, à savoir qu'une bonne fonctionnalité familiale, au cours de la passation d'un TAST, demande à ce que les dyades soient évitées au profit d'un investissement de l'objet-famille, ce qui tend à montrer la bonne intégration familiale, l'inverse pour les familles dysfonctionnelles.

Une affaire de dyades

La **configuration du familiogramme restreint**, qui produit un *zooming* sur la forme générale en ne prenant en compte que les adressages intermembres dans le calcul des pourcentages, met en lumière les liens privilégiés de membre à membre et notamment les dyades. Spontanément on aurait envie de concevoir la nécessité d'une force de la dyade parentale (le fait que les parents s'adressent préférentiellement l'un à l'autre plutôt qu'à l'un de leurs enfants) comme un signe de bonne fonctionnalité familiale. En fait, les choses ne se présentent pas aussi simplement. Il est des familles fonction-nelles (par ailleurs) où la dyade parentale n'apparaît pas. Dans ces cas nous avons fait l'hypothèse que le couple parental était mis au second plan au profit des soins et de l'attention accordée aux enfants, avec le danger pour le couple, de laisser se créer une distanciation non-conflictuelle qui pourrait poser problème lorsque les enfants, plus grands, viendront à partir. Le couple se retrouvera alors, seul, avec un sentiment d'étrangeté ; pour s'être perdu de vue, il lui faudra se retrouver, ce qui n'est pas toujours chose facile avec l'âge. Donc, l'absence de dyade parentale dans la famille fonctionnelle pourrait être vue comme un trop grand investissement des enfants par les parents, ou un trop grand accaparement des parents par les enfants, sans toutefois remettre en question l'intégration familiale si par ailleurs toutes les autres configurations sont bonnes.

Nous avons pu observer, à l'inverse, une dyade parentale dans une famille très dysfonctionnelle. Cependant, il faut bien voir que cette dyade n'était pas franche, car elle s'accompagnait d'une dyade parent-enfant avec le rejet de l'un des enfants, ce qui donne en fait une configuration très dysfonctionnelle, tout à fait en accord avec la dysfonctionnalité des autres configurations. Quoi qu'il en soit, sous réserve de tenir compte des spécificités de chaque famille, nous pouvons retenir l'hypothèse du lien entre fonctionnalité et dyade parentale.

L'importance de la dyade parentale

Sur le plan théorique, nous avons posé l'hypothèse que le nombre des énoncés qu'un membre adresse à un autre est en lien direct avec le choix affectif, en considérant ce choix spécifique, que réalise un membre, dans l'orientation de ses adressages, comme un comportement analogique indicateur d'un choix inconscient positif ou négatif. Dans le cas de la dyade parentale, ce choix réciproque démontrerait la consistance du couple parental. Cette consistance serait elle-même en rapport avec une bonne différenciation des générations. Elle est la garantie que le couple parental occupe une fonction particulière dans la famille, en général une fonction régulatrice, éducatrice et surmoïque sur le sous-groupe des enfants ; mais aussi que le couple parental forme une ossature qui maintient l'unité et la cohérence du groupe familial. La présence de cette dyade tendrait donc à nous conforter dans la vision d'une famille fonctionnelle bien intégrée. À l'inverse, l'absence de dyade parentale implique l'inconsistance du couple parental et surtout, la présence de dyades parent-enfant que nous allons examiner à présent.

Le problème des dyades parent-enfant

Ces dyades ont été interprétées comme une relation privilégiée entre un enfant et l'un de ses parents, plus rarement un enfant peut être placé dans une double dyade parent-enfant, les parents ne s'adressant pratiquement pas à (aux) l'autre(s) enfant(s). Toujours dans le cadre de notre hypothèse de l'équation entre adressages préférentiels et choix affectif, les dyades parent-enfant, dans la mesure où bien souvent elles impliquent l'inconsistance du couple parental, doivent être vues comme une faiblesse de la différenciation au niveau des générations. Ces liens transgénérationnels doivent nous conduire à examiner des phénomènes comme la parentification d'un enfant qui implique l'infantilisation du parent auquel il est lié, ou bien, à l'inverse, c'est un grand enfant qui est maintenu en position régressive de tout jeune enfant, voire de nourrisson, par un parent dominateur. Dans tous ces cas, de tels liens affectifs entraînent une dysfonctionnalité familiale dans la mesure où ils finissent par entrer en conflit avec les développements biologique et social des individus. La parentification d'un enfant, par exemple, le met dans une situation où il peut être amené à supporter le poids de la dépression de l'un de ses parents, où il se retrouve confronté à des éléments de la sexualité des parents, soit des missions disproportionnées avec ses réelles capacités, qui pourront un temps accélérer son développement (enfant trop précoce), mais qui finiront par l'entraver par l'épuisement psychoaffectif, comme un feu de paille (Eiguer, 1983, p. 101s.).

Les indices de fonctionnalité

Notre recherche statistique portant sur 15 familles nous a permis de dégager pour chaque configuration familiale un indice de fonctionnalité qui permet de ramener à une seule valeur numérique l'interprétation de la configuration. Ces indices sont situés sur une échelle de 1 à 5 (1 correspondant à la fonctionnalité et 5 à la dysfonctionnalité de la configuration en question). Le mode de calcul de ces indices de fonctionnalité est basé sur nos hypothèses opératoires en ce qui concerne les configurations psychosystémiques au TAST. Il est assez complexe et donnera sans doute lieu à des révisions ultérieures au fil de l'avancement de la recherche. Ainsi, ces indices, tels que le lecteur les trouvera dans notre ouvrage, doivent être considérés comme un moyen pratique de synthétiser la valeur des configurations, sans qu'il faille leur donner une portée scientifique excessive.

Nous venons de présenter l'outil TAST, il nous reste à illustrer sa pertinence clinique au feu d'une situation concrète de thérapie familiale, ce sera l'objet de la seconde partie de notre ouvrage. Cependant, avant cela, nous croyons utile une étude comparative afin de pointer encore plus précisément les avantages d'une approche psychosystémique face à une approche simplement interactive ou, au contraire, simplement psychanalytique. Pour cette comparaison nous avons choisi une étude clinique de Stierlin (1979) qui se prête admirablement à la comparaison puisqu'elle comprend la passation d'un TAT familial. À partir du protocole TAT tel qu'il est retranscrit dans cet ouvrage, nous lui avons fait subir un traitement TAST et ce sont les résultats et leurs conséquences sur les perspectives et stratégies thérapeutiques que nous comparerons aux résultats de Stierlin.

Il est bien entendu que cette comparaison est pour nous totalement imaginaire et qu'elle ne remet pas en question les compétences professionnelles de Stierlin (d'autant plus que l'auteur lui-même fait son autocritique de façon très constructive et souligne l'évolution de sa pratique). Nous ne prétendons pas, non plus, que nous aurions eu plus de succès dans la thérapie de la famille Bolt (famille particulièrement difficile) qu'il n'en a eu. Le but de cette comparaison n'est donc pas de mesurer les compétences des cliniciens, mais les potentialités des outils employés.

Une étude comparative

La troisième et dernière partie de l'ouvrage de Stierlin (ibid.) présente une étude de cas, la famille Bolt, qui met en jeu au plan diagnostique, la passation de tests projectifs collectifs : le Rorschach et le TAT. Nous nous bornerons à ne parler que du second dans la mesure où un parallèle pourra être ainsi réalisé entre la pratique de Stierlin et notre propre pratique du TAT familial (TAST).

Tout de suite, on s'aperçoit que Stierlin et les auteurs auxquels il se réfère (Singer, 1968 et Willi, 1973), restent centrés sur le diagnostic interactionnel ou relationnel, c'est-à-dire saisir les influences réciproques agissant entre deux ou plusieurs individus, sans prendre en compte les dimensions intrapsychiques du système que forment les individus dans une famille.

Le protocole est évalué au travers de deux perspectives :

1) celle centrée sur les productions (la communication orale, comment l'entente se réalise pour atteindre un but commun, comment les divergences sont surmontées, quelles sont les possibilités de consensus) ;

2) celle centrée sur les relations (la métacommunication, le climat émotionnel, la répartition des rôles entre les membres).

Cette double perspective reprend la distinction opérée par les systémiciens (Watzlawick, 1972, p.49 s.) entre *contenu* et *relation*. Donc, à côté d'éléments objectifs, tels les informations échangées et le repérage de la convergence ou de la divergence de ces informations, le clinicien prendra en compte des éléments plus subjectifs, qui nécessitent un repérage interprétatif, intuitif, au niveau du ressenti, de ces éléments qui concernent l'atmosphère, le ton, donnés aux informations.

Pour Stierlin, les tests projectifs familiaux permettent de donner au clinicien une sensibilité aux interactions susceptibles de favoriser le développement de la maladie, aux ressources disponibles pour surmonter les conflits ainsi qu'au degré de différenciation entre les membres. Ces tests permettent le pronostic à long terme et de monter un plan stratégique pour la thérapie familiale, c'est-à-dire dégager les grands axes de l'intervention sans toutefois enfermer le thérapeute dans un carcan technique.

Reprenant les catégories de microanalyse définies par Singer (1968), l'auteur présente trois groupes d'éléments d'analyse :

1) le CONTENU, subdivisé en ACTION (elle-même subdivisée en Productivité : le nombre d'actions, de points de vue différents et leur souplesse relative évoqués dans les histoires ; Conventionnalité : le degré de conformité des réponses données par rapport à des valeurs-standard) et en CONFLIT CENTRAL (descriptif des forces contradictoires mises en jeu).

2) le COURANT D'INTERACTION, subdivisé en INSTIGATION (quel membre initie les thèmes d'action dans les histoires, d'où une évaluation de la répartition des rôles, des sous-groupes, du pouvoir, les alliances, les oppositions) ; JUGEMENTS (comportant : la Continuité avec adhésion, refus ou amplification par rapport aux idées émises – ce qui rejoint nos propres concepts d'affiliation, de compétition et de consensus – ; la Discontinuité soit par dépréciation, incohérence ou refus des idées émises ; puis l'Indécision marquée par l'hésitation et le doute ; et enfin le CONSENSUS, s'il a pu être ou pas repéré à la fin de chaque planche.

3) les CONTRIBUTIONS AFFECTIVES, c'est-à-dire les contributions individuelles qui influent sur l'atmosphère émotionnelle, comme l'expression de l'anxiété, de la tristesse, du rejet, de l'intellectualisation défensive, etc.

Pour Stierlin, cet ensemble de données permettrait de produire une évaluation de *l'ego familial*, c'est-à-dire juger de la capacité du groupe familial à se poser en tant que tout et le degré d'individuation des membres.

Le T.A.T. familial

Le TAT familial des Bolt ne comporte que 4 planches, car la famille, surtout le père, était très réticente à toute investigation et après le Rorschach collectif, seules ces quatre planches ont pu être négociées. Pour la passation, la consigne ne diffère que sur un point de celle du TAST, la famille n'est pas limitée dans le temps et elle choisit elle-même le moment de passer à la planche suivante (alors qu'au TAST il y a une durée incompressible de 5 minutes par planches).

La famille Bolt

La famille Bolt comprend le père (P) et la mère (M) qui travaillent tous deux dans une auberge dont ils sont les propriétaires par héritage. Ils ont deux filles : F1 (12 ans) et F2 (10 ans). Le terrain familial présente une fragilité de base dans la mesure où P et M sont tous deux issus de familles marquées par une individuation déficiente avec une fixation des liens bien au-delà de l'enfance. Il n'y a pas d'image parentale identificatoire constituée et en conséquence le très fort attachement aux modèles physiques entraîne l'effondrement lorsque ces modèles viennent à disparaître.

Chez les Bolt, cet effondrement a été toutefois évité par la mise en place de deux mécanismes complémentaires dans la dyade parentale : sous une forme réactionnelle chez P par une fausse indifférence, marquée d'arrogance et d'agressivité ; chez M sous une forme psychosomatique (dans la sphère intestinale).

Le traumatisme déclencheur qui a agi sur une famille déjà fragile a consisté en la succession de cinq décès en l'espace de quelques mois : les parents de M ainsi que sa tante maternelle, le père de P et un ami commun de la famille. Dans l'incapacité d'assumer ces deuils, les mécanismes d'évitement que nous venons d'évoquer ont été aussitôt mis en place : P accueillant ces deuils avec un apparent fatalisme et dans l'indifférence, M sombrant peu à peu dans les troubles physiologiques, sa « maladie » qui en fait aujourd'hui la porteuse de symptôme de la famille. De sérieux conflits familiaux apparaissent et sont entretenus pour tenter de maîtriser les sentiments de vide, de deuil, d'abandon, des conflits qui finissent par les séparer émotionnellement l'un de l'autre.

On assiste ainsi chez les Bolt a une succession continuelle de petites disputes qui paralysent les relations entre P et M, ce qui entraîne une profonde séparation, une absence de dialogue, les sentiments que la situation est désespérée, d'une impuissance, d'un accablement général. P et M s'adressent des critiques réciproques : M que P manque de compréhension et de sollicitude à son égard, qu'il l'exploite et n'apprécie pas les résultats qu'elle obtient ; tandis que P critique sa femme pour sa « faiblesse », il lui demande de « s'endurcir », il prétend que la « maladie » de son épouse est de sa faute à elle, car « elle prend tout trop à cœur ».

Les enfants, de leur côté, sont recrutés par chacun des deux parents comme alliés. F1 qui s'identifie beaucoup à son père est trop précoce, agressive, sursollicitée dans une indépendance prématurée, ses besoins de soutien et de contact ne sont pas reconnus. Tandis que F2 est « l'angelot » qui reçoit toute la tendresse, mais dont on n'attend rien. Elle est confinée dans un rôle infantile, de dépendance et glisse peu à peu dans le modèle des attitudes maternelles (biaiser, somatisations et angoisse).

En conséquence, tout le climat familial est chargé d'animosité, d'oppression, de désespoir et de dépression.

Données cliniques

À la suite de la passation du TAT collectif, Stierlin relève les données suivantes. Il note une phase « d'échauffement » à la suite de laquelle il y a « mise au travail ». F1 est en général instigatrice et médiatrice, les autres membres suivant et complétant ses propositions. Elle a un rôle de « leader » et par sa médiation elle cherche à favoriser la collaboration entre les membres de la famille. Stierlin remarque une certaine concordance des points de vue et que chaque membre tend à attribuer des sentiments différents aux divers personnages, ce qui correspondrait à une tentative de différenciation intermembre. En outre, la famille ne trouve pas de fin à l'histoire de la dernière planche, ce qui pourrait être interprété comme le fait de redouter la fin de l'entretien, la séparation et pourrait représenter le point d'amorce d'une thérapie.

Le style des histoires élaborées est relativement original, cependant, la famille semble montrer le besoin d'esquiver les discussions intensives et les explications profondes. L'ensemble du protocole est marqué par la restriction, les planches étant passées très rapidement, les thèmes n'étant pas approfondis. Les deux dyades parent-enfant apparaissent bien, avec, d'une part, P-F1 la dyade privilégiée, qui semble mener le débat et, d'autre part, M-F2, dyade ayant une moindre influence. Les parents sont marqués par la complémentarité de leurs modes de cognition et de communication : après le choc initial, M se met au travail avec une certaine concentration, tandis que P tombe aussitôt dans le découragement et l'hostilité, se livrant à des comportements de brouillage, à la digression. De là, les parents n'ont pas de point de rencontre, il ne leur est pas possible de dialoguer. P est autoritaire, impulsif, irrité. Il dissimule ses sentiments d'insuffisance et d'impuissance en attaquant le cadre de la passation. C'est un « tigre de papier » qui fait beaucoup de bruit pour rien, mais qui possède une précieuse qualité, celle de faire rire. Complémentairement, son épouse paraît terne, douceur et humilité, cependant elle reste efficace et répond à la consigne. Son pouvoir est basé sur la dissimulation et les tactiques biaisantes. Son discours et sa pensée restent clairs, dans une souplesse intellectuelle et son pouvoir réel vient de sa retenue et de son intérêt pour la pensée d'autrui.

Les enfants se calquent sur la complémentarité des rôles parentaux. F1 est le porte-parole de la famille, elle reçoit la plupart des adressages, elle a donc un rôle important dans la cohésion du groupe familial. C'est elle qui tient les planches et organise les productions. Elle est une instance de conciliation entre les parents, pouvant adopter tour à tour leurs modes de fonctionnement respectifs, soit la fonction de leader agressif de P, soit la conduite réfléchie de M.

F2, de son côté, se cantonne dans un rôle d'observateur transparent. Sa proximité est quasi fusionnelle avec sa mère qu'elle imite beaucoup. Elle semble troublée et mal à l'aise. Son expression est bloquée par P et F1, mais en retour, ceux-ci critiquent son comportement timoré la plaçant ainsi dans une double contrainte à laquelle elle réagit par l'abrutissement : elle n'a pas d'opinion, ne voit rien, n'entend rien, rejoignant par là la tactique de dissimulation de sa mère. Elle est surprotégée par ses parents, ce qui paralyse ses initiatives personnelles et bloque son développement. Toute tentative d'affirmation de soi la transforme en bouc émissaire.

À l'instar de la complémentarité entre les deux parents, on peut relever celle entre les deux sœurs : F1 qui représente l'idéal du moi de la famille et aide à en résoudre les problèmes, F2 qui garde un rôle subalterne d'impuissance et de dépendance.

Stierlin note aussi la rivalité entre les trois membres féminins pour attirer l'attention du père.

Une synthèse des données cliniques

La synthèse de Stierlin consiste à dire que les divergences des modes de fonctionnement et des systèmes de communication expliquent la rivalité, la séparation et le manque de communication entre P et M. En conséquence, il pense que des tentatives pour les faire parler de leurs problèmes sont vouées à l'échec. M acceptera la thérapie et le thérapeute, mais sabotera le travail d'exploration par sa retenue, tandis que P voudra liquider la thérapie et attaquera par projection le cadre (« charlatanisme ») et sa femme (« complicité »). L'auteur préconise alors, soit une équipe de co-thérapeutes homme-femme, auxquels le couple pourra s'identifier, sinon, au moins un thérapeute homme auquel P pourra s'identifier.

Il présente la problématique familiale au travers de la question de *qui domine qui et comment ?* Si P s'engage avec M, il prend des risques quant à son intégrité en tant qu'individu. En conséquence, M est obligée d'avoir recours à une « maladie » pour le forcer à s'engager.

Vers une stratégie thérapeutique

Il propose alors la stratégie suivante. Tout d'abord établir une relation de confiance avec tous les membres en prenant parti pour tous tour à tour. Dégager les ressources positives latentes et les montrer au travers des points positifs en chacun : la sensibilité et l'humour de P, le discernement de M et la disposition à venir en aide des enfants. Une fois cette consolidation réalisée, il s'agira d'engager le processus de deuil qui sera vécu comme une régression par l'éveil du chagrin et de la souffrance. Cependant, cette fois-ci on aidera à ce que ces sentiments puissent être partagés dans le réconfort et le soutien mutuel. Aider les membres à s'individualiser tout en pouvant supporter cette différenciation, en instaurant le dialogue. Favoriser la prise de conscience par les parents des multiples missions de loyalisme envers leurs propres parents, puis au-delà, effectuer le décompte des dettes et des mérites.

La famille Bolt à la sauce TAST

Nous allons présenter maintenant notre propre travail d'analyse et d'interprétation à partir du protocole de TAT familial des Bolt comme s'il s'agissait d'un TAST. Bien que deux des planches utilisées par Stierlin soient différentes des planches que nous utilisons habituellement au TAST, et bien que seulement quatre planches aient été employées (au lieu de huit pour le TAST), il restait tout à fait possible d'appliquer la technique TAST au protocole des Bolt dans la mesure où ce protocole est retranscrit dans l'ouvrage de Stierlin. Voici ce que donnent les configurations psychosystémiques à partir des 100 énoncés du protocole.

1) PRODUCTION :

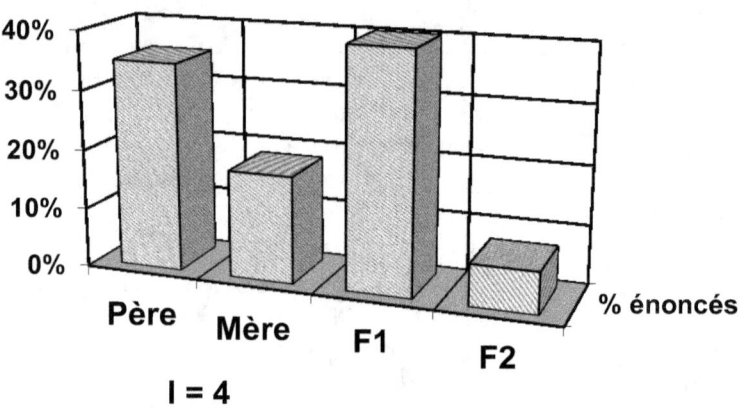

Sa répartition montre déjà les deux dyades fonctionnelles, l'une marquée par l'expansivité (P-F1) et l'autre par une certaine retenue (M-F2), voire de l'inhibition pour F2. L'indice de fonctionnalité de valeur 4 est signe de dysfonctionnalité.

2) ADRESSAGES :

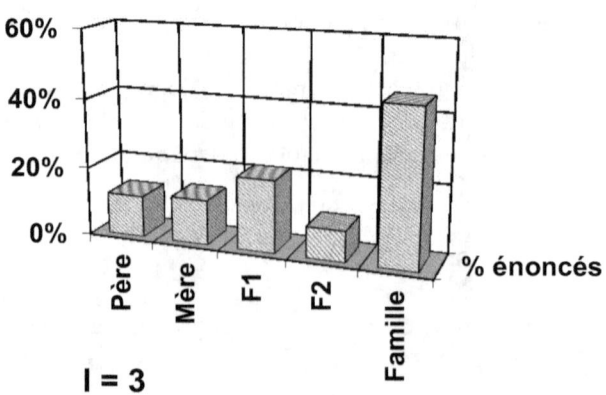

L'objet famille est peu investi (<50%). P et M reçoivent à peu près le même nombre d'adressages, tandis que F2 est marquée par sa position d'isolement, alors que F1 se pose comme centre des investissements de la famille, cela en cohérence avec les productions des deux filles. L'indice de 3 est moyen, peu fonctionnel.

3) PSYCHODYNAMIQUE FAMILIALE :

**PS = pulsion secondarisée; PE = pulsion émergente;
DR = défense refoulement; DE = défense évitement.**

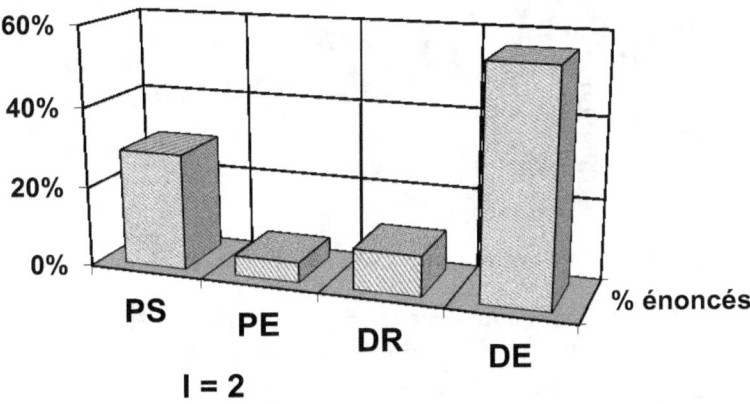

La configuration est relativement bonne avec un indice de fonctionnalité égal à 2. Le score est bon en PS, soutenu par un peu de PE. Une certaine faiblesse de DR marque la difficulté à instaurer le refoulement, mais les DE ne sont pas excessives.

4) PSYCHODYNAMIQUE LOCUTEURS :

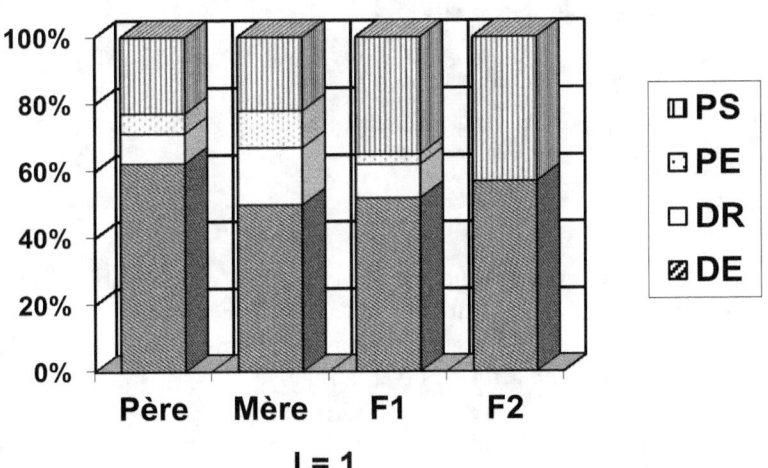

Un très bon indice (I=1) qui confirme la fonctionnalité de cette famille au plan psychodynamique. Mise à part F2, les autres membres participent de façon équilibrée à la configuration familiale.

5) INTERACTIVE FAMILIALE :

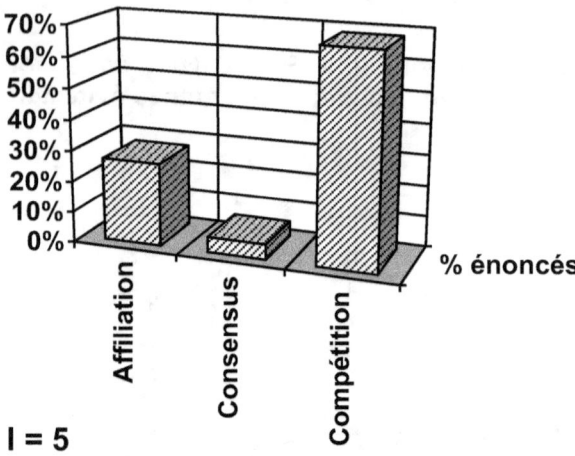

La famille est ici très dysfonctionnelle (I=5), avec une grande faiblesse du consensus au profit à la fois de l'affiliation et de la compétition.

6) INTERACTIVE LOCUTEURS :

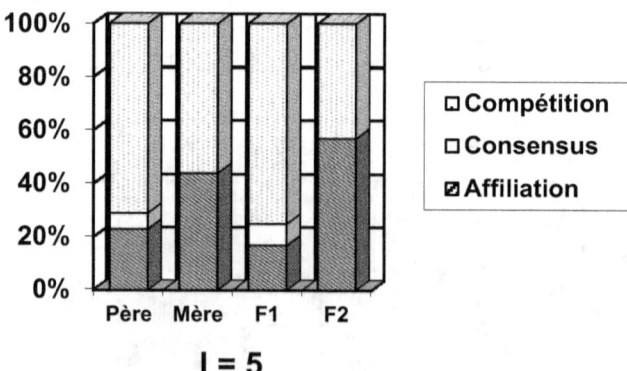

Une grande dysfonctionnalité ici aussi (I=5). On retrouve bien les deux sous-groupes évoqués à la production. D'abord P-F1 marqué par une forte compétition, mais aussi, par les seuls scores en consensus, puis, M-F2 qui représente le sous-groupe affiliatif de la famille.

7) PSYCHOSYSTEMIQUE :

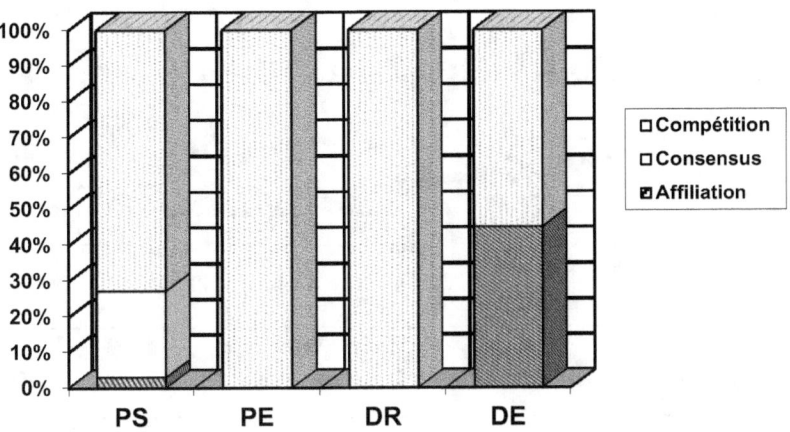

Selon les caractéristiques générales que nous avons rencontrées jusqu'à présent, la famille Bolt se distingue par sa forte compétition en PE et DR. Dans le premier cas, on peut avancer que les émergences (pour l'essentiel en provenance de la mère), lorsqu'elles apparaissent, semblent sidérer les autres membres par leur contenu mortifère et ne donner lieu ni à reprise, ni à affiliation. De même, le refoulement n'est ni consensuel ni affiliatif, chacun se protégeant dans son coin des pulsions des autres. Par contre, les défenses primitives d'évitement se caractérisent par une forte affiliation qui représente une soumission passive à un surmoi archaïque.

8) FAMILIOGRAMME GÉNÉRAL :

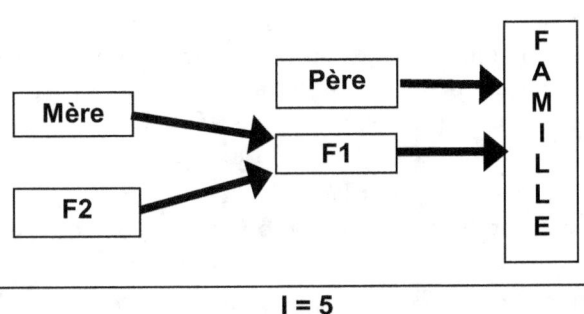

I = 5
Famille = adressages à tous en général
(Les flèches indiquent les adressages préférentiels - plus forts pourcentages)

Familiogramme très dysfonctionnel (I=5) où le sous-groupe M-F2 reste centré sur F1, le centre de régulation familiale.

9) FAMILIOGRAMME RESTREINT :

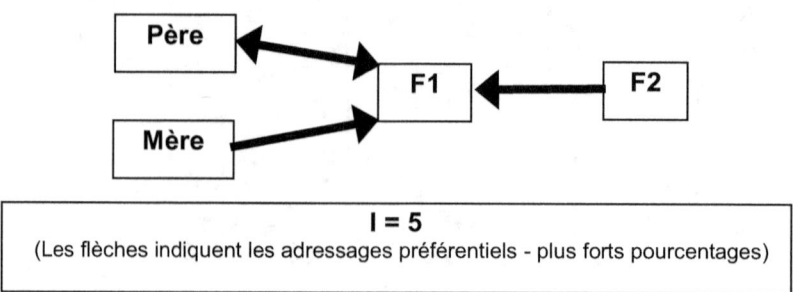

I = 5
(Les flèches indiquent les adressages préférentiels - plus forts pourcentages)

Grande dysfonctionnalité ici aussi (I=5), avec F1 placée au cœur de tous les adressages, formant même une dyade parent-enfant avec son père. Donc il n'y a pas de dyade parentale et F2 reste isolée. F1 confirme ici son rôle de pivot familial.

Synthèse des résultats au TAST

Les indices de la famille Bolt nous montrent une dysfonctionnalité du côté de l'interaction tant aux niveaux individuel que familial, tandis que la fonctionnalité intrapsychique, au point de vue psychodynamique, paraît saine. Nous avons donc ici affaire à une problématique essentiellement interactive où nous voyons se dessiner une opposition entre deux sous-groupes fonctionnant sur le mode de la complémentarité rigide.

Avec le sous-groupe P-F1 basé sur l'affirmation de soi, la prise en charge d'autrui, la domination bruyante, tapageuse, tandis que le sous-groupe M-F2 reste complémentairement inhibé, soumis, en position basse. Cependant, cette complémentarité phénoménologique ne doit pas nous conduire à attribuer plus de pouvoir réel à l'une ou l'autre dyade.

En fait, dans cette famille, c'est l'équilibre des pouvoirs qui se maintient au travers de cette complémentarité comportementale. Équilibre basé, hélas, sur la dysfonctionnalité interactive et communicationnelle. La retenue, l'inhibition, l'appauvrissement intellectuel de F2 et les symptômes psychosomatiques de M sont l'expression d'un pouvoir réel sur le mode de la pseudo faiblesse. À cette tentative « négative » de prendre le pouvoir, s'oppose la tentative « positive » de P basée sur l'impulsivité, les décharges vocales et colériques. Tentatives de P de montrer un pouvoir sur un groupe de femmes qu'il ne parvient pas, dans le fond, à maîtriser. Pouvoir enfin, de

F1, qui est ici comme parentifiée, obligée de jouer le rôle de la raison, du pivot familial, de l'arbitre au sein du couple parental.

Sur le plan du pronostic, si aucune action thérapeutique n'est engagée on peut craindre une plus grande rigidification de la complémentarité. Avec l'approche de l'adolescence de F1, sa parentification peut prendre un poids de plus en plus lourd, jusqu'à le handicaper psychiquement par la mise en place d'un lien de nature incestueuse avec son père, même si ce lien reste au plan inconscient de la symbolique. M risque de voir ses désordres psychosomatiques s'aggraver davantage et finir par poser un problème vital par chronicisation. F2, de son côté, se trouvera engagée de plus en plus dans la dépendance et le rôle abrutissant de l'idiote de la famille.

Du TAST à la stratégie

Au plan thérapeutique, étant donnée la bonne fonctionnalité psychodynamique, l'exploration intrapsychique nous semble être le point d'approche à privilégier. Il est préférable de mettre de côté, dans un premier temps au moins, les aspects interactifs. Il conviendra d'emblée de préserver l'homéostasie familiale étant donné la fragilité psychologique des membres du système et, partant, du système lui-même. Le système thérapeutique, le lien avec le(les) thérapeute(s) doit être soigneusement tissé et assuré avant toute intervention anti-homéostatique. Sans ces précautions, la famille fuira, soit sur un coup de tête du père déjà réticent, soit par l'aggravation de l'état de santé de la mère. Il conviendra plutôt de souligner les structures du fonctionnement homéostatique familial, en le mettant en lumière, avec tact, aux yeux des membres. Bien montrer, en les connotant positivement, les deux dyades et la complémentarité de leurs modes de comportement.

Il conviendra d'aider la famille à dédramatiser ces modes relationnels, d'utiliser les ressources de chacun, que ce soit l'humour de P, les capacités réflexives de F1, les aspects sédatifs de M, voire l'impuissance affichée de F2 comme autant de moyens originaux de réguler les interactions. Le risque serait ici de vouloir « guérir » la mère porteuse de symptôme, injustement méconnue dans ses mérites et les dettes que les autres membres de la famille ont envers elle. Car dans ce cas, on resterait au niveau d'un *changement de type 1*, dans le système, sans modifier celui-ci : si M est renforcée, c'est P qui s'affaiblira et les dyades de loyauté parent-enfant risquent tout au plus de s'inverser sans disparaître. Il conviendra alors de prévenir la famille du danger de tout changement, dans le cadre d'une prescription paradoxale. Il ne s'agit donc pas de chercher à produire des changements, mais d'apprendre à la famille à utiliser les ressources psychodynamiques de ses membres pour améliorer les relations.

L'évolution de la famille Bolt : un constat négatif

Si l'on reprend à présent Stierlin, il rend compte à la fin de son ouvrage de l'évolution de la famille Bolt, après cinq séances de psychothérapie familiale et un délai de quatre mois. La mère va beaucoup mieux sur le plan physique, elle voit un guérisseur (!) jusqu'à trois ou quatre fois par semaine. Les rapports entre les parents s'étaient modifiés, la mère réagissait davantage, tandis que le père semblait plus déprimé et moins solide. Quant aux enfants, il n'y avait rien à dire (« Elles, ça va, tout est O.K. »). De cela Stierlin tire un constat négatif.

La thérapie a été trop centrée sur la mère, la porteuse de symptôme, ce qui n'a produit qu'un *changement de type 1*, sans changer le système lui-même, au sein duquel les rôles ont été simplement inversés. Maintenant c'est le père qui se sent affaibli devant les attaques de son épouse devenue plus forte, le *conflit n'a pas été résolu* et les enfants demeurent prisonniers de leur conflit de loyalisme vis-à-vis des parents. L'auteur en tire la conséquence qu'il aurait fallu éviter de se précipiter dans la résolution du conflit et des deuils, mais plutôt réaliser une intervention paradoxale portant sur le maintien de l'homéostasie familiale (souligner le risque d'un excès de faiblesse pour P et d'un surcroît de travail pour M si elle devient plus forte, d'où la nécessité déclarée d'un travail à long terme, avec l'objectif de considérer toute amélioration comme preuve de l'échec du traitement). Un bilan comparatif entre l'approche de Stierlin et la nôtre, au travers de la technique TAST, peut être à présent tenté.

Un bilan comparatif

Il faut d'abord noter que le point de départ de Stierlin est logiquement faible, c'est-à-dire à la limite de la tautologie. En disant que les divergences dans les modes de fonctionnement et de communication *expliquent* la rivalité, la séparation et le manque de communication entre les parents, l'auteur ne fait qu'un tout petit pas. La centration exclusive qu'il réalise sur l'interaction, dans l'ignorance de la dynamique intrapsychique, conduit Stierlin à mettre de côté la dimension du **conflit** qui est essentielle dans la famille Bolt.

De ce point de départ faible, notre auteur ne semble pas pouvoir tirer grand-chose. Il pense que les tentatives de faire parler les parents de leurs problèmes sont vouées à l'échec du fait des modes interactifs prévalents, il propose une équipe de cothérapeutes homme-femme, ou à la rigueur avec un seul homme pour permettre l'identification de M. Bolt, mais Stierlin n'explicite pas ces conceptions et ces choix, notamment qu'en est-il des possibilités d'identification de la mère avec un(e) thérapeute ?

Rien qu'une problématique interactive

Stierlin ne parvient apparemment à dégager qu'une problématique interactive, celle du *qui domine qui et comment ?* Il explicite bien le jeu interactif entre P et M : P protège sa fragilité sous une forme réactionnelle et en ne s'engageant pas avec sa femme, tandis que cette dernière est contrainte à jouer la « maladie » pour obliger P à s'engager ; mais dans tout cela qu'en est-il de la fragilité de M ? Comment est mise en place la circularité du système qui permet le maintien de son homéostasie ?

De toutes ces prémisses partielles et floues, il est normal que notre auteur ne tire qu'une stratégie appauvrie. Il propose une approche très classique en deux temps : **1)** Maintien de l'homéostasie familiale jusqu'à ce qu'un lien de confiance se soit construit entre la famille et les thérapeutes (mise en place du système thérapeutique) ; puis, **2)** Passage à des approches anti-homéostatiques. C'est là une méthode tout à fait générale, pour toutes les familles, où les spécificités de la problématique de la famille Bolt ne sont pas vraiment prises en compte.

Du TAST à l'approche psychosystémique

Notre approche psychosystémique par le TAST va nous permettre de dégager deux regards sur la famille Bolt. Tout d'abord au niveau phénoménologique (qui est celui de Stierlin) nous notons bien la présence de deux dyades parent-enfant (P-F1 et M-F2) qui forment deux sous-groupes fonctionnant selon une complémentarité rigide : affirmation de soi, domination bruyante d'un côté et inhibition, soumission d'un autre côté. Ces alliances n'ont pas été suffisamment mises en lumière par Stierlin et n'ont donc pas permis de guider sa stratégie. Cependant, il y a plus grave, notre auteur est tombé dans l'illusion linéaire qui lui fait concevoir la faiblesse du mari et la force de la femme d'une façon figée. En fait, l'un et l'autre, ou plutôt l'une et l'autre dyade sont à la fois faibles et puissantes, ce qui signifie qu'il y a bien un pseudo-pouvoir de la dyade P-F1 cachant une faiblesse réelle et une pseudo-faiblesse de M-F2 cachant un pouvoir réel ; mais en outre, ces deux dyades comportent respectivement et une part de pouvoir réel pour P-F1 à cause de la parentification de F1 et une part de fai-blesse réelle pour M-F2 du fait de la fragilité spécifique de F2. Ces informations nous sont données par le familiogramme restreint où l'on peut constater la situation polaire de F1 et l'isolement de F2. Cette double valeur des dyades (ou des individus), force et faiblesse en même temps, est à la base de tous les paradoxes pathologiques : A est faible et malade, il se laisse dominer par B ; mais de ce fait, B est à la merci de A pour lequel il doit se sacrifier pour le soutenir (Madanes, 1991).

De l'approche psychosystémique à la stratégie

À cela s'ajoute le fait que la famille Bolt est fonctionnelle sur le plan psychodynamique. De ce déséquilibre entre les éléments psychodynamiques et interactifs nous pouvons proposer deux mesures stratégiques : d'une part la mise de côté momentanée des aspects interactifs de la problématique familiale, du fait de leur grande dysfonctionnalité, il vaut mieux ici préserver l'homéostasie familiale ; d'autre part, utiliser les ressources psycho-dynamiques de la famille pour tenter de mobiliser les forces en jeu dans le système. Ainsi, nous préconiserions l'exploration intrapsychique dans un travail autour de la dimension du conflit par la médiation de l'imaginaire (sculptures familiales, contes, jeu de rôles, histoires en commun, etc.), en mettant en compétition les deux dyades présentes et révélées par le TAST, et ce jusqu'à ce que la famille décide elle-même de former d'autres coalitions. C'est à ce moment-là qu'il sera temps d'aborder les aspects interactifs de la problématique. Ce travail imaginaire portera sur l'*eïdos* familial dont les éléments sont tirés des entretiens et parfois des thématiques élaborées au TAST, tandis que tout ce qui touche à l'*éthos* (l'interaction) sera préservé pour maintenir l'homéostasie familiale.

Notre conclusion

De cet exemple comparatif entre deux méthodes cliniques, au départ semblables, dans la mise en jeu de l'imaginaire familial au sein d'une épreuve projective collective, mais différentes quant à l'appréhension et l'analyse des phénomènes recueillis, nous pouvons tirer la conclusion qu'une vision trop unilatéralement centrée sur l'interaction conduit à une impasse. À l'inverse, nous pensons qu'il est toujours possible de trouver une famille possédant une bonne fonctionnalité interactive, mais coincée dans une lourde problématique autour d'un conflit intrapsychique, de sorte que cette dimension sera mise en avant et aveuglera aussi bien le clinicien. Ainsi, de ces constatations nous pouvons tirer trois indications stratégiques pour la thérapie familiale :

1) Ne pas privilégier les aspects soit intrapsychiques, soit interactifs de la problématique familiale, mais prendre en compte les deux comme nous le faisons dans l'approche TAST.

2) Repérer quel secteur de fonctionnement, de l'intrapsychique ou de l'interactif, est dysfonctionnel et lequel ne l'est pas.

3) Agir dans le sens de l'homéostasie familiale pour le secteur dysfonctionnel et agir dans le sens anti-homéostatique pour le secteur fonctionnel dont on dégagera les ressources. (Étant bien entendu que si nous nous trouvons en présence d'une famille dont les deux secteurs

sont touchés par la dysfonctionnalité, il conviendra de respecter l'homéostasie familiale sur les deux plans et de trouver d'autres ressources, ce qui demandera le plus souvent, dans ces cas très difficiles, la mise en place de stratégies plus complexes faisant appel à des interventions paradoxales).

Éthos et *eïdos* familiaux

Ces indications nous amènent à considérer l'importance du repérage de l'*éthos* et de l'*eïdos* familiaux, c'est-à-dire le style de fonctionnement privilégié d'une famille et ses grands thèmes de pensée. Cet *éthos/eïdos* familial représente à la fois les aspects interactifs et psychodynamiques du système familial. Ainsi, pour les Bolt, l'*éthos* familial pouvait être défini sur le plan interactif par la verve dominatrice et instigatrice de la dyade P-F1 complémentairement associée à l'attitude soumise et effacée de la dyade M-F2, tandis qu'au plan psychodynamique l'*eïdos* familial était marqué par de bonnes capacités élaboratrices (pulsion secondarisée) bien partagées par tous les membres (les thématiques imaginaires sont mal repérées pour la famille Bolt, que nous n'avons bien sûr pas rencontrée et son « TAST » tout à fait partiel). À partir de ce repérage de l'*éthos/eïdos* familial il convient de se poser deux questions : 1) Quelle est la nature de l'*éthos* qu'il convient de préserver afin de maintenir l'homéostasie de la famille et par là son équilibre ? 2) Quelle est la nature de l'*eïdos* qu'il convient de mobiliser en tant que ressource pour produire un changement dans la fonctionnalité familiale ?

À côté du repérage de l'*éthos* familial au travers des comportements affectifs, les attitudes, l'atmosphère familiale, il est tout aussi important de repérer l'*eïdos* familial, aussi bien au travers des thématiques qui se révèlent au TAST, que dans les éléments touchant aux croyances et aux mythes familiaux lors des entretiens. Cet *eïdos*, comprenant tous les aspects intellectuels et cognitifs de la pensée familiale, est une riche source d'inspiration pour un travail avec l'imaginaire familial. Il faut ici se demander quels sont les thèmes mobilisateurs qui peuvent aider la famille à renouveler son appréhension d'elle-même, de la vie et du monde.

Le choix d'une intervention soit sur l'*éthos*, soit sur l'*eïdos* familial, se pose souvent lorsque le clinicien et la famille se trouvent comme coincés, figés, à certaines phases de la cure. Cette immobilisation chargée d'ennui, parfois d'angoisse, d'une impression que « ça n'avance pas », « que ça ne sert à rien », parfois « que le thérapeute est incompétent », ou « qu'on attend de lui une solution miracle », représente à la fois une résistance de la famille **et** du clinicien.

Certains thérapeutes ne seront pas d'accord avec cette vision bilatérale, ils pensent que la résistance vient de la seule famille et lorsque la famille semble rejeter la responsabilité du blocage sur le clinicien, ils interprètent cela en retour, de façon agressive, comme une tentative d'attaque du cadre de la thérapie. En fait, cette façon de voir, assortie de sentiments de persécution de la part du clinicien, correspond à une défense supplémentaire de ce clinicien attaqué dans sa toute-puissance.

Notre point de vue est que famille et thérapeute forment un système, le système thérapeutique, et qu'à partir de là il n'est plus possible de rejeter, de façon unilatérale, la responsabilité d'un blocage sur l'une ou l'autre partie. Par contre, si clinicien et famille sont bloqués, s'ils sont tous responsables de ce blocage, la responsabilité du moyen de sortir du blocage incombe pour l'essentiel au clinicien, dans la mesure où c'est lui le professionnel, c'est lui qui a posé les termes du contrat thérapeutique, c'est lui qui est reconnu comme pouvant aider une famille qui, par principe, n'est pas encore capable de s'aider elle-même. En d'autres termes, on peut faire l'hypothèse qu'un clinicien qui se sent menacé par le blocage familial et qui ne parvient pas à modifier la situation sans devoir tout mettre sur le dos de la famille, agit dans le sens d'une protection défensive de sa toute-puissance et non au profit de la famille.

À l'inverse, le clinicien non défensif prendra sur lui d'aider la famille à dépasser son blocage et pourra engager une action sur deux plans : soit sur l'*éthos*, soit sur l'*eïdos*. Ce choix se fait tout d'abord en fonction de l'orientation théorique du clinicien et de ses préjugés et croyances épistémologiques. Un clinicien psychanalyste agira sur l'*eïdos* exclusivement, même si la famille est peu portée à ce genre de travail. Un systémicien choisira par contre l'*éthos* comme champ d'action, même si la famille a des difficultés pour se mobiliser. Lorsque les difficultés familiales sont telles que l'action du thérapeute sur l'un ou l'autre versant est entravée, ces cliniciens se retrouvent dans le cas de figure de la toute-puissance défensive, ils ne parviennent pas à s'adapter aux possibilités familiales.

Le problème est qu'une famille peut posséder dans son imaginaire des représentations tellement terrifiantes et angoissantes qu'un travail sur cet imaginaire (l'*eïdos*) lui déplaît au plus haut point. Ou bien, une autre famille a des modes interactifs tellement rigides, destinés à contenir une crise violente sous-jacente, qu'elle refusera catégoriquement toute modification de ses modes d'interaction privilégiés (de son *éthos*).

La vertu cardinale du thérapeute familial est, selon nous, l'adaptabilité, ce qui implique l'absence de parti pris théorique et une vision psychosystémique de la famille. À ce moment-là, le clinicien pourra s'adapter à la famille, à chaque famille, à chaque étape du traitement, et choisir souplement le mode d'intervention qui convient. Nous sommes tout à fait conscients de la force de notre propos, de ses côtés « dérangeants », pourtant nous voudrions souligner l'importance de ces « prises de conscience » pour un thérapeute familial. Nous lui demandons d'être professionnellement responsable et de ne jamais incriminer la famille et, d'autre part, de garder une souplesse théorique et technique lui permettant de s'adapter à ses familles dans leur variété et aux différentes étapes du parcours curatif ; nous attendons que l'on nous démontre que ces exigences sont illégitimes.

Quels sont les signes ? À titre général, lorsqu'une famille rechigne à produire des élaborations imaginaires, qu'elle se prétend ne pas avoir d'idées, de trouver ridicule le fait de rêver ensemble, que ses scores de PS et PE sont effectivement très bas au TAST, alors on peut, dans un premier temps, écarter l'intervention sur l'*eïdos*. De même, lorsqu'une famille semble se délecter de ses modes d'interaction pathologiques, lorsqu'elle réclame la « guérison du porteur de symptôme », mais se dit impuissante pour changer quoi que ce soit dans son fonctionnement quotidien, dans sa situation, que les configurations interactives sont très consensuelles au TAST, alors il conviendra, ici aussi, d'écarter provisoirement une intervention sur l'*éthos*.

En général, lorsqu'une famille est bloquée sur un plan, il y a une possibilité de mobilisation sur l'autre. L'action sur l'*éthos* va consister alors en la prescription de missions, plus ou moins paradoxales, de rituels à accomplir en famille, de propositions d'aménagements particuliers des interactions, des activités, etc. L'action sur l'*eïdos* va consister, de son côté, en des propositions de travail imaginaire en séance : psychodrame, contes à compléter, histoires imaginaires, figurations symboliques (sculptures familiales), génogramme, appartogramme, etc. Cette répartition des scènes d'action n'est pas figée. Il peut arriver que l'on travaille sur l'interaction en séance, ou bien que l'on prescrive un travail imaginaire à la maison. Certaines techniques sont d'ailleurs à la frontière. Le psychodrame n'est-il pas un travail en séance qui met en jeu à la fois l'imaginaire familial et les modes d'interaction ? Ou bien, certains rituels peuvent, par exemple, rapprocher des membres éloignés (intervention sur l'interaction), tout en leur demandant une élaboration imaginaire commune.

La famille bloquée

Que faire face à une famille qui nous paraît bloquée sur les deux plans, *éthos* et *eïdos* ? Et d'abord, une telle famille existe-t-elle ? Ou bien est-ce le thérapeute qui touche à ses limites ? L'humilité nous demande de reconnaître ces limites qui, ainsi reconnues, ne peuvent plus être considérées comme une défense. Nous ne sommes pas des supermen et devons parfois passer la main. Pourtant, il arrive souvent que le clinicien faisant preuve de modestie, avouant son impuissance à la famille, mais non son manque de détermination, une famille parvienne tout à coup à se débloquer. De telles familles cherchent en fait à tester le clinicien, à voir jusqu'où peut aller l'illusion de toute-puissance, jusqu'à quel point elle peut encore rêver d'un miracle et faire l'économie de l'effort de changement. L'aveu d'impuissance, à condition qu'il soit assorti de l'assurance que le clinicien veut toujours faire quelque chose pour aider la famille, produit un choc anti-homéostatique et mobilisateur. En quelque sorte, la famille va chercher à venir en aide au clinicien qui aura su garder un lien positif avec elle. C'est ce qui va donner des ouvertures pour une intervention ultérieure.

C'est de ces choix et des décisions stratégiques qui en découlent que dépend la bonne marche d'une psychothérapie familiale, c'est donc d'un outil bidimensionnel, donc **psychosystémique**, dont nous avons besoin pour pouvoir repérer tous les aspects de l'*éthos/eïdos* familial et distinguer leur fonctionnalité différentielle.

Le problème du retour

C'est là notre manière originale d'utiliser un test familial que de faire un retour assez détaillé des résultats de l'épreuve à la famille. La *problématique du retour* pourrait faire l'objet d'un travail spécifique considérable. Elle met en jeu ce que l'on appelle la *toute-puissance* du clinicien-opérateur qui, après avoir fait passer un test psychologique à une famille, peut être perçu désormais par cette famille, comme possédant un savoir sur elle-même, qu'elle ne connaît pas et avec lequel il peut exercer un pouvoir. Certains cliniciens respectent la règle qui pose que celui qui fait passer un test ne soit pas en même temps le thérapeute. Cependant, c'est là une illusion, car le thérapeute finit bien par recevoir les résultats du test, son pouvoir sur la famille est inévitable.

D'autres cliniciens, pour ces raisons, s'abstiennent de tout *testing*, s'ils envisagent une thérapie avec eux-mêmes ou un autre thérapeute. Nous pensons que c'est là une façon d'éviter le problème de la toute-puissance, qui présente quelques inconvénients. En considérant une sorte d'incompatibilité entre le *testing* et la prise en charge psychothérapeutique, on perd par la même occasion les avantages que procure le *testing* pour mettre en place la psychothérapie. Ces avantages sont souvent ignorés, faute de les connaître, ou seulement pouvoir les imaginer. En regard de notre expérience du *testing* et de la thérapie associée des familles, nous considérons que ces avantages existent et nous allons essayer de montrer tout leur intérêt.

Nous pensons toutefois que certaines attitudes face au *testing* et à la supposée toute-puissance acquise du clinicien sont souvent exagérées. La toute-puissance du clinicien est, bien entendu, fantasmatique. Un patient, une famille de patients, croient presque malgré eux, que le « psy » de par sa formation, son métier, peut lire dans leurs âmes, peut les manipuler, leur faire dire ou faire ce qu'ils ne veulent pas. L'image de « réducteur de tête » avec l'idée sous-jacente du sorcier indien, que nous avons souvent rencontré, montre bien toute la fantasmatique rattachée au « psy ». Cette croyance n'a pas besoin d'un *testing* pour être déjà présente, avant même toute rencontre avec un « psy », la profession elle-même est perçue souvent par le grand public comme puissante et dangereuse. Il est vrai qu'un test ne peut que contribuer à accroître de telles croyances.

À l'inverse, nombre de cliniciens ont aussi leurs fantasmes quant à cette puissance qu'il leur arrive de percevoir d'une façon disproportionnée. Il faut bien comprendre que, si d'un côté le fantasme peut contribuer à motiver le repli, la méfiance, la peur du patient, d'un autre côté nous considérons que le patient a aussi sa raison (et toute sa raison !) et qu'un travail de réassurance peut être engagé avec lui pour que le test psychologique soit perçu à sa juste mesure, ainsi que le pouvoir du clinicien.

Si le TAST donne un éclairage intéressant sur la famille, au service de l'institution et de l'action thérapeutique, il est aussi l'occasion de dire quelque chose à la famille sur elle-même, tout en respectant les limites de ce qu'elle peut entendre.

Habituellement, nous faisons un retour assez direct en présentant à la famille les configurations sous forme d'histogrammes (les mêmes que l'on retrouve dans cet ouvrage). La plupart des familles comprennent bien ce retour et, tout en exprimant parfois une surprise devant certains résultats, elles les acceptent facilement. La force sociale de ce *sujet supposé savoir* qu'est le clinicien, contribue sans doute grandement à l'impact d'un tel retour, sans compter que la simple passation du TAST a souvent un effet bénéfique par les réaménagements qu'elle suscite et qui préparent à ce retour.

Nous avons parfois eu l'impression d'injecter une croyance nouvelle dans l'*eïdos* familial à propos de sa propre définition de lui-même, tout comme peuvent le faire un horoscope, ou les prévisions d'un voyant. Nous voulons dire par là que le TAST, tout en apportant des résultats, des informations nouvelles et objectives sur la famille, nous conduit aussi à sélectionner ces informations en fonction de la problématique familiale. Il s'agit donc d'atténuer, voire d'occulter certains messages, ou au contraire d'en amplifier d'autres, mais toujours sur l'inspiration des résultats réels au TAST. Il s'agit bien là d'une stratégie de désinformation partielle, d'adaptation du message, destinée à faire entendre à la famille ce qu'elle peut et veut entendre, mais en ajoutant aussi le petit zeste de ce qu'elle ne veut pas entendre, afin de la mobiliser. Et ce petit zeste doit souvent être habillé de façon positive, stimulante, convaincante, pour emporter l'adhésion familiale.

Par exemple, pour une famille très conflictuelle, violente, où le conflit parental avait des répercussions énormes sur les enfants, où l'autorité parentale, du père notamment, se trouvait constamment remise en question, nous avons présenté le familiogramme restreint en soulignant *la place centrale du père dans les échanges et en sous-entendant que cette place centrale représentait un rôle important de cohésion de la famille*. Le père, convaincu d'être rejeté par toute sa famille, a été agréablement surpris par cette nouvelle vision de sa place dans la famille. Ici, une information donnée par une configuration TAST a été utilisée et amplifiée, pour renforcer narcissiquement un père à ses propres yeux autant qu'à ceux du reste de sa famille. Nous voyons ainsi émerger une nouvelle dimension du retour qui ne se borne pas à révéler des informations jusque-là cachées, mais qui nous introduit directement au cœur d'une stratégie fine et intelligente face à la problématique familiale.

Il ne s'agit pas, bien sûr, de tromper la famille, ou de dire n'importe quoi. Notre façon de faire consiste plutôt à habiller l'information pour qu'elle soit recevable et commence déjà à poser une stratégie. Pour ce qui concerne la supposée toute-puissance du clinicien, nous avons eu l'impression de pouvoir atténuer grandement le fantasme en montrant clairement les limites de notre compréhension de la problématique, en soulignant avec conviction que les idées que nous avançons sont des hypothèses (des suppositions, des essais pour comprendre). En même temps, il ne faut pas que ce fantasme disparaisse totalement, car un thérapeute impuissant n'aura alors plus aucune possibilité de maintenir le cadre et l'alliance thérapeutiques. Quelque part, il faut toujours que la famille (le patient) « croit » en lui.

Notre attitude générale est toujours pleine d'humilité pour ce qui concerne ce supposé savoir du clinicien. Il arrive souvent que nous avouons notre ignorance et notre impuissance plutôt que de rester dans un silence de sphinx. Nous disons aussi lorsque nous nous trompons ; et lorsque nous pensons intimement ne pas nous tromper, mais que la famille est convaincue du contraire, nous prenons toujours le profil bas et acceptons ce que nous dit la famille, tout en faisant des réserves personnelles, bien entendu. Il ne s'agit pas, non plus, de devenir apathique et irresponsable. Nous avons ainsi pu constater que cette forme de retour sur les résultats du TAST et cette attitude d'humilité, de simplicité directe avec les familles, étaient très profitables à la mise en place d'une confiance et d'un bon lien thérapeutique, dès le départ.

La passation d'un TAST s'inscrit en général dans les débuts d'une prise en charge thérapeutique. Elle est proposée dès la première séance et réalisée au plus tard avant la cinquième. Le retour doit être fait durant la séance qui suit la passation. Exceptionnellement, pour des familles très tendues et méfiantes, nous avons renoncé au TAST.

Au-delà des considérations théoriques (et des éventuelles polémiques !), il est temps d'aborder un exemple concret d'utilisation du TAST au travers du compte rendu d'une thérapie familiale.

4 - LE TAST DE LA FAMILLE « R »

Une situation confuse

La famille R vint nous consulter sur l'indication du médecin psychiatre au vu de la situation familiale et des problèmes de scolarité de la fille aînée. Elle est en seconde et ses résultats du premier trimestre sont assez inquiétants pour que le professeur principal lance la menace d'un redoublement si la barre n'est pas redressée.

La mère nous a donc contactés au téléphone pour avoir un rendez-vous. Dès ce premier contact, la situation familiale nous parut assez confuse : sont présents sous le même toit, outre la mère et ses deux filles adolescentes, le père des filles dont la mère est divorcée depuis un an, ainsi que le nouvel amant de la mère qui vit dans la famille depuis quatre ans. Les problèmes scolaires de l'aînée n'étaient que le signal d'alarme d'une problématique familiale beaucoup plus grave. Nous avons demandé à ce que tous les membres de la famille, y compris l'amant, soient présents au premier entretien, ce qui fut accepté avec un peu d'étonnement, mais sans réticence.

La famille R se compose[10] donc du père, 42 ans, qui est ouvrier au chômage. De la mère, 38 ans, qui est secrétaire, de l'amant de la mère, 40 ans, qui est cadre technique, des deux filles, l'aînée, 15 ans en seconde et la cadette, 13 ans, en quatrième. Nous coderons désormais chaque membre de cette façon : la mère : *Mère* ; le père : *Ex-mari* ; l'amant : *Amant* ; l'aînée des filles : *F1* ; et la cadette : *F2*.

---

[10] Il est bien entendu que toutes les informations concernant cette famille ont été déformées afin de préserver son anonymat.

Première séance : entrée en matière

Cette famille présente une problématique très complexe et très riche.[11] Ex-mari et Mère ont divorcé il y a un an, mais Ex-mari vit toujours à la maison. D'autre part, depuis quatre ans, un autre homme vit aussi à la maison, il est amoureux de Mère et plus ou moins son amant, d'après ce qu'on nous laisse entendre. Dans l'ensemble, Mère dit qu'elle a l'impression de porter les deux hommes (et même ses filles aussi) et elle voudrait qu'ils partent tous les deux. F1 voudrait elle aussi que son père parte, c'est ce qui la trouble depuis le divorce de ses parents et qui l'empêche de travailler en classe, elle voudrait que la situation soit claire de ce côté-là. F2 est plus indécise, mais elle est d'accord avec sa sœur pour préférer Amant à Ex-mari. Elles le trouvent plus ouvert.

Amant et Mère paraissent d'un bon niveau intellectuel dans leur façon de parler. Les deux filles s'expriment aussi très bien, tous les quatre ont l'air ouverts et détendus. F1 a un certain charme avec des manières un peu raffinées. À l'opposé, Ex-mari parle peu, paraît un peu bourru et renfermé, moins vif que les autres membres de la famille.

Nous ressentons un lien d'identification très fort entre F1 et sa mère qui irrite un peu celle-ci, on sent qu'il y a bien comme un effet de résonance entre leurs crises.

Il y a un autre lien très fort entre Mère et Amant, sur une base conflictuelle. Ex-mari déclare avoir l'impression que les conflits qui se jouent entre Amant et son ex-épouse ont pris la place des conflits qu'il avait du temps de son mariage. Nous en profitons pour souligner l'intérêt de passer par une période de transition, comme le demande Mère, pour y voir plus clair et ne pas rejouer les conflits en aveugle. Ils semblent tous d'accord avec cette idée, mais c'est à cette occasion que Mère avoue son ambivalence en ce qu'elle voudrait bien que les hommes s'en aillent, mais en même temps elle sent qu'elle a besoin d'eux, au moins d'Amant (!).

En fin de séance nous reformulons les demandes de chacun telles que nous les avons comprises en demandant confirmation auprès de chacun : Mère voudrait que les deux hommes partent, mais elle ne sait pas si elle le veut vraiment, car elle a aussi besoin d'eux ; F1 voudrait que Ex-mari parte ; F2 n'en est pas aussi certaine, tout en disant qu'elle préfère Amant ; Amant voudrait que Ex-mari parte et réaliser un véritable couple avec Mère, mais il a trop d'estime pour lui et ne veut pas le chasser ; Ex-mari dit que le problème n'est pas qu'il parte ou pas, mais que F1 le rejette. Nous

---

[11] Les comptes rendus de toutes les séances présentées ici sont tirés de prises de notes que nous avons réalisées tout de suite après chaque séance, dans le feu du souvenir.

proposons alors un TAST afin d'essayer d'y voir plus clair. La famille accepte avec un plaisir évident du côté des filles. La passation est prévue pour la prochaine séance dans une semaine.

L'ensemble des remarques, qu'il faut considérer comme des hypothèses, que nous tirons de cette première rencontre avec la famille, sont les suivantes :

1) Nous voyons un problème des limites avec les deux adolescentes, marqué par une sur-stimulation avec la présence des deux hommes, l'un père déchu, l'autre beau-père ambigu, parce que plus ou moins rejeté par la mère. Cette limite est celle des générations : comment pour les filles respecter leur père en tant que tel, s'il est rejeté par la mère, tout en continuant à vivre avec elles. Limite aussi des désirs des filles envers l'amant de la mère que cette dernière, ici aussi, ne définit pas clairement. Les deux hommes sont mal définis par Mère, elle est ambivalente, d'où une zone de confusion gênante pour des adolescentes qui ont besoin de repères pour pouvoir se situer dans leur développement vers le statut d'adulte. La surstimulation est considérée ici du point de vue fantasmatique, même inconscient. À l'adolescence, l'éveil des désirs œdipiens, plus ou moins tendres et sexualisés vis-à-vis du parent de sexe opposé, est endigué par la consistance du couple parental, qui n'existe manifestement pas dans cette famille.

2) Mère a révélé la présence de profonds conflits entre son père et elle, qui remontent à son enfance. Des conflits dont nous avons l'impression qu'ils ont été transposés sur les hommes de la famille, Ex-mari et Amant, d'où une sorte de lutte entre le clan des femmes et celui des hommes. Car par ailleurs, les filles et leur mère semblent, à certains moments, comme partager une solidarité pour avoir le pouvoir sur les hommes. F1, notamment, admire beaucoup sa mère et sa force de caractère et semble vouloir l'imiter, à sa façon, pas toujours réussie.

3) À titre indicatif et de façon très théorique, nous notons de possibles tendances homosexuelles inconscientes chez les deux hommes. En tous cas nous sommes assez étonnés de cette longue promiscuité entre Ex-mari et Amant qui semblent se porter mutuellement beaucoup d'estime. En fait, ce n'est pas tant sur les deux hommes qu'il faut porter le regard, mais sur le trio qu'ils forment avec Mère. Les trois adultes semblent très attachés les uns aux autres. Ils disent avoir vécus des moments difficiles ensemble, problèmes de chômage et d'argent et avoir obtenus un bon soutien mutuel qui a renforcé leurs liens. Les trois adultes semblent fonctionner comme une unité indifférenciée, dans une lutte contre un monde extérieur hostile. Cet ensemble forme un aménagement, certes pénible, tendu, pénalisant pour le développement et la maturation psychoaffective des filles, mais nécessaire à l'homéostasie familiale et à la régulation des individus pour

lesquels, dans le cadre d'angoisses persécutrices, ce noyau familial présente l'avantage de les protéger du monde extérieur et de son adversité.

4) Ce système ne satisfait pas complètement les membres de la famille, d'où l'ambivalence de chacun : la mère vis-à-vis des hommes, les filles vis-à-vis de leur père, Amant vis-à-vis d'Ex-mari et ce dernier qui ne sait plus s'il doit partir ou rester. Cet inconfort motive le désir de changer quelque chose malgré tout, d'où les difficultés scolaires de F1 en tant que signal d'alarme et la bonne volonté générale de la famille pour entreprendre une thérapie. Seul Ex-mari nous paraît à part. Il semble trouver plus d'avantages que les autres membres à cette situation et nous soupçonnons qu'il ne doit pas envisager de très bon œil un changement s'il implique son départ. Il accepte tout de même de participer aux séances.

5) Cette famille se trouve à une étape importante de son cycle de vie : à la fois les crises d'adolescence des deux filles et les crises de la trentaine-quarantaine des trois adultes. Des crises qui peuvent facilement entrer en résonance et qui mettent en jeu les identités dans le passage enfance-adulte, le passage jeunesse-vieillesse. Dans les deux cas, des fantasmes et des désirs anciens sont éveillés. Chez les adolescentes nous avons parlé des désirs œdipiens plus ou moins sexualisés ; pour les adultes, la présence des adolescentes peut éveiller leurs propres souvenirs d'adolescent ainsi que des désirs, ici aussi plus ou moins tendres et sexualisés, des hommes envers les jeunes filles. Nous précisons que tous ces éléments intrapsychiques sont, sans doute, en grande partie inconscients, qu'ils ne pourraient se révéler que dans des dérivés fantasmatiques, mais qu'ils sont à la source du malaise ressenti habituellement entre parents et adolescents. Pour cela, la consistance du couple parental pose une sorte de déterminisme là où les pulsions amènent le flou et l'inconsistance. À l'inverse, lorsqu'il y a un divorce, avec en plus, comme dans cette famille, des hésitations des parents à propos de leurs choix affectifs et sexuels, la confusion ainsi produite s'auto-entretient d'elle-même par la présence des adolescents, c'est l'effet de résonance. Les filles le diront bien lors d'une prochaine séance : elles ont l'impression que les adultes sont des adolescents. La différence des générations est abolie, laissant la place à une angoissante confusion des rôles.

6) À la question du changement nous pensons qu'il est important de maintenir et défendre de façon paradoxale l'homéostasie familiale. Nous avons vu que tous les membres sont ambivalents quant au changement. Les adultes trouvent de profondes satisfactions, très primitives, proches de l'indifférenciation (c'est pour cela qu'il s'agit moins d'une homosexualité latente entre les deux hommes que d'une fraternité asexuée), dans ce ménage à trois. Il est donc important que le thérapeute et le travail thérapeutique ne soient pas perçus comme un danger. C'est pour cette

raison que nous plaçons explicitement des réserves quant à l'opportunité d'un changement dans la famille, pour le moment, laissant la voie ouverte pour envisager des changements ultérieurs, non encore définis.

7) Le transfert, avec nous, nous a semblé positif. Notre approche détendue, le travail imaginaire auquel la famille prend plaisir, confortera l'alliance thérapeutique tout au long de la cure.

Deuxième séance : le TAST

Le TAST promet d'être très riche avec une profusion fantasmatique très forte autour de toutes les passions humaines. C'est là une famille très souple et mobile, dynamique.

Au cours de l'entretien post-passation (qui fût long !), la famille a été abordée comme un ensemble de gens complémentaires (comme des entreprises qui fusionnent devant l'adversité, dit Mère, selon ses métaphores personnelles), qui forment un noyau tout à fait original, avec un petit vent de liberté qui s'oppose aux familles guindées et coincées dans leur train-train quotidien. Ici, c'est un peu la pagaille, mais tout le monde (surtout Mère) apprécie cela. Amant ajoute que depuis le dernier entretien tout va mieux pour tout le monde sauf pour F1 qui va de plus en plus mal. De là, la problématique est exposée au grand jour : F1 a des demandes trop fortes vis-à-vis des autres, surtout sa mère. Elle rêve de son avenir d'une façon grandiloquente et changeante et ne fait rien pour sa réussite scolaire au présent.

F1 tente d'expliquer que depuis qu'elle est toute petite elle ambitionne d'être une artiste (une danseuse), mais… elle n'a pu finir son explication, empêchée par les autres et elle se met à pleurer. Cette problématique et l'émotion de F1 nous touchent beaucoup et nous nous embourbons un peu avec la famille à discuter de contexte économique, d'études sur le tard, de besoins de l'adolescent, etc. Il arrive des moments dans toute thérapie où le clinicien perd pied, inquiété par ses propres affects, il peut lui arriver de perdre de vue l'ensemble de la problématique, de devenir comme myope. Cela n'est pas toujours négatif, s'il lui est possible de rectifier le tir à un moment ou à un autre, car la famille peut ressentir alors un certain soulagement, que le clinicien est vivant et ressent ses souffrances. C'est la prolongation de cette confusion du clinicien qui devient pénalisante, car il n'offre plus alors à la famille un pôle d'assurance et de stabilité, une réponse au besoin de croire à son indestructibilité.

Mère devient à un certain moment très dure envers F1 et lui dit qu'elle ne l'aidera pas davantage, « *qu'elle pense que lorsque quelqu'un se noie, il arrive un moment où la seule façon de l'aider, c'est de lui appuyer sur la tête et qu'elle le fera* ».

Nous nous sentons à nouveau très déstabilisés par ces durs propos de Mère, mais en même temps nous sentons leur justesse. Nous comprenons que Mère lutte contre la tyrannie affective de F1 et cette lutte, tout implacable qu'elle soit, est naturelle et bien préférable à une réponse anxieuse qui finirait par donner le pouvoir à F1. La question que nous posons à la famille est : «*A quoi sert dans la famille l'adolescente mégalomaniaque, qui pompe tout le monde et qui ne fait rien de concret au présent ?*»

De cet entretien post-passation, nous tirons les remarques suivantes :

1) La nécessité d'explorer l'adolescence des trois adultes ? En essayant d'éviter les comparaisons avec F1 !

2) La nécessité de rétablir un certain contrôle sur la famille en séance, de maintenir le cadre. Le jeu serait de ne pas rejouer en séance les conflits de la famille. Nous voulons dire, de rester au niveau de ces conflits, mais de les travailler avec tout ce que la famille possède de richesse imaginative, de plaisir, de talent.

3) Qu'est-ce que réveillent en chacun des adultes, surtout la mère, les demandes de F1 ?

4) Soulever le problème des limites chez l'adolescent. Un adolescent qui cherche des limites ne cherche-t-il pas des parents ? F1 ne cherche-t-elle pas un père ?

6) Homosexualité latente entre Amant et Ex-mari ?

Les résultats du TAST

La passation s'est faite dans un climat dynamique et créateur, ludique, avec du plaisir, mais avec une forte compétition entre les membres. Mère a occupé tout le temps de la première planche par une référence personnelle à son enfance. Par la suite les autres se sont bien rattrapés. F2 est le membre qui a produit le plus d'émergences (thèmes de violence, de mort), tandis qu'Ex-mari est resté très inhibé, «*Je n'avais pas d'idées*», a-t-il avoué durant l'entretien de post passation.

Les thématiques : Planche 2

Tout le protocole de cette planche est occupé par une autoréférence défensive de Mère qui parle de son enfance. Il s'agit de *sa propre mère qui n'arrive pas à s'en sortir, à s'organiser et elle-même aurait aimé rester à la maison pour pouvoir la seconder. Sa mère n'arrivait pas à se débrouiller avec son père qui doit être en train de boire ou de claquer son argent.* L'identification personnelle à l'image est poussée très loin, puisque Mère déclare : *ça nous est arrivé de travailler avec un cheval.* Enfin, elle parle de *sa mère envahie, débordée par le travail et les gosses.* Toute cette partie du protocole consiste en un dialogue entre Mère et

Amant, ce dernier semblant très au fait de l'enfance de celle-ci. Il y a comme un accord complice entre eux.

Dans cette hégémonie autoréférente du couple Amant-Mère, dès la première planche, celui-ci se place comme pivot familial, qui marque en même temps la mise à l'écart d'Ex-mari. Cette thématique du souvenir personnel de Mère ne répond pas explicitement à la consigne. La planche n'est pas exploitée en tant que support, elle est juste un stimulus déclencheur pour le flot des souvenirs qui s'écoule ensuite librement. Cette autoréférence représente et a été cotée comme une défense évitement : éviter d'imaginer, éviter de donner aussi aux autres membres de la famille une chance de participer à cet acte d'imagination.

Il y a sans doute sous cette défense deux mouvements : 1) une réaction d'évitement par rapport au stimulus-planche, dont la représentation du trio père-mère-fille pouvait éveiller une fantasmatique trop forte, trop chargée d'agressivité. Ainsi, se réfugier dans le souvenir a permis à Mère de ne pas dépasser les limites de la réalité de son passé ; 2) dans le cadre du transfert au clinicien qui impose ses règles du jeu et sa consigne de passation, il faut aussi envisager une attitude d'opposition de la part de Mère, quelque chose comme une révolte d'adolescente, qui peut en outre, avoir été inspirée par le contenu de la planche elle-même. Lorsque retentit la sonnerie marquant le délai imparti à cette planche, quelques remarques fusent de la part des filles reprochant à leur mère d'avoir monopolisé le temps de passation. Elle s'excuse à demi-mot et sera capable de laisser de la place aux autres membres de la famille pour les planches suivantes.

Planche 4

Ici, trois thèmes se confrontent. D'Amant qui démarre par des thèmes défensifs, banals : *quelqu'un qui doit partir, mais n'en a pas envie ; une histoire avec le propriétaire, il veut lui casser la figure.* En contre point de ces thèmes banals des thèmes forts, émergents en provenance de F2 (toutes les émergences, pratiquement, viendront de F2) : *une vengeance, la fille a fait quelque chose de mal, le père veut la tuer et la mère le retient.* Donc, il s'agit d'une relation père-fille sur un mode agressif, mortifère sur base de culpabilité et de punition. Enfin, F1 remet en question la nature de tous les personnages : *pourquoi un père, une mère, une femme ? Elle y voit une grande histoire d'amour, il s'aperçoit qu'il ne l'aime plus, il veut la quitter et elle veut le retenir parce qu'elle l'aime encore.* Angoisse d'abandon, de perte.

Dès cette planche où Mère s'exprime peu, les rôles des filles et d'Amant se mettent en place. Celui défensif d'Amant, émergeant de F2 et élaborateur dans la secondarisation de F1. Pour la première fois apparaît aussi le rôle tout à fait spécial de F2 par rapport à Mère : elle est chargée d'exprimer les pulsions mortifères de sa mère. Les thèmes de vengeance, de conflit père-fille-mère, sur fond d'agressivité mortifère sont à rattacher directement aux souvenirs d'enfance de Mère. Face à cette fantasmatique trop massivement agressive, F1 n'hésite pas à remettre directement en question les choix de nantissement des personnages. Elle balaye l'agression par une histoire d'amour, un thème banal, au sens où il apparaît habituellement à cette planche, mais qui ne veut pas dire sans importance. Au contraire, par cette prise de position régulatrice, F1 se pose en élément d'équilibre dans la famille. Ses difficultés scolaires actuelles, son malaise librement exprimé, ses demandes d'aide, tous ces signaux d'alarme sont en droite ligne avec sa fonction de rééquilibrage.

Planche 3BM

Sur cette planche F1 et M entrent en compétition pour poser une autoréférence. F1 sur un mode persécuté, mais avec des relents d'autodérision : *ça, c'est moi, quand je suis désespérée du mal que vous me faites ; c'est moi, quand vous dites que je suis nulle et que je ne vaux rien.* Amant minimise la portée de cette autoréférence, il disqualifie le désespoir de F1 en le considérant comme une comédie volontaire : *ça, c'est F1 quand elle* **veut jouer** *la désespérée.* Puis, il soutient Mère contre sa fille dans son autoréférence : *c'est peut-être ta mère quand elle reçoit ton bulletin de notes* (le mauvais bulletin de notes étant un fait réel, de la veille, qui culpabilise F1). La mère fait à son tour une autoréférence (approuvée par Amant et F2) sur le thème d'un souvenir d'enfance : *c'est moi une fois que mon père a semé sa zone* (Amant qui connaît vraiment bien l'enfance de Mère, confirme qu'elle a été effectivement battue). Mère conclue : *que je me jure bien que je vais le tuer cette fois-ci !* (F2 ricane et on sait sa proximité de plaisir avec les fantasmes agressifs de sa mère), puis l'identification se déplace : *c'est aussi ma mère qui ne sait plus quoi faire* ; tandis qu'Amant, en écho, évoque sa propre mère : *c'est peut-être ma mère qui est restée malheureuse en Italie alors que sa sœur est en France dans les meilleures écoles. En tout cas c'est quelqu'un de malheureux.* En parallèle à ces autoréférences sur un mode persécuté, F2 propose encore ses émergences agressives : *c'est quelqu'un qui a été battu et qui pleure complètement affalé. Une femme qui vient d'être frappée, son mari est encore là, il est saoul et il continue à l'apostropher. Elle en a marre.* Sur la fin, M et F1 lancent des thèmes défensifs qui viennent alléger les affects agressifs et dépressifs évoqués : *elle est en train de dormir ; elle est saoule et cuve son vin.* Après une discussion défensive autour des détails de la position corporelle (des objets aussi) qui permet de conserver la centration narcissique, Mère conclut dans une sorte de lapsus : *elle a reçu une lettre d'amour, son mec la plaque* (elle se rattrape : *une lettre de rupture*), et étrangement, Amant soutient le non-sens, le paradoxe, de la mère en affirmant qu'*une lettre de rupture* **est** *une lettre d'amour* (?).

Toute la famille (mis à part Ex-mari) réagit vivement au thème latent de la dépression. L'autoréférence de F1, chargée d'automoquerie révèle le côté *rôle de composition* de son personnage dans la famille. Elle est celle qui incarne l'inconfort familial. Dans l'indifférenciation qui couve, chacun fait du mal aux autres et a l'impression d'être nul, de ne pas avoir de valeur. Amant qui n'est pas dupe souligne bien cette comédie de F1 et fait le lien, tout à fait pertinent avec les souffrances de Mère, mais sans doute blesse-t-il F1 en rappelant ses mauvaises notes. C'est à la limite du passage à l'acte agressif qui permet alors à Mère de reformuler une autoréférence toujours dans le souvenir. Les ricanements de F2 aux évocations meurtrières de Mère confirment bien la résonance fantasmatique particulière entre ces deux membres. La superposition des personnages que fait Mère entre la représentation d'elle-même adolescente et sa mère confirme les profondes identifications entre Mère et sa mère. C'est un point important à souligner, car on retrouve à la génération suivante ce jeu d'identifications mère-fille, entre F1 et Mère, sur fond de persécution.

En glissant sa propre mère sur thème autoréférent, Amant participe activement à la mythique familiale : lui aussi a eu une mère persécutée et malheureuse. Il marque ainsi son intégration dans la famille de Mère. La fin du protocole de cette planche est intéressante, car on peut y noter les capacités de la famille à maîtriser ses thématiques fortes rattachées aux souvenirs familiaux et qui doivent aujourd'hui entrer en résonance avec la crise familiale actuelle. Nous avons le rôle de régulation de F1 ; c'est au tour de Mère de contrecarrer les émergences par le thème du chagrin d'amour. Nous ne pouvons pas manquer le beau lapsus de Mère, soutenu par Amant, et qui marque la confusion entre « lettre d'amour » et « lettre de rupture ». Que signifie une telle confusion ? Que l'amour et la haine, le lien et la séparation sont semblables ? Cette confusion est-elle le modèle de la relation entre Amant et Mère ? Autant de questions que nous n'avons pas pu explorer dans le feu de l'action, mais qui suggèrent la fragilité du lien entre les deux protagonistes.

Planche 6GF

Si F2 attaque à son ordinaire par une émergence : *c'est une enquête policière, le mari a été tué, le type a l'air de l'accuser d'avoir fait le meurtre, elle est choquée*, Mère et Amant se mettent d'accord pour un thème de fausse culpabilité : *elle a menti, elle a joué la comédie, la naïve, la femme éplorée, on l'accuse, mais elle n'est pas coupable.* Tandis que F1 voit *une complicité entre les deux personnages*, Ex-mari banalise défensivement sur fond d'oralité : *qui a mangé tous les chocolats hier soir ?* Banalisation un instant reprise en émergence par F2 : *elle a empoisonné son mari avec les chocolats.* La suite verra s'opposer Amant et le groupe des femmes sur le thème de l'autorité du père sur sa femme et sa fille. Amant :

c'est un père qui fait une leçon à sa fille ; la mère s'est fait sermonner par le père, elle a été mise de côté et elle ne peut défendre sa fille. Alors Mère et les filles s'insurgent. Mère : *Et puis quoi encore ? ! Quelle leçon ça a à donner un père ?* Puis F2 (qui préfère la métaphore du rapport persécuteur père-fille) : *un inspecteur qui tourne autour de sa victime oui, mais je vois très mal un père comme ça en train de dire à sa fille : «Ah t'es sortie hier soir alors que je t'avais interdit». J'imagine très mal parce que le père il serait plutôt avec un verre de whisky et non avec la pipe et aussi tranquille.* Et de conclure : *c'est pas imaginable.* F1 confirme : *oui, il a bien une tête d'inspecteur,* et F2 renchérit : *elle est trop vieille pour habiter encore chez son père. Et si c'était son père y'aurait la mère pour défendre sa fille.* Mère attaque Amant qui tentait d'imposer le thème de la force du mari contre l'épouse : *parce que tu crois qu'une mère peut se laisser sermonner par un mari pour ne pas défendre sa fille ? T'as vu ça où toi ? !* F2 confirme : *Non, c'est pas possible, t'aurais toujours la mère derrière.* Et Mère de conclure, contradictoirement, quand on se souvient des souvenirs de fille battue qu'elle vient d'évoquer : *ça s'est vu, moi je l'ai jamais vu* (?).

Cette planche éveille avec une particulière virulence les conflits père-fille, épouse-mari et plus généralement homme-femme. Ces trois niveaux de conflit étant imbriqués les uns dans les autres de façon variable selon la dynamique des échanges entre Amant et les femmes de la famille. Il apparaît deux temps. Le premier, initié par F2, sur le thème du meurtre du mari, sera défensivement annulé et remplacé par le second thème, beaucoup plus porteur et initié par Amant, du conflit père-fille. Ce conflit touche directement Mère et le passé de ses propres relations conflictuelles avec son père. Nous voyons ici les filles prendre parti pour leur mère contre la conception, nous dirions « machiste », d'Amant. L'annulation rétroactive finale de Mère, si étonnante alors qu'à la planche précédente la violence de son père en son encontre avait été clairement évoquée, nous laisse envisager la profonde ambivalence que Mère ressent vis-à-vis de son père et des hommes plus généralement.

Planche 5

F1 commence avec le thème : *une gouvernante qui vient vérifier que la fille de la maison a fini ses devoirs.* Thème amplifié par Mère sur un mode intrusif : *une mère qui vient surveiller sa fille, elle ouvre la porte brusquement. Elle surveille, elle attend de la prendre sur le fait.* F2, de son côté, opte pour la transaction financière sur mode anal : *c'est une bonne qui va dans le bureau du patron pour recevoir sa paye.* Tandis que les deux hommes se font défensifs, Amant *ne voit pas une chambre, mais un salon* ; Ex-mari parle d'*un chat qui a cassé la potiche.* Ce dernier thème suggère la scène primitive sous-jacente qui émergera de façon métaphorique entre les défenses. Amant : *elle cherche quelqu'un, mais ne le voit pas.* Mère : *elle cherche à surprendre quelqu'un d'autre.* Ex-mari : *elle cherche le coupable de la photo précédente*. Puis, F2 métaphorise à la limite de l'émergence : *il y a un feu. La jeune fille avait froid, la nuit, elle a allumé un feu et la gouvernante est venue voir s'il y avait quelqu'un*. Tandis que F1 précise l'apogée métaphorique : *il y a eu un tremblement de terre, elle cherche quelqu'un dans la maison*. Sur la fin, devant cet afflux d'images sur base de dérivés sexualisés, Mère et Amant expriment une angoisse défensive : *je n'aimerais pas habiter cette maison, les meubles sont tristes, c'est l'angoisse*. Cela se termine par une discussion générale, sur fond de colère, à propos de détails (expression du visage, position du corps, vitesse à laquelle la porte a été ouverte).

Ici le thème de l'intrusion voyeuriste sexualisée est classiquement présent. On observe une sorte de montée en crescendo qui montre la souplesse de l'imaginaire familial qui est capable de monter graduellement vers des représentations de plus en plus proches de la pulsion, pour ensuite redescendre dans la défense. Cela démarre par un rapport gouvernante-fille sur mode de devoirs scolaires à finir (une réminiscence des problèmes scolaires de F1 ?), puis cela passe à un rapport mère-fille plus tendu, sur mode intrusif (ouvrir brusquement la porte, surveiller, prendre sur le fait) qui introduit l'interdit et la culpabilité. Le rapport bonne-patron qui suit semble adoucir cette approche conflictuelle sur le mode de l'échange (travail/salaire). Cependant, même la transformation de la chambre en salon ne peut éviter à la pulsion d'émerger, initiée par la belle métaphore du père de la potiche cassée qui, via un retour à la culpabilité, ouvre sur les dérivés sexualisés des filles. Elles mettent en place métaphoriquement et le désir sexuel (le feu allumé) et son apogée voluptueuse (le tremblement de terre), tandis qu'Amant et Mère luttent contre ces images trop crues, bien que dérivées, par une défense évitement sur mode d'angoisse.

Planche 6BM

F2 fait rire tout le monde en parlant d'*un problème d'héritage* qui suggère par ailleurs une mort. Mère aborde le thème de la culpabilité : *un fils qui a fait une bêtise*. Amant, de son côté, avance sur le thème d'*un secret révélé*, portant sur la filiation : *c'est une mère qui apprend une mauvaise nouvelle à son fils, ton père n'est pas ton père ou ta sœur n'est pas ta sœur*. Mère souligne l'émotion ressentie : *il ne comprend pas sur le coup, il est abasourdi, il cherche*. Après avoir évoqué *la mort du père, des personnes devant un tribunal*, F2 reprend le thème du *secret de filiation* : *sa sœur n'est pas sa sœur, ou « tu n'es pas mon vrai fils »*. Ex-mari sort une phrase énigmatique qui laisse toute la famille dans l'expectative silencieuse : *c'est une mère qui dit à son fils : « tout petit tu étais déjà grand »*. (S'agit-il d'une précocité incestueuse ?). Alors que les personnages semblent figés dans la douleur, la stupeur, d'un secret tout à coup révélé, F1 va conclure par un coup de théâtre en émergence : *c'est un film d'Hitchcock* (elle pense aux « Oiseaux »), *il y a quelque chose qui va percer la fenêtre et lui arriver sur la tête et la tuer, alors qu'elle vient de lui apprendre la vérité sur un meurtre qu'elle a vu. Elle a les yeux grands ouverts, elle est surprise.*

La planche précédente avait donné l'occasion d'observer la mobilisation de l'imaginaire familial par l'articulation sur les registres pulsion/défense des discours des membres de la famille selon leurs rôles respectifs. Cette mobilisation se poursuit à cette planche d'une façon particulièrement active. La famille semble avoir pris désormais sa vitesse de croisière. Le rapproché incestueux mère-fils, dans le cadre d'une mort du père, initié par Amant, va être le fantasme directeur qui va guider les élaborations autour de cette planche et ce, jusqu'à la belle secondarisation terminale de F1 sur un ton dramatique, qui n'est pas sans rappeler le mythe d'Œdipe, son aveuglement (percer la fenêtre, les yeux grands ouverts) devant la vérité de son double crime.

Planche 11

Cette planche soulève des thèmes dramatiques et angoissants pour tous les membres. F1 voit : *une forêt devant un château de Dracula, un ravin en dessous et deux types qui essaient de fuir.* F2 s'engage typiquement sur une émergence : *c'est Batman ou Superman, la montagne, un mec vient de mourir sur le chemin et les vautours sont en train de le bouffer.* Amant se rappelle le film de *la gouvernante qui sacrifie les enfants à la forêt. Les enfants sont absorbés par les arbres.* On constate la prégnance de l'oralité sur un fantasme de dévoration (Dracula, l'absorption des enfants par les arbres, les vautours qui bouffent le cadavre) et même Ex-mari, sur un mode défensif, ne peut s'empêcher d'évoquer l'absorption orale : *une chute d'eau, là où les animaux viennent boire.* Bientôt, Amant et F2 voient *des visages pétrifiés dans les rochers, c'est l'au-delà, c'est l'enfer.* Mère souligne alors l'angoisse familiale dans une confusion entre la réalité de la passation et le plan imaginaire (émergence du primaire) : *il n'y a pas de suite, la route s'arrête, je ne sais pas comment on va s'en sortir de cette histoire.* Et c'est Amant qui sort tout le monde de l'angoisse de dévoration liée à une imago maternelle mortifère : *ça me rappelle le film « La balade de Narayama », une vieille femme qui va dans la montagne pour mourir.* Amant cherche alors un étayage auprès du clinicien pour savoir s'il connaît ce film (Oui, le clinicien connaît ce film ! La vieille femme doit même se casser les dents, qu'elle n'arrivait pas à perdre, afin de prouver qu'elle n'est plus une charge alimentaire pour son village).

Cette planche très régressive, que la famille aborde sur le registre de l'oralité dévoratrice, marque son point faible, le lieu de sa possible déstabilisation. C'est ce secteur du fonctionnement familial où la confusion des identités peut conduire à une dévoration mutuelle, mais aussi à une perte des limites de la réalité, un lieu où les destins familial et individuel viennent se confondre avec les éléments de la fantasmatique archaïque et dont *on ne sait pas comment on va s'en sortir.* On peut noter le rôle rééquilibrant d'Amant qui permet la remontée secondarisée sur élément culturel avec la recherche d'un étayage auprès du clinicien.

Planche 10

Cette dernière planche met très mal à l'aise toute la famille. F1 sort un : *mon amour nous allons enfin être heureux*, qui fait rire tout le monde ; puis elle annule avec : *ou alors elle est morte et il la serre dans ses bras*. Amant banalise de façon défensive : *c'est la pub pour le dentifrice Très-Près Fluor*. F2 se délecte dans ses émergences agressives : *il se fout complètement de sa tronche, il l'a épousée pour son fric, après il va la tuer* (tout le monde rit). *Il a la tête d'un fou. Il l'a déjà tuée et elle s'accroche à lui parce qu'elle ne veut pas mourir, parce qu'elle l'aime. C'est un psychopathe, après il va la tuer*. Mère exprime ses impressions avec une étonnante crudité : *moi, deux vieux qui s'embrassent ça m'écœure* ; et elle éclate de rire avec ses filles, sur une angoisse mortifère et de déchéance.

La famille R est très marquée par la lutte des imagos parentales. À l'imago de mère dévoratrice succède celle de père-meurtrier dans une scène très crue et sadique, qui éveille, incidemment, les angoisses de décrépitude et de mort. Le rapproché des imagos parentales ne peut être vu dans l'amour, le plaisir et le bonheur ; au contraire, il provoque un choc mortel, sinon du dégoût.

Synthèse des thématiques

Au travers de ces thèmes nous voyons nettement se dessiner les liens, les alliances entre les membres, les rôles respectifs et les grands thèmes de la fantasmatique familiale.

Les **liens** : entre Amant et Mère sur un mode d'étayage, surtout dans le sens Amant-Mère. Cette mère a, en outre, des liens très privilégiés avec chacune de ses filles. D'abord avec F1, l'aînée, sur un mode compétitif, dans une lutte pour le pouvoir par la faiblesse, c'est à celle qui sera la plus désespérée, la plus malheureuse. Puis, avec F2, la cadette, dans le cadre d'une résonance fantasmatique (fantasmes agressifs et mortifères), fantasmes de Mère, mis en parole par F2. Enfin, Mère et filles semblent unies dans une solidarité féminine contre les hommes en général et le père en particulier.

Ce qui nous amène aux **rôles** : celui du père (Ex-mari), précisément, qui est d'être effacé, de prendre toujours la position basse (avec toutefois quelques pointes incitatrices qui donnent l'idée d'un volcan faussement endormi, d'une menace). Celui d'Amant qui est défensif, contre les pulsions et de protection de Mère. Celle-ci défend ses filles contre les hommes, elle incarne la rébellion contre le père. Quant aux filles, F2 joue le pôle pulsionnel familial, tandis que F1 tente de faire sortir la famille des fantasmes archaïques, vers une fantasmatique plus évoluée, œdipienne.

Enfin, la **fantasmatique familiale** : elle met en scène les imagos parentales sur un mode agressif et mortifère. La scène primitive apparaît sous un jour mortifère d'agression du père contre la mère, en retour, la mère se fait dévoratrice. Ce plan archaïque est doublé par un plan plus tardif, attaché aux souvenirs de Mère : un père violent contre une mère soumise, perdue, débordée, ainsi que contre sa propre fille. Cette violence est mortifère et en retour elle suscite les désirs de mort de la fille envers le père.

Résultats du TAST : les configurations familiales

1) PRODUCTION :

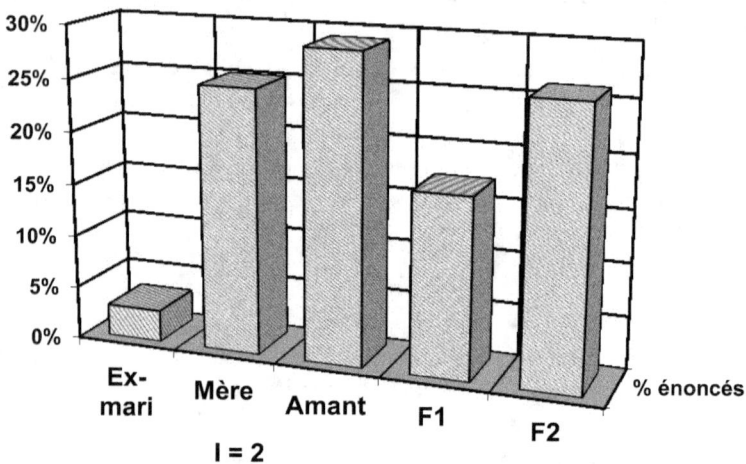

Un bon équilibre entre tous les membres, mise à part une petite faiblesse de F1 et sauf Ex-mari qui est très inhibé.

2) ADRESSAGES :

Famille = énoncés adressés à tous

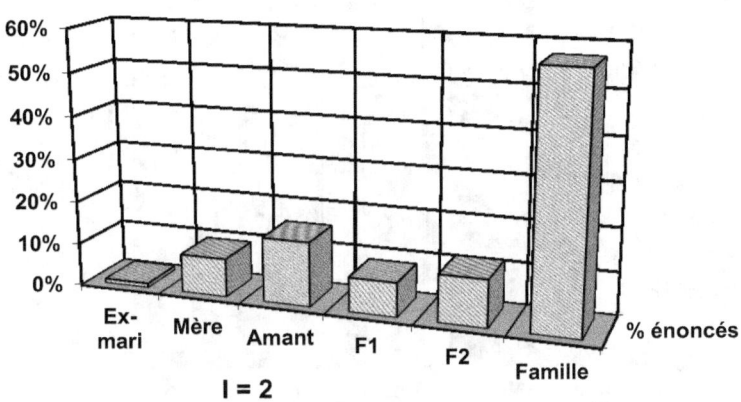

L'objet famille est bien investi. Il y a cohérence avec les productions, notamment, l'inhibition d'Ex-mari est respectée.

3) PSYCHODYNAMIQUE FAMILIALE :

**PS = pulsion secondarisée; PE = pulsion émergente;
DR = défense refoulement; DE = défense évitement.**

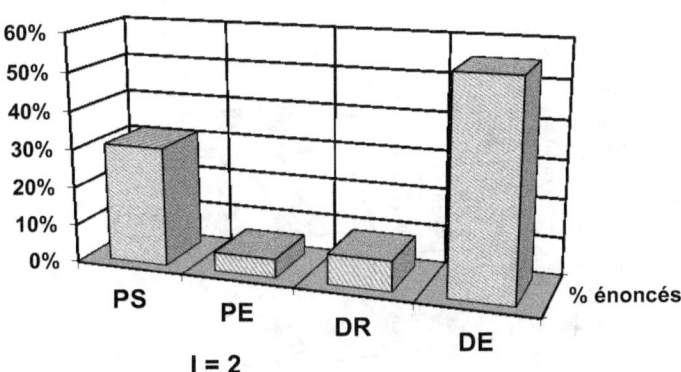

Un bon score de secondarisations bien soutenu par les émergences. Peu de défenses par évitement et un score un peu faible en processus de refoulement.

4) PSYCHODYNAMIQUE LOCUTEURS :

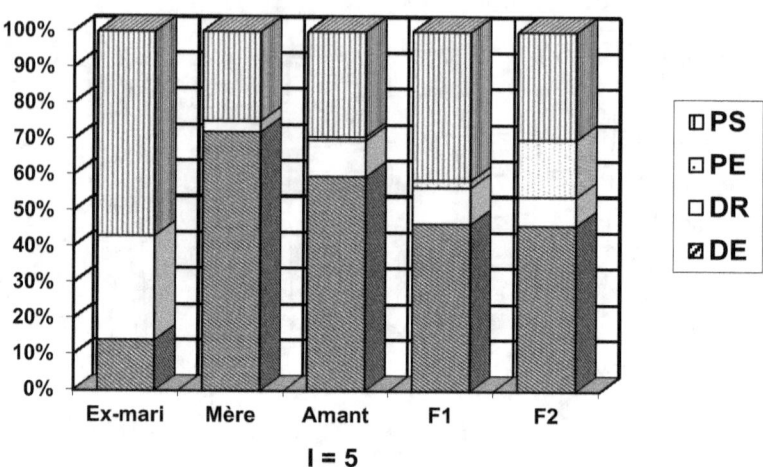

Les deux filles occupent le pôle pulsionnel, sur un mode secondarisé pour F1 et sur un mode plus émergeant pour F2. Amant et Mère sont davantage sur le pôle défensif, surtout par évitement (les scores d'Ex-mari ne sont pas significatifs du fait de la faiblesse de sa production).

5) INTERACTIVE FAMILIALE :

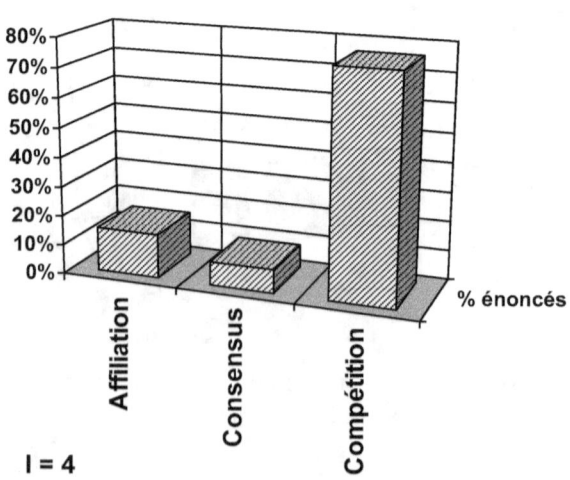

Avec une faiblesse aussi bien de l'affiliation que du consensus, cette famille est très compétitive.

6) INTERACTIVE LOCUTEURS :

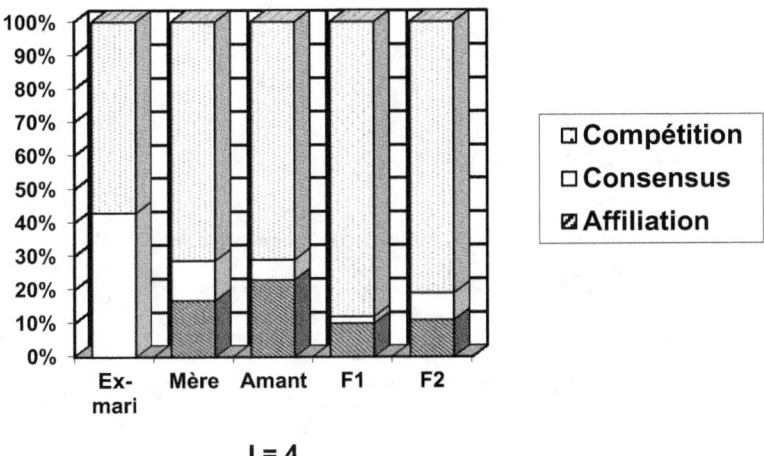

I = 4

Les configurations sont assez proches, avec toutefois des enfants un peu plus compétitifs que les adultes (les scores d'Ex-mari ne sont pas significatifs).

7) PSYCHOSYSTEMIQUE :

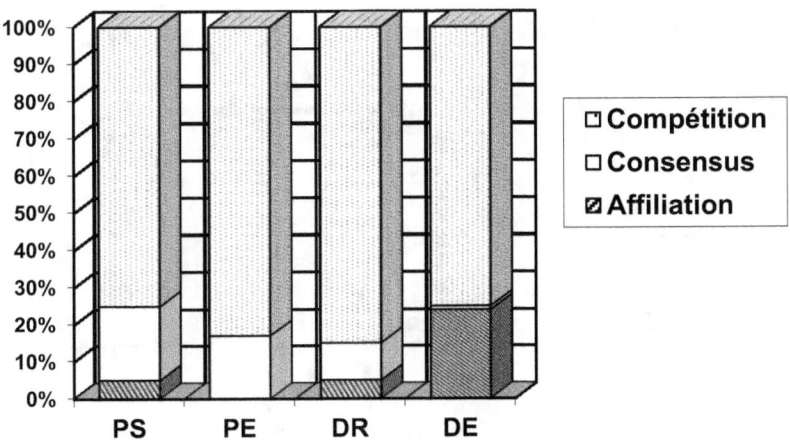

Toujours selon les caractéristiques générales que nous avons rencontrées jusqu'à présent chez nos familles testées, la famille R est marquée, malgré la forte compétition, par des scores intéressants pour le consensus pulsionnel. Les émergences ne sont pas passivement acceptées, mais font l'objet d'une bonne reprise, principalement d'Amant et F1, le leader étant F2. La même disposition apparaît pour les secondarisations, mais là c'est F1 qui mène le jeu. Il y a relativement peu d'affiliation en ce qui concerne le surmoi archaïque.

8) FAMILIOGRAMME GENERAL :

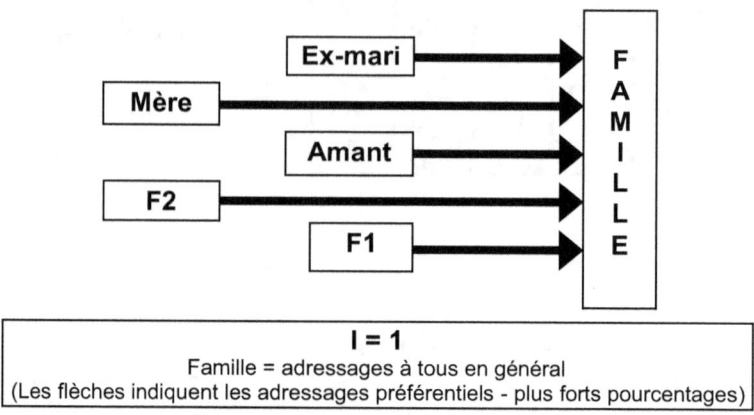

Configuration tout à fait fonctionnelle, tous les membres s'adressent préférentiellement à l'objet-famille.

9) FAMILIOGRAMME RESTREINT :

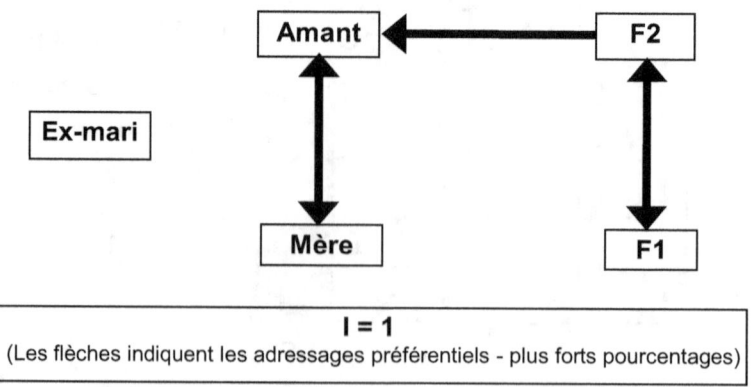

Alors qu'Ex-mari est totalement mis à l'écart, Amant et Mère occupent la place de dyade parentale. À côté se place une dyade entre les deux sœurs. Le lien entre les deux dyades semble passer entre F2 et Amant.

Éthos familial

Nous avons affaire à une famille très compétitive sous un consensus général, mis à part le père qui se tient à l'écart. L'ambiance est à la fois au plaisir, au jeu, mais chargée d'agressivité et de tension.

Eïdos familial

Il est lourdement chargé de fantasmes agressifs et mortifères, d'idées de persécution entre un père et sa femme ou sa fille. Des idées de meurtre du père en retour.

Synthèse

La famille R est une famille vivante et dynamique où les conflits occupent une place importante révélée par la grande compétitivité familiale. Ces conflits occupent plusieurs foyers de tension : 1) le conflit Mère-hommes vécu dans l'ambivalence d'hommes qu'elle voudrait voir partir, mais dont elle a besoin dans le fond ; 2) conflit Mère-F1, à partir d'identifications réciproques, de rivalité, de jalousie ; 3) Il faut aussi noter le conflit père-F1 dans le sens où cette dernière déteste son père, ne veut plus le voir. Ces derniers conflits avec F1 entraînent l'éventail des conflits annexes portant sur la scolarité, l'orientation de F1, ses ambitions que les adultes trouvent irréalistes au vu de ses résultats scolaires.

Tous ces conflits s'inscrivent sur trois plans : 1) au plan latent archaïque, voire transgénérationnel, du combat mortifère des imagos parentales qui semble remonter à une scène primitive sadique ; 2) au plan latent historique, le conflit ancien de Mère avec son propre père, avec des sentiments partagés de révolte et de pitié envers sa mère trop passive et soumise ; 3) au plan manifeste actuel des divers conflits intrafamiliaux, conflits entre les sexes, entre les générations, remettant en question les différenciations respectives.

La figure maternelle prend une place très importante dans l'économie familiale. L'autoréférence maternelle imposée dès le début de la passation, et à d'autres moments, centrée sur des thèmes de persécution de la femme, montre que toute la famille tourne autour de cette image de la femme persécutée par un homme. F1, à ce titre, est bien en train de rejouer le jeu de sa mère quand elle se sent elle aussi martyrisée. Le rapport aux hommes reste très ambivalent, à la fois danger d'être dominé, persécuté par eux, et puis, le besoin que l'on peut en avoir.

Recommandations[12]

1) L'*éthos* est marqué par le consensus, bien qu'avec un fond d'ambivalence (mis à part Ex-mari, les configurations ont un « air de famille »). Ainsi, la famille semble bien trouver une base homéostatique dans l'atmosphère conflictuelle, les tensions, les disputes. Tout cela crée une cellule dynamique qui protège les membres du monde extérieur (chômage et précarité pour Ex-mari ; une sorte de vie de vieux garçon chez des parents symboliques – mais pour lesquels il peut accéder sexuellement à la mère – pour Amant ; la satisfaction de vivre son ambivalence, pour Mère, avec deux hommes qui doivent représenter chacun un versant de son désir) ; mais en même temps la cellule est étouffante et empêche les épanouissements personnels (notamment ceux des jeunes filles). La présence de deux hommes adultes, encore assez jeunes, frustrés d'amour, car plus ou moins rejetés tous les deux par la mère, deux hommes qui sont le père et une sorte de beau-père, doit dynamiser chez les filles une fantasmatique incestueuse latente, préjudiciable à leur développement psychoaffectif.

Ainsi, nous pensons qu'**il est bon d'entendre la demande de changement, mais de bien montrer tous les risques liés à ce changement et donc de le décourager**. Cette attitude paradoxale du clinicien, basée sur le fait que l'*éthos*, dans la famille R, est marqué à la fois par la dysfonctionnalité (forte compétition intrafamiliale) et le consensus (tout le monde participe à cette compétition et y trouve apparemment un bénéfice, au moins ce qui concerne les adultes), comme nous l'avons expliqué plus haut, sert dans un premier temps à rassurer la famille que, ni le thérapeute, ni la thérapie familiale, ne vont les bousculer.

Le message à faire passer est de réassurance : *« cela n'est pas dangereux »*. C'est un signal analogique, comme celui des loutres de mer étudiées par Bateson (*« ceci est un jeu »*, 1956) qui ne doit pas être vu comme une sorte de ruse, de stratagème de la part du clinicien. L'injection de ce message dans le bisystème familial est, bien sûr, stratégique ; mais elle répond directement à l'état des possibilités de la famille dans l'acceptation d'un changement. Il faut bien voir que si la famille R pouvait changer réellement, toute seule, elle n'aurait pas recours à un thérapeute. Ce recours signifie : *« on veut changer, mais on a peur de changer, on a donc besoin d'être protégés par vous, rassurés »*. La réponse paradoxale du clinicien ne fait donc que répondre directement à la demande familiale initiale, qui est en soi paradoxale.

---

[12] Il s'agit des « recommandations » que nous nous étions faites à nous-mêmes au moment de clore le dépouillement et l'analyse de ce TAST et en prévision des séances ultérieures.

Il faut comprendre que le système familial (c'est la même chose pour un individu) trouve à la fois des satisfactions et de la souffrance dans son fonctionnement pathologique. Dans la mesure où tout changement est source d'anxiété, le changement, *a priori*, renforce la souffrance momentanément. Pour cette raison, tout changement individuel ou collectif fait l'objet d'une résistance. Cette notion de résistance est presque *physique*. Lorsqu'on veut briser une baguette de bois, elle commence par résister, puis elle finit par lâcher d'un coup : c'est la *catastrophe*. Pour un bisystème familial, c'est un peu la même chose. Il y a la résistance, car le changement, que ce soit dans les psychismes (les réaménagements fantasmatiques et cognitifs à opérer), ou dans l'interaction (la redéfinition des relations, des rôles, des statuts, des circuits de communication), demande un certain effort, il est déstabilisant, confusionnant. Cette résistance agit jusqu'au point de rupture, le point où la *catastrophe* advient, une *catastrophe* qui paraissait souvent comme une montagne colossale à gravir, mais qui s'avère, une fois franchie, comme une toute petite chose à oublier. La baguette ne fait qu'un petit crac de rien du tout !

Le paradoxe thérapeutique semble ménager cette résistance, mais en fait, il va stimuler la famille à changer. Car la famille, qui veut résister, ne peut que s'opposer à cette idée de non-changement du thérapeute : « *nous voulons changer !* », et c'est dans cette opposition qu'elle trouvera effectivement la motivation et la force de changer vraiment. Pour cela nous ne présentons jamais une opposition claire au changement, il ne faut pas non plus que le clinicien se présente comme le champion du non-changement au risque de décourager la famille, ou de lui déplaire, de laisser entendre que son travail avec elle serait inutile. Nous nous contentons de marquer des réserves personnelles, en soulignant les dangers du changement, et cela n'est pas une ruse, mais la stricte vérité.

Le paradoxe thérapeutique est en même temps une sécurité, car si la famille n'est pas prête à changer, elle a alors, avec le soutien du clinicien, la possibilité de différer, de se préparer. Le paradoxe est aussi un excellent test, il nous permet de mesurer à quel point la famille est motivée pour se transformer, quelles sont les forces d'opposition et de développement, quels membres incarnent ces diverses forces, et donc quels alliés ou opposants le clinicien trouvera dans son travail.

2) L'*eïdos* de la famille R est moins consensuel (les filles sur le pôle pulsionnel et les adultes sur le pôle défensif). Là, intervient une utile répartition des rôles qu'il conviendra de connoter positivement. Cette connotation positive est destinée à produire la prise de conscience de la place de chacun dans la famille et de la fonction qu'il occupe. Il s'agit de faire passer le message de l'utilité de ces fonctions et de leur complémentarité, de sorte que même ce qui est de l'ordre du symptôme

vienne s'inscrire dans le cadre d'un comportement normal et utile, c'est une redéfinition de la problématique familiale destinée à réaménager les représentations au niveau psychique, et à mettre de l'huile dans les rouages interactifs. Étant donné, par ailleurs, la fonctionnalité de l'*eïdos* familial (bonnes capacités d'élaboration de l'imaginaire familial), nous pensons d'ores et déjà que la famille pourrait utilement accomplir un travail imaginaire sur cette répartition des rôles (histoire imaginaire, jeu du conte, jeu des 7 nains, par exemple).

3) Face aux problèmes scolaires et autres de F1, il sera bon de prendre clairement une sérieuse distance en séance ; ce serait sinon une façon de se perdre dans les mécanismes conflictuels les plus superficiels de la famille. En ce sens il faudra souligner **la nécessité de faire en séance autrement qu'à la maison si l'on ne veut pas tourner en rond**. Il faudra aussi éclaircir et connoter positivement et justifier, en regard du fonctionnement global de la famille, l'utilité du rôle de martyre de F1.

Ainsi, le TAST nous a permis rapidement, dès la deuxième séance avec la famille R, de dégager les grandes lignes de la situation familiale, de sa problématique, des ressources et des points sur lesquels devra porter notre effort thérapeutique. La présence encore au foyer de l'Ex-mari, conjointement à celle de l'Amant, vraisemblable futur conjoint de Mère, nous saute aux yeux en tant que facteur de déstabilisation pour les deux jeunes filles, notamment l'aînée qui montre activement sa souffrance par une symptomatique d'échec scolaire destinée à faire du bruit, jeter un cri d'alarme.

Malgré l'exclusion du père par son inhibition, sa mise à l'écart aux adressages (le familiogramme restreint est éloquent), on se rend bien compte que les trois adultes trouvent de profondes satisfactions inconscientes dans le maintien de ce ménage à trois. Le mode conflictuel, compétitif, sous tension du fonctionnement familial quotidien est à la base de l'homéostasie du système. Par ailleurs, nous sommes en présence de personnalités riches et souples, capables d'élaborations imaginaires consistantes. Les deux filles, autant que Mère et Amant, ont de bonnes capacités à jouer, seul Ex-mari, reste toujours un peu à l'écart, quoique de façon ambiguë, nous le verrons plus loin. Ce dynamisme psychique, cette possibilité de mobilisation de la pensée familiale, cette consistance, en trois mots, de l'espace transitionnel familial, nous laissent envisager des possibilités de travail intéressantes sur le plan de l'imaginaire.

En ce qui concerne le déroulement de la cure elle-même, nous pouvons envisager dans un premier temps une sédation des symptômes de F1, ce qui est une réaction classique lorsque la prise en charge thérapeutique réussit à faire passer le message que le cri d'alarme du symptôme a été entendu. Nous prévoyons un probable passage critique pour F2, lorsqu'elle commencera à sentir à son tour le poids de la problématique familiale, notamment le fait qu'elle est la porte-parole des fantasmes mortifères de sa mère. Par contre, en ce qui concerne les adultes, nous devrons veiller à la plus grande prudence, car pour eux il va s'agir d'une longue montée en tension ; que l'on se remémore la brisure de la baguette de bois. Jusqu'au crac final qui verra le départ d'Ex-mari et la consolidation du couple Mère-Amant, les trois adultes seront soumis aux tiraillements de forces opposées, entre l'indifférenciation et la différenciation.

Les craintes que nous pouvons avoir sont au nombre de trois et concernent chacun des adultes de cette famille : 1) que Mère se fige en quelques sortes dans son ambivalence au point de refuser les deux hommes ; 2) qu'Amant finisse par s'écrouler sous le poids des responsabilités maritales et de beau-père auxquelles il est destiné en théorie ; 3) qu'Ex-mari, dont le retrait et l'inhibition ont quelque chose d'inquiétant, ne succombe à la dépression. C'est fort de ces précisions que nous avons abordé notre troisième séance avec la famille R, séance destinée à rendre compte des résultats de leur test et à tirer avec eux les conséquences quant à un contrat thérapeutique.

Troisième séance : le retour

Le retour du TAST à la famille R s'est fort bien passé. Nous le réalisons habituellement en présentant à la famille les histogrammes et les familiogrammes que le lecteur a pu découvrir. Nous donnons un commentaire explicatif de chaque configuration en termes simples et accessibles pour tous, même de jeunes enfants. Nous ne prétendons pas que ces derniers sachent réellement comprendre un histogramme, le lien entre la grosseur des cases et la quantité d'énoncés d'un certain type qu'ils auraient prononcés, mais ils comprennent apparemment fort bien une phrase comme : *« C'est toi dans la famille qui apporte les idées fortes »*. Certains se demanderont comment nous pouvons transmettre à la famille des notions aussi complexes que les dimensions psychodynamiques ou les positions interactives, nous allons voir que des périphrases appropriées permettent toutes les explications. Les résultats ont été présentés comme des hypothèses, des suppositions, nous avons dit à la famille qu'elle allait maintenant nous aider à comprendre un peu mieux ces résultats.

Pour la production, nous parlons simplement de quantité de paroles, certains ont parlé beaucoup, d'autres moins et le lien avec les parallélépipèdes de l'histogramme est facilement réalisé. Nous avons montré à la famille R que la production était bien équilibrée entre tous les membres, sauf pour « Papa » qui n'a pas dit grand-chose. Nous avons demandé à Ex-mari, puis aux autres membres de la famille si c'était sa façon habituelle d'être en famille. Ex-mari nous a répondu que ce n'était pas facile pour lui d'imaginer pour raconter des histoires. Les autres membres ont dit qu'Ex-mari parlait autant que les autres dans la famille. Nous avons donc conclu qu'Ex-mari se différenciait des autres membres en ce qu'il n'était pas facile pour lui d'imaginer et de raconter des histoires. C'était là un premier pas vers la différenciation.

Les adressages sont désignés comme la quantité de paroles que reçoit un membre, lorsqu'on s'adresse directement à lui. Nous précisons que les paroles adressées à tous, à personne en particulier correspondent à la case de la « Famille ». À la famille R nous avons expliqué que tous reçoivent à peu près la même quantité de parole, sauf « Papa », en précisant que cela était normal, puisqu'il n'avait pas beaucoup parlé. Nous avons souligné le fait que peu parler à Ex-mari était fort bien, puisqu'ainsi on le respectait dans son silence. Par contre nous avons aussi indiqué que tous avaient beaucoup parlé à la famille dans son ensemble ce qui est le signe qu'ils fonctionnent bien tous ensemble.

On remarquera des jugements de valeur lorsque nous disons « c'est bien ». Il nous arrive aussi de dire « c'est positif », « c'est une bonne – ou très bonne – configuration ». Ces jugements du clinicien sont inévitables si l'on considère que faire un retour à la famille consiste réellement à lui présenter une évaluation d'elle-même. Toute évaluation évoque des critères supposés de la famille « normale », ou « parfaite », cela nous paraît encore une fois inévitable. Cela est rattaché au problème de la toute-puissance dont nous avons déjà traité. D'emblée, se poser en « psy », en thérapeute, en professionnel de la santé mentale, ou familiale, c'est traîner derrière soi une norme implicite que l'on nous prêtera toujours, même à notre esprit défendant. Et si nous devons être honnêtes avec nous-mêmes, nous ne pouvons nier que nous n'avons pas cette norme intérieure, à la fois théorique et idéale de ce que doit être une famille idéale, en bonne santé.

Le problème n'est donc pas de ne pas poser des jugements de valeur, mais de savoir les poser avec l'humilité, le tact et l'intelligence suffisante pour que la famille y trouve un bénéfice. Cela dit, nous nous retrouvons aussitôt au niveau de la stratégie. Les jugements positifs sont destinés à « narcissiser » la famille, à lui faire passer le message que nous la considérons comme une bonne famille, une famille intéressante, malgré les difficultés actuelles. Nous relativisons donc la problématique.

Ces jugements positifs ont un impact, lui-même positif, sur des familles souvent culpabilisées par leur problématique, qui voient justement en la personne du clinicien, de l'institution qu'il peut représenter, le porteur d'une norme à laquelle ils ne répondent pas. Les jugements positifs rassurent ainsi la famille et lui redonnent un aplomb face au clinicien dont la toute-puissance s'en trouve d'autant diminuée. Certains jugements positifs adressés aux personnes ont une valeur stratégique plus fine de narcissisation d'un membre, afin de renforcer son pouvoir, de réaménager la hiérarchie familiale, ou simplement montrer que ce membre n'est pas tout « noir ».

En ce qui concerne les jugements négatifs, il est bien évident que le tact, la façon de les présenter, sont encore plus cruciaux. Il arrive parfois que nous choisissions de taire carrément un jugement clinique trop préjudiciable au narcissisme familial, mais ce silence est rare, nous préférons dire ce qu'il y a à dire, mais en l'enveloppant d'un recadrage positivant. Ainsi, dans notre famille R, le père n'est pas dit inhibé, isolé ou rejeté par les autres. Nous le présentons comme à part, différent et respecté dans sa différence, la nuance est importante.

Pour la configuration psychodynamique familiale, nous définissons les dimensions pulsion/défense de la façon suivante. Pour la PS nous disons : « Voici dans cette colonne tous les énoncés de toute la famille lorsqu'elle a bien répondu à la consigne, lorsque les membres ont raconté une histoire ». Pour la PE : « Ici, ce sont les idées fortes qui peuvent apparaître, comme la violence, la mort, etc. ». Pour la DR : « Dans cette colonne les membres de la famille ont répondu à la consigne, ils ont aussi raconté quelque chose, mais avec une certaine retenue » et nous citons l'exemple classique, à la planche 2, de quelqu'un qui dit « je vois trois membres de la même famille », alors qu'un autre membre fera une retenue en disant « qu'ils ne sont pas de la même famille, la fille avec les livres est dans un musée, devant un tableau ». Enfin, pour la DE, nous disons « qu'il s'agit de tout ce que la famille a dit pour ne pas répondre à la consigne, pour ne pas raconter d'histoires, les remarques entre vous, les questions, etc. » et nous précisons « qu'une bonne partie de ces énoncés est normale, car ils servent à la régulation des échanges dans la famille ». En ce qui concerne les résultats de la famille R, nous les avons félicités pour leur bon score en PS, bien soutenu par quelques « idées fortes », les PE. Nous n'avons pas insisté sur les défenses que nous avons déclarées « normales ».

Lorsque nous arrivons aux configurations locuteurs, nous disons que « c'est la même chose que le graphique précédent, mais maintenant c'est pour chacun des membres, pour voir ceux qui ont le plus répondu à la consigne, raconté des histoires et ceux qui ont fait barrage ». À la famille R nous avons dit que pour Ex-mari, il avait trop peu parlé pour que ses résultats soient valables, puis nous avons noté que les filles étaient du côté de l'imagination, à inventer des histoires, tandis que les résultats de Mère et Amant se situaient plutôt du côté de la retenue. Nous avons aussi fait remarquer que F2 avait un score remarquable en « idées fortes ».

En ce qui concerne l'interactive familiale nous expliquons les positions interactives de la façon suivantes. Pour la position basse : « Ici c'est lorsque les gens disent « oui, oui », sont d'accord avec ce qui vient d'être dit et ne rajoutent rien de personnel ». Pour la symétrie : « Tandis que là, les gens disent qu'ils sont d'accord, ou reprennent ce qui a été dit, mais en plus ils cherchent à l'enrichir, à se servir des idées des autres ». Pour la compétition en position haute : « Enfin ici, c'est chaque fois que quelqu'un à dit quelque chose de nouveau, ou bien à contrecarré, rejeté, annulé, l'idée d'un autre ». Nous précisons encore à propos de la position haute « qu'une bonne partie de ces énoncés est « normale » et sert à la régulation dans la famille ». À la famille R nous avons dit simplement qu'il y avait beaucoup de compétition entre les membres, ce qui pouvait refléter les tensions présentes dans la famille, la difficulté à se comprendre.

Retour à une configuration locuteurs, ici sur le plan interactif. Nous avons expliqué que (mis à part Ex-mari), tous les membres ont à peu près la même configuration, avec beaucoup de compétition, chacun cherchant à imposer ses propres idées sans prendre en compte celles des autres. Les filles étant légèrement plus compétitives que les deux autres adultes.

Les flèches du familiogramme général sont expliquées « comme représentant à qui les gens ont parlé préférentiellement, à qui ils se sont adressés le plus ». Nous avons déclaré ce familiogramme comme « normal » pour la famille R, ajoutant « qu'étant donné la consigne (qui était de mettre des idées en commun pour faire une histoire), on s'attend à ce que les membres parlent de préférence à tous en général plutôt qu'à quelqu'un en particulier ».

Enfin, pour le familiogramme restreint, nous précisons qu'ici nous n'avons pris en compte que les énoncés adressés à d'autres membres, en enlevant ceux adressés à la famille en général. Pour la famille R ce familiogramme est très éloquent. Il nous a permis de présenter la dyade Amant et Mère comme une sorte de « couple parental ». À côté se place « une dyade des deux sœurs qui montre leur lien assez conflictuel (la compétition), mais normal pour deux sœurs proches en âge ». Enfin, nous avons pu souligner l'évidente « mise à l'écart du père auquel personne ne s'adresse préférentiellement et qui ne parle à personne en particulier ». Ce familiogramme est typique du jeu d'induction, de détermination, auquel ne peut échapper toute psychothérapie. Nous savons que les trois adultes de la famille R sont liés par des liens obscurs et ambivalents. Ils n'arrivent pas à se déterminer, Ex-mari à partir, Mère à choisir entre les deux hommes, Amant à s'imposer comme nouvel homme au foyer. Pour nous clinicien, cette situation est tout aussi inconfortable que pour la famille, car nous sommes amenés, du fond de nos fantasmes (et nous voulons parler ici d'un automatisme fantasmatique, quelque chose de spontané), à imaginer une « solution » pour cette famille. Et cette solution, qu'elle soit consciente ou inconsciente, que nous en fissions part à la famille ou pas, guidera inexorablement notre façon d'être avec la famille, de l'influencer comme malgré nous.

Cet état de choses n'est pas blâmable, puisqu'il est inévitable. Aucun clinicien, tout ouvert et tolérant qu'il soit, ne peut se départir complètement de sa propre trame interne de déterminations sociales, morales, éthiques, éducatives, voire religieuses, philosophiques, et même (et surtout !) scientifiques, ce qui fait, en un mot, sa personnalité, son **paradigme personnel**, intime, l'outil avec lequel il travaille réellement. Ce qui reste blâmable est le refus, ou le déni, de cette trame propre du clinicien et l'entretien de la croyance illusoire d'un clinicien complètement neutre, « aseptique », qui n'aurait aucun paradigme personnel et, en retour, aucune influence sur ses patients.

Nous voyons ici comment le résultat du familiogramme restreint de la famille se prête admirablement à cette détermination par le jeu du clinicien. Mère et Ex-mari sont divorcés depuis un an, pour nous la « solution » est claire : Ex-mari doit partir. Le familiogramme ne fait que montrer, par les modes d'adressages préférentiels intermembres, l'idée qui couve dans l'imaginaire familial, celle du fondement du couple Amant-Mère avec le départ d'Ex-mari. Cette idée méritait, pour aider la famille à se déterminer, d'être mise à jour, comme « officialisée » par le clinicien. En fin de compte, l'influence du psychothérapeute n'est pas (et ne doit pas être) l'apport d'une solution nouvelle, mais de deviner, parmi toutes les solutions que la famille envisage et entre lesquelles elle hésite, elle se fige, tergiverse sous la forme d'une crise, laquelle lui convient dans le fond, « naturellement », puis, de renvoyer à la famille cette solution de la famille pour qu'elle puisse mettre en route son action de changement.

Quant à cette solution « naturelle », si elle plaît aussi bien à la famille qu'au clinicien, il n'y a là rien d'extraordinaire, famille et clinicien baignent dans le même champ de valeurs sociales, culturelles (on peut comprendre incidemment toute la difficulté pour trouver une « solution » lorsque famille et clinicien ne sont pas de la même culture, dans les cas de familles immigrées, par exemple – Nathan, 1986). Nous verrons dans quelques séances comment cette « solution » a été remarquablement « concrétisée » par le couple Amant-Mère.

En ce qui concerne les thématiques, nous avons souligné la « résonance imaginaire », pour nous encore mystérieuse, entre F2 et sa mère, « la première semblant mettre en paroles les fantasmes de la seconde ». Nous avons signalé « les liens que l'on pouvait voir entre le plan des souvenirs de Mère (la lutte contre son père, sa propre mère soumise) et le plan de la situation actuelle où elle se dit plus ou moins en conflit avec les deux hommes de la famille » ; ces liens restant toutefois à préciser (nous avons volontairement omis le plan archaïque de la lutte entre les imagos qu'il convient, pour le moment, de laisser sous le couvert du refoulement).

Après qu'elle ait parlé de son père (une sorte de « Rambo »), nous avons proposé à Mère de parler de son appréhension des hommes : « on ne peut pas leur faire confiance. J'attends un homme fort, mais qui me respecte. Finalement on peut très bien s'en passer ». Tels furent ses propos désabusés et contradictoires, car à d'autres moments elle dira qu'elle ne peut pas se passer des hommes.

Nous avons poussé un peu Ex-mari à s'exprimer, ce n'était guère facile, il avait beaucoup de retenue, ou un manque de facilité pour la parole... Par ailleurs, des échanges très riches se sont produits entre tous les membres. Nous avons abordé le « problème des limites », pour les adolescentes, pour les adultes en retour, leurs places respectives. En ce qui concerne justement les limites, nous avons insisté sur « l'importance pour des filles adolescentes à la recherche d'une identité (problèmes spontanément évoqués par les enfants) de trouver un père, non pas au sens biologique du terme, mais au sens de qui vit à la maison et dort avec maman ».

Spontanément, sans aucune suggestion initiale de notre part, mais avec des encouragements par la suite, la famille est entrée dans une variante du jeu des 7 nains, à savoir : Amant serait un présentateur du journal télévisé, F2 serait l'avocat du chanteur Michael Jackson, F1 serait la chanteuse Madonna, la mère serait l'actrice Marylin Monroe et Ex-mari le chanteur Carlos sur la plage. Par ce nantissement de personnages de la mythologie moderne, la famille a voulu nous montrer quelque chose de la personnalité de chacun et des interactions qui en résultent. Elle n'alla pas plus loin dans l'imaginaire et nous avons songé, pour une prochaine séance, à reprendre ces personnages, les situer, les faire jouer entre eux dans une histoire imaginaire partagée et en tirer les implications.

Nous avons redemandé à la famille de s'interroger sur : « à quoi ça sert dans cette famille une adolescente martyre, mégalomaniaque, etc. ? »

Ce que nous écrivons là n'est qu'un pâle reflet de tout ce qui s'est passé au cours de ce très riche entretien de retour du TAST. Nous avons demandé aux trois adultes d'esquisser leur adolescence en quelques mots afin de relativiser certaines tensions autour des rêves irréalistes de F1. On apprit ainsi d'Amant et d'Ex-mari une adolescence solitaire et malheureuse, de Mère une adolescence de révolte, de colère assortie d'une fugue.

Sur la fin de la séance, F2 dit : « j'ai besoin d'être soutenue », tandis que F1 ajoute en écho : « j'ai besoin de me trouver à travers le regard de l'autre, qu'on me dise qui je suis, ce que je peux devenir ». Nous (le clinicien !) ressentons avec une certaine émotion intérieure ces demandes d'amour et de reconnaissance des deux jeunes filles. C'est à ce moment-là qu'elles ont aussi déclaré « que les trois adultes ne sont pas adultes, ce sont encore des adolescents pour elles » ; ceux-ci répondent que « oui, ils veulent rester encore des enfants ».

Il y a ici une confusion des catégories logiques : en parlant d'adolescents, les filles font allusion à la différence des générations, tandis que les adultes font plutôt référence, en parlant de rester des enfants, à une fraîcheur enfantine légitime qui peut faire la richesse de certains adultes. Alors que les filles demandent des adultes responsables, qui savent faire des choix relationnels, les adultes, refusant d'entendre cette demande, leur répondent paradoxalement en termes de qualités personnelles. Nous pensons que si le traitement se poursuit avec cette famille, il nous faudra examiner aussi les demandes des adultes et savoir qui, comment, peut répondre à ces demandes dans la famille.

À l'issue de ce retour du TAST nous déclarons à la famille qu'une thérapie familiale pourrait être utile afin d'éclaircir les demandes de chacun et voir s'il est raisonnable ou pas de modifier d'une quelconque façon la constitution de la famille, le « qui doit partir, qui doit rester ». La famille R accepte sans réserve notre proposition de traitement (à raison d'une séance hebdomadaire).

Quatrième séance : la balle est dans le camp du clinicien

Au cours de cette séance ont été soulignés les changements apparus dans le consensus familial. Actuellement, Mère y voit un peu plus clair. Elle souhaite nettement que son ex-mari quitte l'appartement, qu'Amant reste à la maison. F1 souhaite toujours que son père parte, cependant, elle fait des efforts, en l'évitant, pour ne pas attiser des conflits. L'*éthos* familial, en séance, est dans l'ensemble toujours léger et agréable, avec une famille très imaginative. Amant a été posé par Mère comme le révélateur, le déclencheur du conflit latent qu'elle avait depuis de longues années avec son mari. Amant, de son côté, exprime sa gène de devoir, malgré lui, mettre dehors Ex-mari, alors que par ailleurs, c'est quelqu'un qu'il estime beaucoup.

F1 et son père ont du mal à se comprendre, d'après Mère, ils ne donnent pas le même sens aux mêmes mots. F1 veut une distance psychologique vis-à-vis de son père, celui-ci parle plutôt de distance physique, il craint de partir, de se retrouver seul, de ne plus pouvoir revoir sa famille, ses filles. Très clairement nous avons parlé de la période du cycle familial où les filles adolescentes s'éloignent de leur père, alors qu'avant elles en été plus proches que de la mère, mais que plus tard, elles reviendront vers lui. On cherche à rassurer le père sur ce point. Mère, notamment, explique à quel point elle estime son ex-mari, et que si elle devait mourir ce serait plutôt prés de lui, que près d'Amant.

Qu'en est-il d'Ex-mari ? Il ne dit toujours pas grand-chose. Nous avons l'impression qu'il se retient pour cacher sa peine. Mère met bien en avant ces aspects dépressifs en disant « qu'il est tourné vers le passé, qu'il ne voit pas d'avenir ».

Peu à peu, nous sentons que l'ambiance retombe, la famille donne l'impression d'avoir fait le tour de la question, il n'y a plus rien à faire, ni à dire. Ils sont parvenus aux limites de ce qu'il est possible d'exprimer directement. Après avoir exposé sa problématique, avoir passé un test, en avoir reçu les résultats, avoir commencé à relier le passé au présent, la famille parvient habituellement au « et alors ? » fatidique qui place le clinicien, implicitement ou explicitement, en demeure de mettre en œuvre sa supposée toute-puissance. La famille quête une « solution », un miracle, une parole salvatrice qui lui apporterait le bonheur. C'est à de tels points charnières que le thérapeute est amené à faire le plus d'erreurs. Il peut chuter dans la pédagogie, le bon conseil, l'intrusion dans la réalité familiale quotidienne, au niveau des comportements ; il peut au contraire se défendre par une attitude rigide de mutisme, refuser les sollicitations d'aide en interprétant agressivement la demande de la famille comme une attaque du cadre de la thérapie. En fait, la famille n'attaque pas encore le cadre, en cette étape initiale, simplement elle ne sait pas encore s'en servir, sa demande est chargée d'illusion et une interprétation dans le sens d'une attaque du cadre manque de tact, elle représente, contre-transférentiellement, les fantasmes de persécution du clinicien.

Parvenus en ce point d'arrêt, donc, nous disons qu'il y a quelques moyens pour sortir de l'impasse : soit sur le plan interactif, l'*éthos*, soit sur le plan psychodynamique, l'*eïdos*. Le choix de l'un ou de l'autre dépend aussi bien de la famille que des orientations techniques du clinicien. Sur le plan de l'*éthos*, une prescription comportementale paradoxale peut être l'occasion de tester et de mobiliser la famille. Va-t-elle suivre la consigne du thérapeute ? Quels effets aura cette prescription ? Cette technique se distingue bien entendu du bon conseil, de l'intrusion naïve « solutionnante » évoqués plus haut. La prescription paradoxale relève d'une stratégie élaborée, son but n'est pas de donner une solution à la famille, mais de la mobiliser, de déséquilibrer les forces de maintien de l'homéostasie afin de juger de la souplesse familiale, ou de sa rigidité, de ses capacités au changement, de la configuration de ses résistances.

Si la famille revient à la séance suivante en déclarant n'avoir pas voulu (ou pu) se conformer à la prescription du thérapeute, dans le cas d'une « solution », le clinicien se retrouvera au point de départ, avec la même frustration, les mêmes sentiments d'impuissance et de persécution, ajouté à cela la culpabilité d'avoir échoué à ses propres yeux et à ceux de la famille. Par contre, dans le cas de la prescription paradoxale, stratégique, le clinicien accueille le refus familial comme un simple résultat de son test. Il en déduit que la famille possède des forces homéostatiques importantes et concrètement il n'hésite pas à prendre la position basse devant la famille. Il lui avoue son erreur, tout en la connotant positivement, c'est-à-dire en soulignant les conclusions que l'on peut en tirer, puis il tentera autre chose.

Sur le plan de l'*eïdos*, la famille est mise à contribution en séance pour accomplir un travail sur son imaginaire. Il lui est demandé de l'engager collectivement dans des élaborations à partir de divers stimuli comme des illustrations, un texte, un canevas de création et cela dans le but de réaliser un consensus. Le contenu des élaborations est censé révéler les principales thématiques qui mobilisent l'imaginaire familial, ainsi que les mécanismes dynamiques de la pulsion et de la défense. À un autre niveau, la lutte des idées, ou le consensus sur certaines d'entre-elles, révèlent comment la structure des interactions, la hiérarchie des pouvoirs se reflète dans la prégnance relative des idées de chaque membre.

Nous avons vu la famille R fort bien installée dans ses modes interactionnels privilégiés. Certes, les deux filles donnent des signes de souffrance, mais les choix inconscients des trois adultes sont bien là, c'est le ménage à trois qui semble leur convenir. Bien entendu, tout cela ne va pas sans ambivalence et la démarche pour s'engager dans une thérapie familiale, les premières séances, ont déjà mobilisé les attitudes et les désirs. Un travail sur l'*éthos* familial ne nous a donc pas paru fondamentalement impossible. Cependant, devant la richesse imaginative de cette famille, les besoins de jouer, surtout du côté des filles et d'Amant, et puis, parce que cette façon de travailler nous plaît aussi beaucoup (le plaisir du clinicien est essentiel pour faire un bon travail thérapeutique, car il conditionne le bon contact avec la famille et son propre plaisir), nous avons choisi de proposer un travail sur l'*eïdos*. Nous avons donc jugé que le moment pouvait être opportun de proposer une histoire imaginaire partagée.

Comme il restait un quart d'heure avant la fin de la séance, la famille R a juste eu le temps de créer un contexte (une grande ville moderne, avec sa banlieue), des personnages (Mère et F1 sont toujours mère et fille, mais sur un mode mégalomaniaque : la première est Marylin Monroe, la seconde Madonna). Amant est un homme politique, sans plus de précision pour le moment. Ex-mari est à la fois Carlos et Antoine – les chanteurs artistes –. Quant à F2, elle est « Je-sais-pas », puis, au moment de la constitution du réseau, elle se détermine en une personne toute-puissante, genre juge d'instruction qui inculpe des personnes célèbres, tout en faisant des magouilles de son côté. La séance se termine sur cette amorce de monde imaginaire, mais nous n'étions pas au bout de nos surprises…

Une paire d'heures après cette séance, Amant nous appelle au téléphone pour nous annoncer que Mère et lui-même ont conçu un enfant (!). Il nous demande conseil pour savoir quand annoncer cette nouvelle au reste de la famille. Nous le renvoyons à sa liberté et responsabilité. Lorsque nous lui demandons ce qu'il attend de nous, il répond qu'il demande simplement une information pour éviter de faire ce qu'il ne faut pas faire. Nous lui répondons que *dire ce qu'il ne faut pas faire, c'est en même temps dire ce qu'il faut faire, et ce n'est pas le travail du psychologue.* Nous le renvoyons à nouveau à sa liberté de révéler cela en famille, ou bien en cours de séance, s'il pense nécessaire ce cadre protégé. Toutefois, nous l'avertissons que par honnêteté vis-à-vis des autres, il faudra rendre compte de cet appel téléphonique lors de la prochaine séance. Par la suite, nous avons compris que cet appel téléphonique représentait la première tentative d'attaquer le cadre[13] d'Amant (il y en aura d'autres) en cherchant auprès du clinicien un ami, un conseillé, voire un frère indifférencié au sein de la famille.

---

[13] Pour ne pas paraître contradictoires, nous devons préciser au lecteur que cette interprétation en termes de « tentative d'attaque du cadre », est restée dans notre for intérieur de clinicien.

5 - LA TSP DE LA FAMILLE « R »

La plupart du temps les gens ne veulent pas que les choses changent, mais que les choses aillent mieux.

Nous avons créé la *Technique de Stratégie Paradigmatique* (TSP) à la suite d'années de réflexion sur les problèmes de changement dans les groupes, familiaux ou autres. Cependant, l'élément déclencheur a été une conversation avec une étudiante en psychologie qui nous évoquait les conditions de son stage universitaire dans une institution accueillant des adolescents en difficultés. Cette institution, comprenant une équipe soignante et administrative d'une vingtaine de personnes, était le lieu de quelques conflits interpersonnels. Des alliances ouvertes au niveau de la direction venaient remettre en question les compétences professionnelles de certains éducateurs, des conflits de pouvoir et d'autorité créaient un climat de suspicion et de ressentiment, mais surtout, après avoir renoncé, quelques années auparavant, à la régulation du groupe institutionnel avec les services d'un psychanalyste extérieur à la maison, ce groupe avait renoncé à toute forme de régulation afin de maintenir son statu quo ; cette volonté de non-remise en question était apparemment le fait de la direction, de ceux qui avaient le pouvoir, en compagnie de ceux qui pouvaient indirectement en bénéficier. Quant aux autres, ils en étaient réduits à se battre chaque jour, des luttes qui apparemment finissaient par prendre le pas sur le travail auprès des enfants et remettre en question la vocation éducative de l'institution. Le point essentiel que nous retenions de ce cas était la volonté farouche de ne rien changer, de ne pas remettre en question la hiérarchie des pouvoirs, la délégation officielle des compétences, la répartition des centres décisionnels.

Notre interrogation a été : que faire devant ces souffrances, ces tensions, qui pouvaient compromettre et la santé de l'équipe institutionnelle et l'avenir des enfants ? Comment soulager ces tensions tout en répondant au souci de ne rien changer ? Ou, comment répondre à un paradoxe de demande de changement sans changement ?

Plus largement, nos interrogations rejoignaient celles, plus globales, de la psychosociologie dans ses remises en question (Rondeau, 1980). Après la vogue des groupes dans les années 1960-70 (entreprises, pédagogie, psychothérapie, etc.), des malaises et des désenchantements sont apparus. On peut parler alors d'une véritable crise des groupes avec les problèmes de la compétence et de la formation des animateurs, l'éclatement des théories et des pratiques en courants rivaux, le poids du mercantilisme, l'interrogation sur le rôle social, voire politique, des groupes. Sont-ils au service de l'individu, de l'institution, du pouvoir politique ? Servent-ils au changement ou au maintien d'un statu quo ? Servent-ils le développement social ou la mainmise d'une classe sociale sur une autre par l'illusion d'un « faire » (faire du groupe) et les pseudo changements ? Transposées sur le plan du groupe familial, ces interrogations remettent en question la thérapie familiale elle-même en tant que « travail de groupe », le groupe *famille-thérapeute(s)*, voire souvent le groupe plus complexe *famille-thérapeute(s)-institution*, ou plus large encore lorsque interviennent travailleurs sociaux, magistrats et policiers, le groupe *famille-thérapeute(s)-institution-société*.

Les paradoxes familiaux de changement-non changement sont bien connus, on les retrouve d'ailleurs aussi bien au plan individuel. Le paradoxe de toute psychothérapie est bien la demande d'une psychothérapie elle-même : la demande d'un changement sur la base d'une souffrance, alors que l'impossibilité apparente de changer par soi-même sous-entend une sorte de volonté de non-changement.

À ce paradoxe, le thérapeute répond généralement par un contre-paradoxe : il accueille le patient, il l'écoute, mais il se garde bien d'intervenir pour changer quoi que soit dans la vie du patient. Mais comme le patient fait cette démarche, que symboliquement il rencontre un cadre à partir duquel il est censé voir sa situation changer, mystérieusement, il arrive parfois qu'il change. Un changement qui est rarement le changement idéal qui consisterait à devenir autre que soi-même, mais plus prosaïquement, le patient finit par s'accepter lui-même et par renoncer au paradoxe de la demande de psychothérapie, du changement-non changement. À moins qu'il ne considère son thérapeute comme incompétent et aille rejouer son petit jeu avec un autre.

Ainsi, tout l'art du psychothérapeute se ramène à la capacité d'accueillir et d'accepter son patient, de ne lui donner aucun moyen de changer (moyens que le patient refuserait de toute façon puisque, par principe, il est impuissant à les mettre en œuvre), tout en préservant ses qualités de compétence aux yeux de son patient, par le maintien d'un lien positif avec lui. C'est là un art difficile, où l'on est contraint à faire l'idiot, tout en se montrant intelligent ; mais c'est bien le prix à payer pour se jouer de la duplicité de l'inconscient.

Communiquer avec l'inconscient

Les travaux stratégiques d'Erickson (M. H.) et d'Haley, aussi bien que ceux des cognitivistes (Haley, 1978, 1984 ; Blackburn, Cottraux, 1988) nous ont éclairés sur les méthodes particulières permettant de communiquer au niveau de l'inconscient du patient, ou d'une famille, de lui envoyer des messages, des instructions, de l'apaiser, de le dynamiser, de le motiver, de le rassurer. Bien entendu cette façon de réifier l'inconscient est une métaphore ; il faut bien mettre un mot sur cette sorte d'entité individuelle ou collective qui mène la danse à l'insu des sujets.

L'inconscient n'est pas que du sujet, il y a aussi celui du thérapeute, et sa participation à l'inconscient collectif dans le système thérapeute-patient (famille). Ainsi, le plus souvent communiquer à l'inconscient signifie une communication d'inconscient à inconscient, le clinicien transmet des messages inconscients à ses patients qui les reçoivent inconsciemment, mais cela marche ! Cela fonctionne, le patient perd ses symptômes, perd patience, ou perd parfois son argent, le clinicien, lui, perd parfois ses illusions et tous y gagnent à pouvoir tourner les pages de la vie.

Ce qui nous a toujours paru le plus ahurissant est la défection des champions de l'inconscient (nous voulons bien entendu parler des psychanalystes, familiaux ou non) pour toute communication d'inconscient à inconscient. On sait que Freud lui-même était gêné par ce sujet et le réservait aux générations futures de psychanalystes. Et, en effet, si le thème du transfert est largement rebattu dans les écrits psychanalytiques, celui du contre-transfert, qui implique bien entendu deux inconscients en communication, est réduit à quelques auteurs souvent mis sur la frange par leurs confrères (Searles, 1965, 1981 ; Langs, 1988), pour ne citer que les principaux).

Une communication d'inconscient à inconscient, qu'elle se déroule entre patient et thérapeute, ou entre les membres d'un groupe ou d'une famille, signifie que des messages non verbaux, ou infraverbaux sont échangés entre les personnes. Il s'agit d'informations de types analogique et contextuel dont les théories de la communication nous ont montré toute l'importance. Au-delà de l'analogique, il existe aussi d'autres messages, ceux-là verbaux et digitaux, qui représentent des dérivés de pensées inconscientes ou de réactions à l'environnement. Nous allons voir que ces dérivés ont une très grande importance pour un clinicien afin de pouvoir suivre pas à pas les réactions de son patient à son attitude, à ses comportements techniques. La prise de conscience de ces dérivés, ajoutée à celle des éléments analogiques et contextuels, est à la base d'une pleine compréhension de ce que représente réellement une communication des inconscients.

Les trois champs bipersonnels de communication

Au début de cet ouvrage, nous avions présenté quelques éléments des travaux de Langs (1988) sur ce que nous avons appelé la *psychanalyse interactive*. L'auteur définit trois niveaux de communication, qui sont autant de niveaux d'appréhension, du thérapeute, face au matériel de son patient :

1) Le niveau des contenus manifestes : qui est non analytique, rejette les notions de contenu et de processus inconscients et se limite à la surface manifeste des communications.

2) Le niveau des dérivés de type I : qui est analytique selon les postulats *classiques*, c'est-à-dire qui traduit les associations du patient en termes de contenus et processus inconscients selon des mécanismes de déplacement, de condensation, de symbolisation, la présence de fantasmes.

3) Le niveau des dérivés de type II : qui relève d'une analyse de l'interaction, avec la prise en compte des perceptions inconscientes avec leurs parts d'illusion rattachées aux formations inconscientes (transfert et contre-transfert), mais aussi leurs parts de vérité, dans un *contexte adaptatif* dans la relation au thérapeute (*non-transfert* et *non-contre-transfert*).

À partir de ces trois niveaux de communication (contenus manifestes, dérivés de types I et II), nous avions vu que Langs dégage trois types de champs bipersonnels de communication. Nous allons tenter de montrer que ces types peuvent avantageusement être rapprochés du découpage des procédés de discours de la grille de dépouillement du TAST (qui, nous le rappelons, est dérivée de la grille de Shentoub (1990) au TAT).

Champ de type A : dans ce champ de communication prédominent la symbolisation, des dérivés analysables (types I et II) et des interprétations symboliques de mécanismes et de contenus mentaux internes. C'est un espace d'illusion, avec les jeux du transfert et du contre-transfert, espace ludique ou transitionnel. On y reconnaît facilement des dérivés adaptatifs (type II) en rapport avec le cadre et les interprétations de l'analyste. C'est le champ *classique* et idéal du travail psychanalytique, celui auquel on a coutume de s'attendre. Le patient élabore à la fois des dérivés imaginaires souples et créatifs, mais d'autres aussi sous une forme plus défensive, relevant de résistances, mais gardant des aspects constructifs et interprétables. Le patient est aussi capable d'une certaine régression, de supporter certaines angoisses rattachées au cadre. L'analyste, de son côté, peut maintenir le cadre, rester empathique et interpréter. Cet ensemble de caractéristiques du champ A sont à rapprocher des pulsions secondarisées et des défenses refoulement de la grille TAST. Ce qu'il faut retenir de ces procédés et du champ de type A est la capacité du patient, autant que du thérapeute, de produire des élaborations imaginaires sous forme de dérivés ou d'interprétations. Ce champ de communication, que nous rebaptiserons **champ élaboratif**, représente une aire de jeu où chacun des partenaires s'exprime avec souplesse et créativité, entre véritablement en relation avec l'autre.

Champ de Type B : c'est un champ d'action-décharge dans lequel l'identification projective prédomine afin que patient ou thérapeute se débarrassent de contenus psychiques internes perturbateurs. Pour le patient il s'agit d'efforts pour modifier le cadre, obtenir des satisfactions pulsionnelles non interprétatives. Dans un tel champ, il y a peu de dérivés analysables et interprétables sur un registre symbolique et les tentatives que l'on pourrait faire tombent dans le vide d'un patient qui n'y réagit pas. Le thérapeute qui fonctionne au niveau d'un tel champ a tendance à rompre le cadre, à utiliser identifications projectives et décharges et à entraîner son patient vers ce type de communications. Ce champ de type B peut être rapproché des pulsions émergentes de la grille TAST. Ainsi, en ce qui concerne ce champ de communication de type B, que nous appellerons **champ émergent**, nous observons une incapacité à l'élaboration imaginaire, à la formation d'un espace transitionnel d'illusion. Ici, l'illusion est pleinement vécue comme une réalité. Les dérivés de type I et II sont exprimés au premier degré, de façon plus ou moins massive, chargés de lourdes fantasmatiques. Dans un tel champ, on ne joue pas, il n'y a pas de plaisir, le cadre et le thérapeute sont attaqués, le thérapeute peut attaquer le patient en retour, pour se protéger, le tout baigne dans la peur et l'angoisse.

Champ de type C : il s'agit d'un champ statique de non-communication, axé sur la destruction de la signification et l'absence d'expression dérivée. En fait, Langs se rattrape aussitôt pour dire que ce type de champ de communication véhicule un mode significativement négatif de relation et d'interaction. Dans un tel champ, le thérapeute est confronté à des barrières de défenses massives qui ne lui autorisent aucune interprétation. Ou bien, les interprétations qu'il peut tenter tombent toujours à plat et restent comme non entendues. De même que l'on ne perçoit pas de dérivés fantasmatiques, on ne perçoit pas non plus de contexte adaptatif. Les récits sont faits de ruminations, de centrations sur des détails, de falsifications et de mensonges, tout cela rendant indéchiffrables les significations inconscientes. La seule métaphore qui passe est celle du caractère statique, non communicatif, muré, du style de communication entre patient et thérapeute. Le thérapeute se sent exclu, inexistant, il s'ennuie et peut ressentir des affects de rage impuissante.

Un analyste peut induire un champ de type C en manipulant de façon inadéquate le cadre, notamment par des interventions au niveau manifeste, ou ignorer des dérivés importants de type II, se centrant sur les seuls dérivés de type I, qui sont alors des clichés psychanalytiques utilisés comme barrière à la communication. Le champ de type C est une défense massive contre un noyau psychotique, narcissique, désorganisé du psychisme. Un tel champ de communication de type C, que nous appellerons **champ d'évitement**, peut être rapproché des procédés de discours défensifs par évitement de la grille TAST. Le champ d'évitement se caractérise donc par une non-communication, un discours vide, des clichés, des barrières amorphes.

Ainsi, à la suite de Langs, nous pouvons poser que toute relation psychothérapeutique, clinique, se déroule de façon dynamique dans l'un de ces trois champs de communication : champ élaboratif (EL), champ émergent (EM), ou bien champ d'évitement (EV). Selon la pathologie du patient et du thérapeute, l'un de ces trois champs sera privilégié. Par la suite, selon les ressources de l'un et de l'autre, selon les capacités d'insight, l'évolution du traitement, la thérapie peut passer par les deux autres champs, au gré des crises et des étapes de la cure.

Vers une application clinique

Cette conceptualisation de trois champs de communication bipersonnels qui reflètent directement l'état actuel de fonctionnement du psychisme inconscient des protagonistes nous ouvre la voie vers une plus grande compréhension du langage des inconscients. Dans une première approximation, car tout cela devra faire l'objet de recherches plus avancées, nous pourrions par exemple faire l'hypothèse que l'apparition d'un champ élaboratif signifierait une sorte de mise en phase des inconscients, un accord, dans le plaisir partagé, le jeu dans un espace transitionnel commun. Un champ émergent signifierait plutôt un heurt des inconscients, la présence sous-jacente de conflits et de pulsions massives. Enfin, un champ d'évitement pourrait prendre sens en tant que refus de communiquer, fuite de l'inconscient de l'autre. Si ces hypothèses étaient confirmées, non seulement nous aurions, avec des grilles d'analyse comme celle du TAST, des moyens d'opérationnaliser l'observation et la compréhension de ce jeu de la communication d'inconscient à inconscient, mais en plus, et en retour, nous pourrions mettre au point des techniques précises, à but évaluatif et/ou curatif, mettant en jeu l'imaginaire collectif dans un espace d'interaction. La TSP inaugure sans doute de telles techniques.

La Technique de Stratégie Paradigmatique s'adresse à tous les petits et moyens groupes humains, qu'ils soient naturels, artificiels ou institutionnels (famille, employés d'une entreprise, personnel d'une institution de santé mentale, groupes de patients, classe et ses professeurs, etc.). La TSP se veut une réponse adaptée au paradoxe que posent souvent les groupes d'humains et en particulier les familles : *« Il y a des tensions entre nous, on veut bien faire quelque chose pour que cela aille mieux, mais on veut surtout que rien ne change ».*

La réponse du thérapeute de TSP se présente alors sous la forme d'un contre-paradoxe de ce style : *« D'accord, on va faire quelque chose ensemble pour vous aider à résoudre les tensions, que les choses aillent mieux, mais par ailleurs, on ne changera rien ! ».* À partir de là, le moniteur de TSP va proposer au groupe de réaliser un travail sur **la métaphore de la problématique du groupe**. La métaphore représente le **paradigme** de la situation du groupe, c'est-à-dire cette même situation, mais décalée dans un rapport de substituabilité sémantique avec la réalité (Jakobson, 1963).

La TSP n'est pas une nouveauté, car tout groupe d'humains partageant un passé commun développe naturellement et spontanément une métaphore de lui-même dans son imaginaire collectif, sous la forme d'une interfantasmatisation, de mythes, de croyances, de théories, etc. Ce champ métaphorique est destiné à réguler les tensions intermembres, rendre plus agréables les relations, *faire que les choses aillent mieux* ; mais l'on sait aussi à quel point un mythe, par exemple, est attaché à l'immuabilité du groupe, à sa tradition, à sa structure *afin que, surtout, rien ne change.*

Effectivement, un groupe en souffrance, en tension, ne nécessite pas obligatoirement des changements de comportements, des remaniements hiérarchiques, de statut, de pouvoir, etc. De tels changements provoquent souvent encore plus de dommages que les tensions initiales et, au mieux, les gens résistent, mettent des bâtons dans les roues du changement (tombent malades, font des crises, s'absentent, etc.).

Une maladie des groupes : l'amythose

Un groupe en souffrance doit être vu comme un groupe qui est en carence de mythe, en manque de métaphore, et la TSP est justement destinée à répondre à ce manque. La TSP ne consiste pas à faire du « carte sur table » avec les gens, ou bien à leur jeter des interprétations à la figure. Le silence y a rarement sa place, on n'y fait pas de confidences que l'on regrettera par la suite, on ne s'y dévoile pas, on ne s'y remet pas en question. La TSP est beaucoup plus agréable. Elle s'apparente davantage à un moment de détente que l'on passe entre amis, mais ce n'est pas pour cela que l'on y tombe dans l'illusion groupale ![14] La TSP est aussi très

---

[14] Selon Anzieu (1975), l'illusion groupale est un état régressif par lequel peuvent passer les groupes, qui favorise les décharges pulsionnelles sur un mode archaïque, l'isolement et la centration du groupe sur lui-même hors de la réalité sociale, la

dynamique, bien soutenue par le thérapeute dont la fonction est de donner un cadre, une méthode, puis d'entraîner chacun pour qu'il s'exprime au mieux de ses capacités. La TSP est très vivante et stimulante, elle favorise les échanges, la créativité, la fantaisie ; l'expression de soi aussi bien que la communication.

Les concepts de base

Dans la TSP nous définissons 3 espaces :

1) L'**espace de la réalité** dans lequel évolue le groupe au quotidien. Cet espace sera provisoirement abandonné au profit des deux autres espaces.

2) L'**espace intermédiaire** (différent de l'*espace intermédiaire* winnicottien qui correspond plutôt à notre espace métaphorique) dans lequel le groupe discute des modalités d'élaboration de l'espace métaphorique.

3) L'**espace métaphorique** est l'espace de travail pour le groupe au cours de la TSP. C'est un espace imaginaire collectif structuré souplement et remanié progressivement dans un rapport paradigmatique avec l'espace de la réalité.

Avec l'aide du thérapeute, l'espace métaphorique est progressivement structuré par le groupe. Il comporte un **monde** qui forme un contexte, dans lequel prennent place des **acteurs** qui portent un nom, possèdent un statut, un rôle, des droits et des devoirs (c'est le nantissement). Tous les acteurs sont reliés les uns aux autres au sein d'un **réseau** qui définit les formes de relation et de communication entre eux, la hiérarchie, s'il y en a une, les règles de comportements, les liens, les alliances, les rejets, les sentiments réciproques, etc. Si à la base on peut envisager un lien unitaire des acteurs avec les membres du groupe, ce lien n'est pas obligatoire. Il peut y avoir condensation de plusieurs membres sur un seul acteur, ou bien des acteurs en surnombre, appelés **jokers**, peuvent être revendiqués par un seul membre. Cet ensemble, monde, acteurs, réseau va évoluer dans une **saga**, qui correspond à une sorte de mythe, une histoire que le groupe bâtit et se raconte à lui-même et qui met en scène et en action les acteurs, dans les contraintes de leur réseau et les limites de leur monde. La TSP est un travail essentiellement verbal ; cependant, dans certaines conditions, des approches psychodramatiques, théâtrales, peuvent être envisagées.

---

présence d'idéologies particulières (« Nous sommes un bon groupe, avec un bon chef, nous sommes tous pareils, égaux, et tout ce qui n'appartient pas à notre groupe est menaçant et doit être détruit »).

La technique

La TSP comporte une *règle fondamentale* qui peut être formulée ainsi : **Pendant les séances de TSP, il convient de rester dans l'espace métaphorique (avec toutefois la possibilité d'accéder temporairement à l'espace intermédiaire) et de s'abstenir de pénétrer dans l'espace de la réalité.**

Cette règle fondamentale signe l'originalité de la démarche TSP et a pour but de donner une **confiance de base** à tous les membres du groupe. Cette confiance de base devant favoriser l'imaginaire et faciliter les réaménagements psychiques tant individuels que collectifs. On peut noter qu'il est bon parfois de compléter la règle fondamentale par sa réciproque, qui est qu'**il convient d'éviter de parler de la métaphore du groupe en dehors des séances de TSP.**

Dans l'espace intermédiaire, le groupe élabore son espace métaphorique. Il met en place le monde, les acteurs, les jokers éventuels, le réseau qui les relie et procède à leur **nantissement**, ce qui signifie que chaque membre du groupe se propose de représenter un ou plusieurs acteurs, ou encore une partie d'acteur sur un mode collectif de condensation. Une fois ces opérations dans l'espace intermédiaire réalisées, le groupe pénètre dans l'espace métaphorique où il élaborera la saga.

À tous moments, sur la demande d'un ou plusieurs membres, le groupe peut retourner dans l'espace intermédiaire afin de redéfinir tel ou tel point de la métaphore (modifier un nantissement, une partie du réseau, le contexte, etc.). Au cours de toutes ces négociations dans l'espace intermédiaire, le thérapeute à un rôle d'arbitrage et de soutien de chacun. Dans l'espace métaphorique, il dynamise les expressions imaginaires, soutient le déroulement de la saga tout en s'abstenant de toutes suggestions en référence à son propre imaginaire. Il peut par contre être amené à souligner certains points, faire remarquer des correspondances, des répétitions, des cycles, des arrêts, etc. Il ramène le groupe dans l'espace métaphorique s'il vient à s'égarer dans la réalité, ou à perdre de vue le monde et la saga en cours. Il est le garant du respect de la règle fondamentale.

Au cours d'une prise en charge à long terme, avec des séances régulières de TSP, un groupe peut librement changer, soit de saga pour un même monde, soit changer de monde, ou simplement modifier certains points du réseau, certains acteurs, certains nantissements. Le thérapeute veille toutefois à ce que ces changements soient opportuns, qu'ils ne soient pas prématurés risquant de représenter par là une fuite du groupe (cependant, selon l'appréciation technique du thérapeute, il n'interviendra pas tant que le groupe ne sera pas prêt, ou il se contentera de souligner la fuite tout en la permettant).

Pour l'intervention familiale, la TSP peut se placer au bout d'un parcours plus ou moins long, au cours duquel le clinicien aura évalué la famille sur le plan de la réalité des problématiques. La famille sera préparée en favorisant les demandes individuelles, en faisant émerger le paradoxe de base (*que les choses aillent mieux, mais qu'elles ne changent pas*) et le blocage autour des conflits, tant inter qu'intra-personnels. À la suite de cela, la TSP peut être proposée à la famille avec sa règle fondamentale, pour une durée de quelques séances qui déboucheront sur un premier bilan sur le plan de la réalité. À l'issue de ce bilan, une autre tranche de TSP sera engagée, si besoin et ainsi de suite, jusqu'à assainissement de la situation familiale (ou nécessité de passer à une autre approche).

Pour les groupes en entreprise, ou institutionnels dans le secteur de la santé mentale plus particulièrement (ou du social, éducatif, médicosocial, psychosocial), la TSP est continue, elle est un moyen permanent de régulation des tensions au sein de tels groupes. Elle est proposée aux dirigeants et à l'ensemble du personnel concerné dans un espace préalable de réalité. À ce moment-là, le moniteur entendra les demandes, soulignera les zones de conflit et de tension et cherchera à susciter l'expression du paradoxe de base auquel il répondra en présentant et proposant la TSP pour une période d'essai renouvelable d'un an. À partir de là, si le personnel est d'accord, un calendrier est établi et la règle fondamentale entrera en vigueur dès la séance suivante. Un bilan sera réalisé avec les dirigeants, le groupe ou ses représentants, à la fin de l'année. D'ici-là, sauf demande urgente dont il informera le groupe, le thérapeute s'abstiendra de renouer un dialogue avec l'institution ou l'entreprise sur le plan de la réalité (les mêmes dispositions et règles sont valables pour une classe de collège ou lycée et ses professeurs, et le directeur de l'établissement).

Le besoin de confirmation de soi

Toute association humaine possède de multiples fonctions de nature « matérielles », telles que les objectifs commerciaux d'une entreprise, les objectifs thérapeutiques d'une institution de santé mentale, les objectifs de service d'une administration, les objectifs économiques et éducatifs d'une famille, etc. Cependant, l'objectif plus « spirituel », tacite et commun à toutes ces associations est de **répondre aux besoins de confirmation de soi de leurs membres**. Ce besoin, fondamental chez les êtres humains, vient toujours interférer, quel que soit l'objectif matériel de l'association (Watzlawick et al., 1972).

Cette interférence donne à l'association son envergure humaine ; mais par là, tout groupe humain est inéluctablement soumis à la dynamique de l'ensemble des forces qui se développent autour de l'objectif (généralement inconscient et qui doit le plus souvent le rester) de confirmation de soi. Ces forces-là, de crise en crise, concourent au maintien d'un équilibre, d'une homéostasie au sein du groupe. Il arrive cependant parfois, que les crises se prolongent, ou reviennent trop souvent, qu'elles ne parviennent plus à se résoudre, que les conflits s'incrustent et mettent en danger la bonne santé des individus, comme la structure de l'association.

Dans de tels cas, on croit souvent que la crise est produite par des problèmes de hiérarchie, de caractère, de personnalité, d'opinion, etc. et l'on cherche vainement des solutions en songeant à tout changer. À partir de là, un contre-courant se met en place, car même si les choses ne vont pas très bien, les gens ont très peur du changement, et puis, le plus souvent, ce désir de changement est illusoire, car la structure de l'association est tout à fait adaptée à ses objectifs matériels et il ne faut surtout pas y toucher. Les blocages qui apparaissent alors gèlent encore davantage les conflits et de guerres froides en combats déclarés, d'escarmouches en prises de têtes, la situation se détériore progressivement, l'ambiance devient infernale, les objectifs matériels de l'association eux-mêmes peuvent se trouver menacés.

La TSP va permettre de dépasser le blocage, de contourner le paradoxe du « mieux aller, sans rien changer ». Elle part de l'hypothèse qu'à la base de la plupart des conflits d'association réside un manque au niveau du besoin de confirmation de soi pour une majorité des membres. Mettre carte sur table, s'exprimer, discuter, officialiser et institutionnaliser l'expression des conflits réels n'apporte, en général, que peu de chose au besoin de confirmation de soi, car le plus souvent les réalités matérielles s'opposent à une telle confirmation. Il y a une hiérarchie, il y a des statuts et des rôles, une place pour chacun dans la réalité de l'association et chacun se doit de tenir sa place pour la bonne marche de cette association dans la réalité sociale plus vaste qui l'englobe. Avec la TSP, la réalité de l'association sera préservée tout en favorisant sur un autre plan, celui de la métaphore, la satisfaction du besoin de confirmation de soi. Ce besoin est, sur le plan individuel, la réplique du besoin de mythe sur le plan collectif. Le mythe partagé confirme l'individu dans sa place au sein du groupe, de la famille, il lui donne un moyen d'expression, le plaisir de partager des conceptions communes. Mythe et confirmation de soi vont donc de paire pour maintenir l'équilibre d'un groupe, d'une famille et des membres qui les composent.

Le recadrage par la métaphore

Le but de la TSP est de produire un changement de contexte, un recadrage, de donner un nouveau sens à la situation. Elle provoque un *changement de type 2* (changement du cadre) au lieu des multiples tentatives infructueuses de *changements de type 1* (à l'intérieur du cadre) (Watzlawick, Weakland, Fisch, 1975). Au lieu de chercher à agir sur la réalité, la TSP propose une action sur la métaréalité qui se situe dans un rapport paradigmatique avec la réalité. Par le recours au figuratif, à la métaphore, à la libre expression de l'imaginaire individuel et collectif, elle favorise une communication d'inconscient à inconscient, beaucoup plus efficace que la communication consciente toute bardée de ses défenses, de ses zones de résistance, de ses peurs. La TSP va permettre une dédramatisation des conflits, une sédation dans les relations interpersonnelles, une détente et ainsi d'intervenir activement dans la situation, à un autre niveau, plus profond, qui ne nécessite aucun changement de surface. La TSP propose de sortir de la froide (bien que souvent présentée sous une forme très « chaude ») logique des *bonnes solutions* qui ont fini par devenir elles-mêmes des problèmes.

Le non-changement prôné par la TSP n'est pas qu'une simple ruse méthodologique, mais pose sincèrement la question de l'opportunité d'un changement. Et que si des choses doivent changer dans un groupe humain en difficulté, ce ne sont pas toujours les choses les plus visibles, les plus patentes, qu'il convient de changer (comme une hiérarchie, un caractère, un organigramme, un emploi du temps, un cahier des tâches), mais les points de vue, les expériences que chacun a des autres, apporter du plaisir, une détente, là où l'on ne voyait plus que déplaisir et tension.

Mythe, rite et pouvoir

Les rites de possession de la secte religieuse des Haoukas, dans la ville d'Accra, au Ghana (Rouch, 1955), sont un bel exemple de l'utilité régulatrice du mythe. Dans cette secte africaine, née en 1927, nous voyons le mythe monté de toutes pièces au travers d'un nouveau rite destiné à mettre en scène, et par là à s'approprier intérieurement, le pouvoir colonial.

La conception classique et naïve des mythes, des rites, des fêtes rituelles, des cérémonies, donne un sens à ces manifestations au regard d'une tradition, de coutumes, de vieilles habitudes, une sorte de mémoire collective qui ressurgit, quelque chose qui n'a pas plus d'importance qu'une commémoration, une prière, un appel aux ancêtres, aux divinités tutélaires, un acte pour calmer les esprits ou obtenir leur bonne volonté. On voit généralement dans ces rites des manifestations cycliques qui s'expliquent par les croyances partagées et la mémoire du groupe, sans autre fonction que celle de rappeler des individus à leur passé collectif.

Or, l'observation du rite des Haoukas ne peut s'expliquer seulement par les vieilles habitudes et la mémoire collective. En effet, ils reprennent dans leur rite de possession des éléments étrangers à leur culture, jouant des personnages importants dans leur pays alors sous domination coloniale anglaise : le gouverneur, la femme du gouverneur, le capitaine de la garde, le général, la locomotive qui relie deux grandes villes du pays, etc. Ils introduisent des objets occidentaux comme les fusils (qu'ils sculptent dans le bois, car la Kalachnikov ubiquitaire n'existait pas encore), certains éléments d'habillement, ou parures d'uniforme qu'ils imitent avec ce qui leur tombe sous la main.

Au cours du rite, qui est accompli par de jeunes hommes venus de toute l'Afrique occidentale, pour occuper divers emplois de dockers, manœuvres, marchands, etc., chaque homme-acteur devient comme possédé par un des personnages ou éléments occidentaux dont il caricature la démarche, les comportements, la façon de parler, ou la fonction. Ils déambulent, gesticulent, roulent des yeux, bavent et parlent, dialoguent entre eux, déroulant toute une mythologie avec ses étapes classiques de la séparation, de la confrontation, du combat, de la victoire, du dénouement. Les autres personnes, femmes, enfants, vieillards sont là, assis ou debout au milieu de la scène et regardent les officiants en train de jouer leur théâtre. Le rite dure une bonne journée. Quand le soir tombe, il faut conclure, on sacrifie un chien que l'on fait cuire et que l'on mange ensemble.

La présence de ces éléments d'origine occidentale ne permet plus de faire appel au simple poids de la tradition, des vieilles habitudes pour expliquer ces cérémonies. Elles semblent bien remplir une fonction dans l'instant présent, être un mode de régulation psychique dans une situation difficile où des étrangers détiennent le pouvoir et la puissance économique.

Le « coup du secret »

Dans une famille les mythes et les rites ont aussi une grande importance. Il arrive souvent que le thérapeute obnubilé par ses théories personnelles ne voit pas comment une famille l'inclut dans son rite, cherche à lui faire partager son mythe. Les secrets familiaux sont le terrain privilégié sur lequel s'exerce la mythologie familiale. Vrais secrets, faux secrets, secrets de Polichinelle, leur fonction est d'établir et de maintenir une certaine hiérarchie rigide des pouvoirs dans la famille. Que cette hiérarchie vienne à être menacée par le thérapeute et son traitement et la famille réagira aussitôt en lui faisant le « coup du secret ».

Les secrets familiaux exercent toujours une grande fascination sur les psychothérapeutes. Ceux-ci ont une théorie célèbre qui dit qu'il faut trois générations pour faire un schizophrène. Ils voient cette famille selon une causalité linéaire et historique. Il s'est passé quelque chose entre une grand-mère et son père, par exemple. Ou bien il y a eu un suicide, que l'on a caché, un lointain parent qui aurait « fait de la psychiatrie », ou qui aurait attrapé une « maladie honteuse », etc. Ce secret aurait pesé sur la seconde génération, celle des parents du schizophrène et ce dernier, malade, fou, comme l'on voudra, serait le résultat ultime du poids du secret en troisième génération.

Cette explication linéaire et historique ressemble étrangement à l'explication naïve du rite haoukas par la tradition et la mémoire collective. Dans les deux cas, on ignore la fonction actuelle du mythe. Les schémas linéaires et historiques sont très prégnants et fascinent énormément les êtres humains. La raison à cela est qu'ils remplissent deux fonctions importantes : d'une part ils tentent d'apporter des réponses aux grands questionnements sur l'origine des êtres et des choses (origine qui renvoie à leur fin) et ceci en rapport avec les fantasmes originaires ; d'autre part, ces schémas linéaires et historicistes permettent de ne pas percevoir, et par là de ne pas remettre en question, le jeu des pouvoirs en place dans l'instant présent, ces schémas ont donc une portée homéostatique.

On rencontre de bons exemples d'utilisation des schémas linéaires, par exemple, dans les théories sur l'autisme. Hochmann (Parquet, Bursztejn, Golse, 1989) a remarqué que les cliniciens, face aux questions des origines de ce trouble, bâtissaient des théories selon les grands fantasmes originaires. Au fantasme de scène primitive répond la théorie de la tare génétique ; au fantasme de séduction répond la théorie de la mère surexcitante, perverse ; au fantasme de castration répond la théorie de la mère frustrante, abandonnique, dépressive ; et enfin, au fantasme de vie intra-utérine répond la théorie du secret familial, du non-dit.

Ces fantasmes servent la cause de l'autisme en tant que mythologie, ils évitent de voir les aspects neurobiologiques et développementaux de ce trouble. À l'inverse, l'hystérie et la schizophrénie, pour ne citer que celles-ci, sont des inventions de la psychiatrie, selon des schémas linéaires, sur fond de croyances organicistes et génétiques (hérédité) qui évitent toute remise en question contre-transférentielle, toute interrogation de l'inconscient, du désir et du plaisir, du fantasme (Meerbeeck van, 1990).

Dans les deux cas, le mythe permet d'ignorer tout un pan de la réalité (biologique dans un cas et psychosociale dans l'autre), comme si prendre en compte la réalité dans son ensemble était une tâche trop complexe, trop angoissante. Le souci de simplification est légitime jusqu'à un certain point, car il répond au principe d'économie propre à la méthodologie scientifique (poser d'abord les hypothèses les plus simples, avant de passer à de plus complexes si les premières ne sont pas validées) ; cependant, le simple finit par devenir du simpliste s'il se dénature en dogme et en moyen de ne plus remettre en question nos théories.

Maintenir le statu quo

Sur le plan de l'homéostasie, accorder une valeur linéaire à tous les rites africains permet au colonisateur de ne point remettre en question ses pouvoirs politiques, économiques, technologiques et sociaux sur le pays colonisé. De même, une théorie du secret dans une famille permet le maintien d'une homéostasie basée sur un certain jeu du pouvoir et de la soumission, avec un patient désigné à la clé. On voit bien comment telle grand-mère finit par inclure le thérapeute dans le système familial en lui parlant d'un secret qu'elle ne dira pas et comment ainsi, utilisant la tendance du thérapeute à croire à la raison linéaire, elle garantit alors l'homéostasie familiale.

Depuis quelques années, un autre mythe, cousin du mythe du secret familial, s'est forgé entre familles et thérapeutes : le mythe d'une absence de fantasmes chez le schizophrène. Ceux-ci seraient gens extraordinaires, ils se livrent à des actes d'une grande originalité et tout cela sans aucune pensée ; et lorsqu'on les interroge, par on ne sait quel hasard, ils ont tout oublié, ce qui est bien utile lorsqu'on ne souhaite pas être remis en question. Bien entendu, à ce déni de fantasme le clinicien répond par une belle théorie qui dit qu'en deçà de l'Œdipe il n'y a plus de mentalisation, nous sommes dans la pulsion pure.

Ce qui est gênant c'est que d'autres cliniciens, tout aussi éminents, prétendent que les bébés ont déjà des fantasmes. Notre idée est que les stratégies fort intelligentes que les schizophrènes mettent en place pour manipuler leur entourage familial et institutionnel nécessitent un minimum de fantasmatisation. Mais il y a ce fameux secret, qui porte sur ce que l'on pense, qui fait croire que l'on ne pense pas, qui agit sur les fantasmes comme le fameux « trou noir » de l'astronomie, attirant à lui les pensées et d'où rien ne sort, même pas la lumière de la vérité. Le secret engloutit tous les fantasmes familiaux, nous faisant croire à leur inexistence. Ces fantasmes ne sont plus partagés, sauf dans le passage à l'acte, le non-dit, ils restent dans le secret des consciences et des inconscients individuels. Tout secret familial est donc secret de fantasmes qui sont tus afin d'établir et de maintenir un pouvoir et une homéostasie des relations.

Dès qu'un symptôme apparaît, c'est que le choix de taire le fantasme a été fait, car **le fantasme est la métaphore du symptôme, le symptôme étant lui-même la métaphore de la relation**. Délivrer le fantasme du secret, c'est donner du sens au symptôme et expliciter la relation. Que voilà un projet bien subversif pour certaines familles et certains… thérapeutes.

Partager le fantasme

Dans le mythe cru, au premier degré, famille et thérapeute se retrouvent coincés, tout comme les haoukas sont coincés dans le système colonialiste. Le rite (qu'il soit rite africain ou rite psychotique) permet des décharges qui n'ont qu'une valeur libératrice partielle et temporaire. Empêchant le partage du fantasme, l'insight, la compréhension, la remise en question du pouvoir (du colonisateur, ou d'une quelconque grand-mère de schizophrène), il bloque l'autonomisation des personnes (les colonisés restent de grands enfants d'Afrique et s'entretuent dans la recherche frénétique d'une différenciation ethnique, parents et enfants ne différencient plus les générations ni les rôles sexuels). À l'inverse, le partage du fantasme, sa mise en mots, permet la maîtrise du désir et du plaisir, induit l'ordre familial, préserve une hiérarchie souple et la différenciation des membres. Car partager le fantasme c'est, en conséquence, pouvoir le remettre en question, remettre à leur place les « leaders pervers » qui apparaissent de-ci, de-là, dans toute famille.

Une vision plus systémique de la famille, interrogeant le jeu des pouvoirs dans l'ici-maintenant de la situation, n'est pas antithétique de la vision linéaire historiciste. Ces deux perspectives sont complémentaires et présentent chacune leur propre intérêt pour comprendre une famille. De la vision linéaire historique nous pouvons tirer une compréhension imaginaire, mythique, dans le jeu de l'après-coup, dans la métaphore, le sens, le fantasme. De la vision systémique nous pouvons tirer une compréhension de la hiérarchie des pouvoirs en place, du jeu des interactions et des communications. La première vision nous donne les objets mentaux de représentations sur lesquels s'érigent les relations entre les membres de la famille, tandis que la seconde vision nous donne la forme de mise en scène pragmatique des représentations issues de l'imaginaire familial.

Cependant, il est important pour le clinicien familial de bien comprendre quelle place la famille finit par lui donner au sein de son mythe et de son système d'interaction. Avec la TSP (ou tout autre technique mettant en jeu l'imaginaire collectif), nous favorisons ou, mieux, nous rendons possible, l'émergence, l'élaboration du mythe familial (ou groupal) au sein duquel se réaliseront toutes les régulations fantasmatiques nécessaires. Le fantasme n'est plus joué dans le(s) symptôme(s) de façon sauvage et maladroite (nous ne voyons qu'une différence en termes de « civilisation » et « d'adresse » entre mythe et symptôme), mais il est mis en mots, parlé d'un inconscient à l'autre, pour dire le désir, dire aussi ses limites, resituer la hiérarchie, les pouvoirs en place et leurs limites à eux aussi.

Mettre en jeu, dans une famille, cet *espace potentiel*, cher à Winnicott, c'est donner une confiance de base à chacun des membres pour son épanouissement personnel, lui donner une confirmation de lui-même, c'est aussi changer le contexte, recadrer une situation, souvent douloureuse et confuse, afin de lui donner un nouveau sens, de dédramatiser les conflits, de réaménager les psychismes.

Le travail imaginaire est, enfin, communication d'inconscient à inconscient parce que nous ne croyons pas aux seules vertus cartésiennes de l'insight, de la prise de conscience. Au cours d'une TSP, ou d'un psychodrame, une foule de messages circulent de membre à membre, des messages cryptés par le contexte mythique, ludique, de la technique imaginaire, des messages qu'aucune conscience ne peut recevoir en pleine lumière, des messages qui doivent garder leur sens caché, seul connu des inconscients. Car ces messages parlent de choses trop profondes, trop primitives, trop dangereuses, des choses de l'animal en nous, mais aussi des choses de la « folie », de la passion, de la biologie, et cela doit être échangé, partagé, pour bien fonctionner ensemble, mais cela n'a pas à être entendu par le conscient. C'est là que se trouve le véritable secret.

Cinquième séance : les artistes et le psychopathe

Nous avons donc démarré sur le retour de ce qui s'était échangé entre Amant et nous-mêmes au téléphone. En fait, Ex-mari était aussi au courant, il ne restait que les filles à prévenir de la grossesse de leur mère. Sur le coup de la révélation, elles n'ont pas mal réagi, mais ce ne fut pas l'enthousiasme, tout en prenant la chose avec bonne humeur et en plaisantant. La famille s'est mise à envisager les inconvénients, pour les deux filles, de la venue d'un bébé, le tout sur un mode plaisant, avec des rires. Lorsque ces réactions furent épuisées, nous avons proposé à la famille R de reprendre le travail en TSP, ce qui fut fait.

Le réseau et le nantissement ont été précisés. En fait, entre Marylin(Mère) et Madonna(F1) il n'y a pas de relation mère-fille comme nous avions cru le comprendre au début. C'est une amitié entre deux artistes célèbres. L'homme-politique(Amant) est amoureux de Marylin(Mère). Carlos-Antoine(Ex-mari) est un personnage composite constitué d'Antoine pour son goût pour les voyages et les îles du Pacifique, et de Carlos pour son apparence replète.[15] Ce personnage voyage beaucoup, il rentre de temps en temps en France pour voir d'autres artistes, dont Madonna(F1) qu'il aime

---

[15] Pour rappel, il s'agit bien des chanteurs artistes des années 1960-80.

beaucoup. Enfin, F2 s'est décidée pour être un avocat-psychopathe qui a l'intention de tuer Madonna(F1). Plus précisément, cet avocat a un cerveau dédoublé : une moitié défend les artistes, l'autre moitié veut les tuer. Tout cela une fois établi, la saga a pu commencer.

C'est le soir d'un concert de Madonna(F1), après les répétitions, elle est dans sa loge en compagnie de Marylin(Mère) qui lui fait remarquer que l'ingénieur du son a fait de très mauvais réglages, car elle n'a pas de retour de son, ça ne va pas. Madonna(F1) a tendance à paniquer, elle se révèle incapable de « manager » ses employés. On fait appel à Carlos-Antoine(Ex-mari) qui vient aider l'ingénieur du son incompétent. Madonna(F1) reste toujours sur un registre assez « hystérique », elle veut que tout marche, mais ne sait pas demander de l'aide, elle panique, il faut qu'on organise à sa place. Enfin, le spectacle commence.

Entre temps, l'avocat-psychopathe(F2) s'est glissé parmi les cameramen et à l'intention de tuer Madonna(F1) pendant le spectacle à l'aide d'une arme à viseur laser cachée dans la caméra. Le point rouge du laser de visée commence à se promener sur la joue de Madonna(F1). Marylin(Mère) remarque que quelque chose ne va pas et elle prévient l'homme-politique(Amant) qui alerte son service de sécurité. Carlos-Antoine(Ex-mari) coupe l'arrivée générale de l'électricité, le spectacle est interrompu, Madonna(F1) fait une crise de nerfs et elle est amenée en clinique sous calmants, l'avocat-psychopathe(F2) réussit à s'enfuir. Il tuera un peu plus tard une jeune femme légèrement vêtue afin d'assouvir ses pulsions un instant frustrées. Le meurtre de Madonna(F1) est reporté à plus tard. Le lendemain, il découpe les articles dans les journaux concernant le meurtre qu'il a accompli la veille. Puis, il brûle le tout, pour ne pas laisser de traces. Tout le monde s'accorde à dire que c'est là un psychopathe très intelligent, donc particulièrement dangereux.

Au travers de cette métaphore, on retrouve bien tout l'imaginaire de cette famille que nous avions déjà rencontré dans le TAST. Tout tourne autour de Madonna(F1), la patiente désignée, qui supporte des pulsions de mort, vraisemblablement issues de Marylin(Mère), mais mises en scène par l'avocat-psychopathe(F2). Marylin(Mère) est, par ailleurs, une bonne mère qui va aider par sa sagesse, sa maturité, une jeune Madonna(F1) dépassée par les événements et qui perd pied très facilement. Le double cerveau de l'avocat-psychopathe(F2) représente bien la dualité et l'ambivalence maternelles, à la fois les pulsions de mort envers la fille concurrente et les pulsions d'amour pour cette même fille. Carlos-Antoine(Ex-mari) apparaît aussi pour aider Madonna(F1), mais celle-ci ne s'en rend pas très bien compte. Quant à l'homme-politique(Amant), c'est lui qui assure le service d'ordre dans tout cela.

Il faut aussi noter que l'imaginaire familial a un peu trop parfaitement collé à la consigne de la métaphore. La famille R n'a pas encore effectué un « dégagement » de ses structures internes. On voit donc F1 « se donner en spectacle » dans sa grandiloquence, son « hystérie », son besoin d'être admirée et adulée, son mélange de tyrannie et de charmante faiblesse : elle pique des crises de nerfs, s'évanouit, est impuissante devant les événements qui se précipitent et délègue à d'autres, sans toutefois pouvoir demander une aide explicite, le soin de l'aider, de la sauver, comme malgré elle.

Sa sœur s'approprie avec beaucoup de plaisir le rôle « noir », du « méchant », du dangereux de la famille. Dans ce désir de tuer les artistes en général et Madonna(F1) en particulier, que devons-nous comprendre d'une rivalité sororale ? Cette rivalité pourtant, sans la dénier, nous ne pensons pas qu'elle soit le moteur principal de notre « psychopathe », les deux sœurs paraissant s'entendre fort bien par ailleurs, malgré les petites chamailleries coutumières aux fratries.

Nous pensons que la réponse réside dans le rôle étrangement calme et posé de Mère, en une Marylin secourable et avisée qui dénote complètement du fond d'agressivité que Mère laisse affleurer habituellement. Où est donc passée sa hargne contre les hommes, le père ? Notre hypothèse est que cette hargne a été prise en charge par le Psychopathe(F2), celle-ci débarrasse ainsi sa mère de ses pulsions mortifères. À partir de là, on peut aussi penser à une jalousie intergénérationnelle entre Mère et F1, la rivalité classique entre mère et fille au moment de l'adolescence, rivalité qui pourrait se nourrir de la profonde ambivalence de Mère envers les hommes de la famille. Son incapacité à faire un choix laisserait le champ ouvert à des fantasmes de liens possibles entre F1 et les deux hommes.

Durant ce premier épisode de la saga des R, les hommes sont restés comme à l'écart, inhibés, Antoine-Carlos(Ex-mari) se contentant de couper l'arrivée générale d'électricité, Homme-politique(Amant) se contentant, lui, de faire appel à son service de sécurité. Ils donnent ainsi l'impression de se désolidariser des tempêtes pulsionnelles qui se jouent entre les femmes. Couper l'arrivée d'électricité c'est faire le noir, ne plus rien voir de toute l'affaire, ce qui correspond en plein au repli défensif d'Ex-mari. Tandis que la délégation d'une mission de sauvetage d'Amant à son service de sécurité marque une sorte de mise à distance d'Amant par rapport au couple Mère-F1. Cette délégation nous semble aussi faire écho à la délégation de Mère sur F2, c'est comme si dans le heurt agressif potentiel entre Mère et Amant l'un et l'autre utilisaient des tampons intermédiaires de protection : F2 pour Mère et un service de sécurité imaginaire pour Amant. Nous allons voir plus loin la véritable consistance de cette agressivité de Mère pour Amant.

Sixième séance : suite et fin de la saga

La famille nous a commenté certains progrès : F1 a amélioré ses résultats scolaires et envisage de passer en classe supérieure, l'ambiance familiale est plus détendue, c'est inchangé pour Ex-mari. Les filles ont bien intégré l'annonce de la grossesse de leur mère.

La saga s'est poursuivie, toujours centrée sur Madonna(F1), à la fois grandiloquente, mais impuissante, peu capable de s'organiser, de mener sa vie. *Elle donne un nouveau spectacle, l'avocat-psychopathe(F2) sévit à nouveau, déguisé en journaliste, une arme cachée dans son appareil photo.* Il faut noter l'association entre **cet appareil qui permet de prendre une image de quelqu'un, mais qui peut aussi tuer, le regard qui tue.** *Le tueur manquera de peu Madonna(F1), il sera repéré, arrêté, se retrouvera en prison.*

La famille se trouve à ce moment-là un peu coincée. Les choses avancent doucement, Mère et Amant, secondairement Ex-mari, exploitent l'incapacité de Madonna(F1) à gérer sa vie, à prendre des décisions efficaces, pour la mettre dans *une situation très difficile où son avocat (qui est aussi le psychopathe(F2)) a détourné de son argent qui devait payer ses impôts. Elle doit des milliards au fisc. Elle veut fuir, rentrer aux États-Unis, mais là-bas c'est pareil. Coincée, elle est contrainte d'accepter un arrangement de l'homme-politique(Amant) qui lui propose d'effacer l'ardoise des impôts en échange d'un spectacle donné dans un petit village du fond de la campagne française. Madonna(F1) doit réviser à la baisse toutes ses exigences, ses prétentions, son orgueil. Accepter de chanter pour des gens simples, peu nombreux, comme Marylin(Mère) l'a fait pour les Gi's, précise-t-on.*

La séance se termine sur cette *Madonna(F1) confuse et un peu pommée, qui ne sait pas demander de l'aide, utiliser les autres et leurs ressources.* Par exemple, demander à l'homme-politique(Amant) un soutien fut pour elle une véritable épreuve.

On voit tout de suite les effets indirects de la TSP, qui sont toutefois à situer relativement au traitement global de la famille. La sédation semble effective pour F1, ou du moins suffisamment pour qu'elle puisse réinvestir correctement sa scolarité. L'*éthos* familial s'est adouci, on peut penser que la détermination du couple Mère-Amant, par la révélation de la grossesse, a grandement clarifié la place des hommes dans la famille.

La suite de la saga verra la mise en œuvre d'un puissant surmoi familial qui va arrêter et refouler (la mise en prison) les pulsions agressives maternelles incarnées par l'Avocat-Psychopathe(F2). Nous verrons plus loin comment F2 réagira sur un mode dépressif transitoire à cet abandon de rôle imaginaire. La famille reprend la saga sur un mode répétitif (à nouveau une mise en spectacle de Madonna(F1) suivie d'une tentative de meurtre), puis, ayant fait appel au surmoi familial elle se trouve comme bloquée. C'est comme si ce brusque recours au surmoi venait déstabiliser les modes habituels du jeu familial tant interactif que psychodynamique. Les pulsions sont coincées, les idées se tarissent, on ne sait plus quoi faire ensemble.

Peu à peu cependant, une mobilisation s'amorce. Elle va porter sur celle qui incarne la souffrance familiale, mais aussi l'embarras familial, nous voulons parler de F1. Elle nous donne l'impression d'être ce goéland, dont parle le poète, échoué sur la plage et qui ne parvient plus à décoller, grandiose, beau et pathétique. F1, par son symptôme (souffrance, échec scolaire) incarne à la fois la souffrance de la famille et son incapacité à sortir de sa confusion (mari-amant, épouse-fille, parent-enfant). Or, cette aide par l'humilité que les trois adultes vont porter à Madonna(F1) représente un puissant message inconscient que l'on peut traduire par : *toi F1, détournée de ton rôle d'adolescente pour payer le prix de la souffrance et de la confusion familiales, nous venons, nous les adultes de la famille, t'aider. Nous te destituons de ce rôle trop lourd pour toi, tu devras te contenter des rêves de grandeur ordinaires des adolescents, comme l'a fait ta mère* (Madonna, pour voir son ardoise fiscale effacée, doit chanter devant de simples villageois, comme Marylin l'a fait devant les Gi's).

La confusion de Madonna(F1), son incapacité à demander de l'aide sont, elles aussi, de puissants messages inconscients signifiant que la réparation ne doit pas venir des enfants, mais des adultes, car ce sont eux qui ont mis la famille dans cette situation de confusion.

Nous nous attendons à ce que tous ces messages aient de profondes répercussions sur la famille ; c'est ce que nous allons voir dans les séances suivantes.

Septième séance : différenciation et pouvoir

Pas de TSP pour aujourd'hui, mais un débat très riche et animé. À notre demande initiale, sur le plan de la réalité, on nous répond que « tout va bien ». Nous enchaînons alors sur le plan intermédiaire avec les remarques suivantes à propos de la dernière TSP :

- une centration de la famille sur Madonna(F1) et son pendant le psychopathe(F2) ;

- les autres personnages semblent plus pâles, secondaires ;

- une Madonna(F1) à la fois importante du fait de sa présence centrale dans la saga, mais en même temps impuissante à organiser sa vie pour résoudre ses problèmes et surtout en très grandes difficultés pour demander de l'aide à ceux qui pourraient la lui apporter ;

- l'arme mortelle utilisée par le psychopathe est à deux reprises un appareil qui permet à la fois de prendre une image de quelqu'un et de le tuer, *comme un regard qui tue.*

Le débat familial est parti de là. Le regard qui tue a certainement été entendu au niveau des inconscients (que l'on se rappelle le beau thème de F1 à la planche 6BM : *la mère, les yeux grands ouverts, attaquée par un oiseau qui perce la fenêtre*), puis Mère a parlé de la place prépondérante de F1 dans la famille. Nous avons souligné le fait que les adultes lui faisaient volontiers cette place centrale. Mère a d'abord dit qu'elle voyait F1 comme incapable de se débrouiller seule dans la vie, que depuis qu'elle était bébé elle n'était pas du tout autonome. F1 parut très touchée par l'opinion de sa mère.

Celle-ci s'est rattrapée en nuançant son jugement et en montrant par l'exemple d'un fan-club que F1 a monté par elle-même, qu'elle pouvait, en fin de compte, se débrouiller dans la vie et prendre des initiatives constructives.

F2 ne fut pas oubliée et on se lança à parler de ses entreprises, notamment son projet immédiat de faire un film vidéo amateur. Cette fois-ci l'intérêt familial s'est déplacé de F1 sur F2. Il y eut une grande discussion sur les modalités d'aide des adultes envers les adolescentes, envers F2 notamment. Celle-ci revendique une autonomie, le droit de « se planter », de faire sa propre expérience, elle ne veut pas d'une aide trop dense d'un adulte qui l'empêcherait de vivre cette expérience de faire les choses par elle-même.

Dans cette discussion Amant (et secondairement Ex-mari), les deux hommes en fait, comprennent difficilement le point de vue de F2. C'est Mère qui soutient ses filles contre les hommes. Il apparaît bien la lutte du clan des femmes contre le père mythique. Le ton est très animé, au point qu'Amant parle d'une certaine « violence ». Mère prend à partie les deux hommes en leur rappelant leur inexpérience et leurs échecs passés et qu'ils n'auraient pas, alors, accepté une aide de plus compétent qu'eux. Amant à ce moment-là révèle une face de lui-même, manipulatrice, sa façon de répondre à côté, de diluer les idées, de biaiser, ce qui met Mère hors d'elle.

Ex-mari voit ses filles comme des symboles d'avenir, de réussite, auxquels on veut tout passer, accorder des privilèges, une indulgence. Nous proposons l'image de la jeune fille d'une tribu qui devient une incarnation de la Divinité et à laquelle on accorde des privilèges.

Lentement le thème de la discussion se déplace sur le couple Amant et Mère. Cette dernière reproche à Amant de chercher à lui imposer sa volonté et elle cite ce projet d'Amant de faire quatre cents kilomètres pour aller annoncer à son père, à lui, qu'elle attend un enfant. Nous faisons la remarque qu'au premier entretien elle s'était plainte que les deux hommes se laissaient dominer par elle. Et Mère nous répond que *les choses viennent de changer* ; *c'est de la faute du thérapeute*, dit Amant en plaisantant.

F2 remarque qu'Amant est attaché à un père idéal et nous reprenons ceci pour montrer que Mère et Amant semblent s'opposer sur deux appréhensions très différentes du père. Amant un père idéal, chef d'entreprise, qui a réussi et auquel il veut prouver sa propre réussite. Mère a très bien compris cela, mais de façon intellectuelle, elle ne le sent pas, car de son côté, le père est un élément d'opposition. Elle se heurte aussi à la mère d'Amant, la *mama italienne*, grosse et grasse, dans sa cuisine, qui incarne la servilité féminine.

À la fin de la séance, Amant demande à ce que le prochain rendez-vous soit avancé d'un quart d'heure pour qu'il puisse voir un match à la télévision. Nous refusons gentiment ce décalage. Amant parle de ne pas venir à la prochaine séance. Nous disons qu'il se passe ici un match beaucoup plus important. Le reste de la famille est d'accord avec nous. Cette intervention peut paraître peu stratégique, mais il faut la percevoir ainsi : quel pouvoir sur le thérapeute Amant cherche-t-il à exercer ? Peut-il, a lui tout seul, modifier le cadre ? Nous ne le pensons pas ? Il sait qu'il va pouvoir compter sur nous pour soutenir le petit garçon qui a besoin d'être reconnu par son père, mais le cadre sera préservé, car notre soutien doit être perçu comme s'inscrivant dans le cadre familial et un équilibre entre tous les membres, un ubipartisme.

Au cours de cette séance, on voit que les adolescentes, une fois resituées à leur place d'enfant, sont tout de suite l'enjeu des idéaux, des projections, des adultes. Ces réactions nous paraissent un progrès, elles correspondent à celles de tous les parents dans l'appréhension d'un avenir pour leurs enfants. F2 peut abandonner son rôle de « psychopathe imaginaire » de la famille, F1 peut abandonner celui « d'hystérique mégalomane » de la famille. Désormais, les adultes n'ont plus en face d'eux « une fille secrète, qui ne dit rien » (F2), ou « une fille qui se lamente exagérément » (F1), mais deux jeunes filles dont on s'inquiète si elles ont la capacité de réussir leur vie, que l'on voudrait guider, diriger selon l'adolescent que l'on n'a pas été et que l'on aurait voulu être.

Et puis, en face, les filles demandent, à juste titre, les limites de cette aide de la part des adultes. À quel moment l'aide devient-elle prise de pouvoir sur l'autre ? La question du pouvoir, celui de l'adolescent, celui de la femme, face à l'ordre phallique, est une question essentielle dans toute famille humaine. La famille R n'y échappe pas. Ni son thérapeute d'ailleurs, alors qu'Amant tente à nouveau de franchir la frontière entre famille et thérapeute en réclamant un soutien inadéquat de la part de ce dernier (report d'horaire pour cause de « foot à la télé »).

La TSP, selon nous, a fait passer de nombreux messages accordant aux jeunes filles leur place d'enfants, mais, en retour, les trois adultes se retrouvent confrontés directement aux réaménagements qu'il leur est nécessaire d'accomplir ; c'est là une rude tâche qui les attend et l'on sent qu'une certaine inquiétude commence à s'emparer d'eux.

Huitième séance : les enfants bâillent

Nous avons lancé l'entretien sur la demande de modification du cadre faite par Amant à la fin de la dernière séance. Nous avons pris la position basse en nous demandant si nous avions bien ou mal fait, parce que nous devions soutenir tout le monde et que quelque part nous sentions qu'Amant était en demande d'aide face à toutes les attaques qu'il reçoit de Mère (on remarquera que nous avons interprété l'attaque du cadre par Amant dans notre for intérieur de clinicien, mais que nous avons accordé à Amant l'avantage du doute quant à la légitimité de cette attaque).

Le débat s'est centré alors sur le couple Amant et Mère, avec en filigrane Ex-mari comme concurrent d'Amant. Amant qui fait des efforts pathétiques et sans grand succès pour égaler les capacités d'Ex-mari à faire la cuisine et le ménage. On lui reproche de trop en faire, de ne pas être lui-même. En même temps, est soulignée par tout le monde l'intolérance de Mère pour laquelle on devrait tout savoir de façon innée, qui ne sait pas expliquer, réparer sans s'énerver. Elle reproche à Amant de trop s'inquiéter pour elle, d'avoir trop d'emprise sur elle, surtout depuis qu'il sait qu'elle attend un enfant de lui (l'inquiétude d'Amant est majorée parce qu'objectivement elle n'est pas certaine de pouvoir garder cet enfant jusqu'au bout, pour des motifs médicaux).

Nous ramenons ces conflits d'Amant et de Mère sur le terrain du problème du départ d'Ex-mari. Nous expliquons que c'est difficile pour Amant de faire l'ajustement nécessaire avec Mère, alors qu'en même temps il y a toujours Ex-mari, qui est là avec toute sa compétence et son poids de père et… d'ex-mari, justement.

On me dit que la décision a était arrêtée, ils vont déménager dans quatre mois, ce qui marquera la place de chacun, notamment le départ d'Ex-mari. C'est à ce moment-là que l'on ressent bien les liens qui unissent les trois adultes. La mère parle de la *souffrance à se séparer*, que la *famille va éclater*. Ex-mari explique que l'appartement actuel est très grand, qu'il y a de la place pour tous (nous soulignons qu'ils sont tous différents) et il ajoute que *ce sera dur pour celui qui va se retrouver tout seul*.

Pendant ce temps, F1 est en train de faire une tresse avec trois brins de l'écharpe de sa mère. Nous interprétons cette action en disant que *nous avons l'impression que F1 montre avec son tressage qu'elle ne souhaite pas que les trois adultes se séparent*. Interprétation qui fait rire tout le monde. Mère explique qu'ils sont (les trois adultes) comme *les complices d'un crime, c'est pour cela qu'ils n'arrivent pas à se séparer. Ils ont vécu quelque chose de très fort ensemble et cela a créé un lien entre eux.*

Comme la séance touche à sa fin, nous disons qu'entre F1 qui tresse les trois adultes, F2 le psychopathe et ce crime dont sont complices les trois adultes, il doit y avoir un lien et que c'est ce que nous verrons la prochaine fois, peut-être dans la métaphore.

Aujourd'hui, on voit les adultes qui commencent à se mobiliser. Et effectivement, les deux filles n'ont pas dit grand-chose, elles baillent, semblent s'ennuyer, elles s'occupent par des petites activités motrices, comme le tressage de F1. Le désinvestissement de la thérapie familiale par les enfants est un phénomène que nous rencontrons toujours à un stade avancé de la cure. Nous le voyons comme un signe clinique de bon pronostic, car il montre que les enfants ont commencé à être déchargés de leurs « missions impossibles » et que les adultes commencent à résoudre leurs problèmes entre eux. Tant que les enfants ne bâillent pas en thérapie familiale, c'est que les choses n'avancent pas, le thérapeute doit s'en inquiéter.[16]

Neuvième séance : « bouffer psychiquement »

Nouvelle séance dans la réalité. On a parlé des professeurs de F1, va-t-elle redoubler ou pas, ses résultats scolaires s'améliorant. Un bilan est fait, positif, à propos de ces entretiens qui ont beaucoup apporté à la détente de l'atmosphère familiale. Puis, le débat s'est orienté sur F2 autour du problème du secret. F2, qui est très secrète, se pose la question de comment le reste de la famille peut-il se confier au psychologue, cet inconnu ? Elle soulève ses angoisses de persécution, puis finit par reconnaître qu'elle nous connaît un peu mieux, qu'elle a un peu plus confiance. Mais le reste de la famille lui rétorque qu'elle ne nous connaît pas davantage, puisque le psychologue n'a jamais parlé de lui-même. Nous interprétons que c'est comme si nous faisions un peu partie de la famille à présent. Nous sommes, évidemment, confirmés par Amant sur ce point.

Le débat glisse doucement, alors, de la discrétion de F2 jusqu'aux tensions entre F1 et F2. Se pose le problème des distances entre les deux sœurs. D'après ce qu'elles disent nous pouvons montrer que tout comme *F1 bouffe psychiquement les adultes avec ses lamentations, F2 bouffe psychiquement F1 avec ses commérages* (F2 ne parle pratiquement jamais d'elle-même, elle raconte la vie des autres et *bouffer psychiquement*, ou des termes apparentés, appartient au vocabulaire familial).

Sur la fin de l'entretien, nous reprenons l'interrogation d'Ex-mari qui se demandait (avant la séance) s'il allait poursuivre le travail avec nous, maintenant que les choses vont mieux. Nous disons que puisque le but du travail est qu'il parte, qu'il abandonne le noyau familial, il est possible d'envisager qu'il quitte le travail avec nous en premier, mais que rien ne presse, qu'il peut y réfléchir, que l'on peut en parler tous ensemble.

Aujourd'hui, Ex-mari nous a paru plus ouvert et loquace. C'est à ce moment-là que F1, à cinq minutes de la fin, s'est mise à parler de ses sentiments vis-à-vis de son père : *il la gêne, elle n'aime pas quand il crie après le*

---

[16] Bien entendu, « bâiller » est une façon de parler. Quand ils en ont la possibilité, de jeunes enfants peuvent se mettre à jouer avec les jeux que l'on met à leur disposition. Ils vont alors faire ce que tous les enfants du monde font : ils vont jouer tout en laissant l'oreille de leur inconscient ouverte pour entendre ce que disent les grandes personnes et en prendre ainsi juste ce qu'il faut pour leur profit personnel d'enfant.

chat, quand il se chamaille avec F2, quand il lui appuie sur la tête, quand il pince le museau de ses babouches ridicules (en forme de tête d'animal) que lui a acheté sa mère.

Se joue là, en plein, le problème de la distance père-fille dans le cadre de l'éveil des motions incestueuses. F1 voudrait dire encore des choses déplaisantes qu'elle ressent envers son père, mais il y a un moment de silence, c'est difficile, elle se tourne vers sa mère et lui reproche qu'*elle va la critiquer, qu'elle lui interdit de dire certaines choses à son père.*

Quelques instants auparavant la famille, et F1 la première, s'esclaffait à propos de l'agression à tendance sexuelle que F1 a subie il y a quelques jours (agression vaguement évoquée à la séance précédente, qui n'a eu aucun caractère traumatisant en soi,[17] mais qui a du éveiller certaines choses en F1, comme la prise de conscience directe de sa capacité à susciter le désir sexuel des hommes).

Nous avons conclu la séance en disant que le départ d'Ex-mari n'était sans doute pas le plus important, mais plutôt ces choses qui se passent entre père et fille, et que s'il était difficile parfois d'en parler, nous leur rappelions la possibilité d'utiliser le monde de la métaphore. À noter qu'à l'opposé de ces dissensions entre F1 et son père, les autres membres de la famille ont remarqué des améliorations : F1 parle parfois à son père, il lui arrive même de l'appeler papa, etc.

D'entrée de jeu les enfants reprennent le devant de la scène au cours de cette séance. Le problème de la relation au clinicien soulevé par F2, d'autres problèmes touchant au fait de « bouffer psychiquement », le problème de la relation père-fille avec F1, la question d'abandonner la thérapie familiale pour Ex-mari, tous ces thèmes ont un point commun : celui de la distance entre les personnes. Distance imaginaire, psychique, physique. Doit-on, peut-on en savoir plus sur la vie privée du clinicien ? Peut-on continuer à envahir la pensée de l'autre ? Peut-on encore se toucher ?

Si l'on suit la théorie des dérivés associatifs, toute cette séance est basée sur des dérivés de ce que l'on pourrait représenter comme un fantasme de fusion-séparation. Il y a fusion au départ, séparation appréhendée, redoutée, mais nécessaire pour se sentir exister. En même temps, une fois la séparation réalisée, la distance prise, on aspire à nouveau à la fusion, on voudrait ne pas se quitter. Toute la séance suit un crescendo : de la distance au psychologue, jusqu'à la distance entre père et fille. Et là, le dérivé est une agression à caractère sexuel.

Nous ne pensons pas qu'Ex-mari soit réellement ambigu avec sa fille aînée. D'après ce qu'il a pu exprimer, il semble qu'il soit en train de perdre

---

[17] L'agression se résume au fait qu'un homme a suivi F1 jusque dans la cabine d'ascenseur pour lui demander de l'embrasser ; mais l'homme étant plus petit qu'elle et sa demande si ridicule que, passé la première peur, elle en a ri.

beaucoup de choses dans sa vie, de gens qu'il aime. Avec F1, il perd la petite fille qu'il pouvait tenir dans ses bras. Il est difficile pour lui de prendre cette distance physique face à la jeune fille qu'elle est devenue. Une jeune fille qui possède aussi son propre élan envers son père, un élan qu'elle tâche de réprimer par l'envers de l'amour : la haine.

Dixième séance : la distance, toujours la distance

Le problème de la distance se pose avec de plus en plus d'acuité dans la famille. D'abord, avec beaucoup de virulence le problème de la distance entre Amant et sa mère, et sa mère et Mère. Celle-ci est très agressive, elle rejette toute la belle-famille, tout comme ses propres parents. Amant est très touché par cette agressivité de Mère, envers lui-même et sa propre mère. Nous pointons que ce problème des distances est le même qu'entre F1 et F2, qu'entre F1 et son père. Problème de la distance psychologique (on se bouffe), ou physique. F1 a soulevé le problème de son père qui est entré dans sa chambre en son absence, elle l'a mis dehors. Le père ne comprend pas qu'il ne puisse pas entrer librement dans la chambre de sa fille.

On parle de la distinction (non confusion) que l'on ferait entre une bonne et une parente, un médecin et un ami. Nous soulignons que c'est comme pour le psychologue, qui semble faire un peu partie de la famille, parce qu'il partage ses secrets, mais on le paye et il reste donc à distance.

Mère parle de ce qui est arrivé à sa « belle-sœur » (du côté d'Amant, c'est-à-dire l'épouse d'un frère d'Amant), qui s'est laissée « bouffer », envahir par la mère d'Amant. Elle a eu un enfant, et cela a continué, elle et son enfant (une fille) sont devenues comme les enfants de la grand-mère. Mère cite aussi l'exemple de cette femme dont le père « ne lui a jamais dit qu'elle ne se marierait jamais avec lui et qui a fini par se suicider ». Et elle explique « qu'avec des liens comme cela on peut finir par en mourir, par être tué, et c'est pour cela qu'elle est aussi agressive ».

On nous apprend que F2 est dépressive avec tendances hypocondriaques. Nous soulignons le fait que ça va mieux chez F1, et maintenant c'est au tour de F2. F2 confirme en disant que le poids est passé de sa mère à F1, puis sur elle maintenant. Nous disons que l'on a mis le psychopathe(F2) en prison et que ce n'est pas apparemment une bonne place pour lui, il devient dépressif. Mère souligne que c'est bien elle la psychopathe avec ses tendances meurtrières. Nous rappelons que c'est ce que nous avions bien vu au test : les idées meurtrières de Mère, étrangement portées par F2.

Mère fait aussi le lien entre ce qu'elle vient de dire à propos de la fille qui s'est suicidée et les liens trop étroits qu'elle ne tolère pas entre Amant et sa mère à lui. Amant est très touché à ce moment-là, au bord des larmes. Nous disons qu'il y a comme deux camps qui s'opposent dans la famille : *d'un côté les hommes (Amant et Ex-mari) qui ne comprennent pas le besoin de distance, qui voudraient que l'on soit tous pareils. Et puis le camp des femmes qui demandent la distance, que l'on distingue entre père et fille, entre adultes et enfants, entre parents et grands-parents.*

Mère explique que c'est pareil pour ce qui s'est passé entre les trois adultes (Amant, Ex-mari et elle-même), cette confusion des rôles, à la fin on ne sait plus on l'on en est et c'est mortel. (Ouf !).[18]

Il semble que plus la famille R approche de la réalité de la séparation et plus se pose avec acuité le problème de la distance entre les personnes. Distance psychique, mais aussi physique, distance entre les générations (Amant et sa mère, une grand-mère et sa belle-fille, père et fille), la distance aussi avec le psychologue. Problème de distance aussi entre mère et fille, dans la collusion fantasmatique (Mère et F2). La famille est prise dans un dilemme : la mise à distance est dangereuse, en tout cas inquiétante, frustrante, on a l'impression que l'on va perdre quelque chose de bon, que l'on va perdre l'amour, peut-être la vie ; et puis, si l'on reste trop proches, sans la distance, là encore, c'est mortel (suicide). Hors de la collusion fantasmatique avec sa mère, F2 se sent dépressive, fantasme d'abandon. La non-distance est si agréable, quelque part, être pensé par l'autre et penser pour l'autre ; hélas, l'individu ne peut y croître.

Nous pensons que le problème de la distance n'est pas l'apanage d'un sexe, d'un âge, mais qu'il est la question fondamentale de tout individu. Cependant, dans une famille, ce problème universel va trouver ses champions, se répartir en forces d'opposition entre les membres. Il ne faudra donc pas croire que les uns sont dans la fusion, les autres dans la séparation ; mais plutôt que les uns, du fait de leur histoire, incarnent à un instant donné les forces de fusion et les autres, de la même façon, incarnent les forces de séparation.

Ainsi, dans la famille R, en cette période difficile où se profile ce qui est ressenti comme « l'éclatement » de la famille, les forces de fusion sont-elles incarnées par les hommes (Amant trop proche de sa mère, Ex-mari trop proche de sa fille), tandis que les forces de séparation sont, elles, mises en jeu par les femmes (dénonciations « féministes » de la mainmise du mari sur l'épouse, du père sur ses filles, du rapproché fils-mère). Ici, le problème de la différenciation vient se confondre avec celui de la lutte des sexes, comme si quelque part le pouvoir masculin avait quelque chose à voir avec la non-séparation…

---

[18] Commentaire à chaud de l'auteur.

Onzième séance : inceste et disqualification

Démarrage difficile aujourd'hui, sur des dérivés d'une scission au sein de la famille entre les hommes et les femmes.

F2 évoque un rêve de F1. En fait un rêve qui ne sera parlé que de l'extérieur, car (F1 et F2 dorment dans la même chambre), c'est le soir que F2 a entendu F1 parler en dormant et demander « où est la clé, la clé ? ». Nous laissons aller les associations familiales qui ne vont pas très loin.

Puis, F2 nous interroge sur son rôle de « psychopathe », elle veut en comprendre la signification, comment ça marche. Étant donnée la phase difficile par laquelle passe F2, nous décidons de répondre clairement à sa demande d'explication : *nous montrons le lien entre ses idées fortes et celles de sa mère. « Psychopathe » n'est qu'une étiquette commode et nous lui rappelons que c'est elle qui s'est désignée comme cela. Nous précisons qu'elle n'est pas à proprement parler psychopathe, mais que tous ici dans la famille jouent un rôle, remplissent une fonction, que c'est comme un jeu qui se déroule et qu'il faut le voir comme un jeu même si parfois ce jeu est difficile à jouer.*

À la suite de cette explication, nous pouvons montrer que la dernière fois nous avions vu qu'il y avait deux camps dans la famille. Celui de « on est tous pareils », « enfants et parents sont confondus », camp joué par les hommes ; et puis le camp de « on est différents, il y a les enfants et les adultes, les parents », camp joué par les femmes. Mais nous précisons que, par exemple, en ce qui concerne Mère, il y a aussi chez elle des éléments de non-différence, car elle a bien accepté jusque-là cette situation trouble avec un mari, un amant, tous les deux mélangés. De là, nous montrons qu'il faut voir comme un esprit de la famille, avec des forces qui s'opposent, des forces pour qu'on soit tous pareils, d'autres pour qu'on soit différents et qu'à chaque instant chacun des membres joue un rôle par rapport à ces forces d'opposition.

À la suite de cette longue intervention, la famille s'oriente à nouveau sur la problématique d'Amant avec ses parents. Mère reproche la trop grande intimité, de nature incestueuse (sic), d'Amant avec sa mère. Après cette longue explication bourrée de détails biographiques, nous remarquons que Mère semble parler à la place d'Amant. Suit un débat houleux sur le fait qu'Amant rabâche les mêmes choses depuis des années, mais aussi que s'il est entendu, il n'est pas écouté. À notre demande d'explication à propos de la nuance entre « être entendu » et « ne pas être écouté », il nous est précisé que la différence c'est bien qu'on l'entend, mais qu'on ne l'accepte pas.

Ce processus de disqualification apparaît aussitôt en séance. Quand Amant dit : « *moi je ressens…* », Mère répond : « *mais non, tu ne sens pas ça, tu fantasmes…* ». À un autre moment, Ex-mari intervient, parlant de lui-même, et Mère fait la même chose, elle dénie le ressenti d'Ex-mari, aidée en cela par F1.

Nous faisons la remarque qu'il y a encore lutte entre les forces de différenciation : « *chacun ressent quelque chose qui lui est personnel et qui doit être accepté comme tel par les autres* », et puis, des forces de confusion : « *on n'accepte pas ce que ressent l'autre et on ressent pour lui, à sa place* ». Pour la première fois, Ex-mari s'anime vraiment. Il explique que lui n'est pas du style à mettre des mots, à philosopher, mais plutôt à agir, à montrer et que c'est sa différence.

Cela devient très dur pour Amant, il se sent poussé par Mère et F1 à évoluer plus vite qu'il ne le peut, on lui dit qu'il doit résoudre ses problèmes avec sa mère, laisser tomber ses parents, avant la naissance du bébé et qu'à cette seule condition, tout ira bien. Amant exprime le besoin de voir le cadre envahir la réalité familiale en guise de support pour lui-même (être aidé par un psychiatre, prolonger indéfiniment la séance pour aller jusqu'au bout, nous demander des conseils pour la réalité familiale). Sur le coup, la séance touchant à sa fin, nous n'interprétons pas, nous faisons silence sur ces demandes. Dans la confusion du départ, j'entends vaguement qu'Amant aurait dû me parler d'une aide personnelle qu'il voudrait demander à un psychiatre.

Dans l'après-coup de la séance, au moment où nous transcrivons notre rapport, nous viennent les éléments suivants :

1) Songer donc à interpréter les demandes d'Amant en termes de tentatives de faire une confusion entre le thérapeute, la thérapie et la vie familiale. Et aussi qu'aller voir un autre psychiatre c'est peut-être une façon de ne pas faire le travail ici avec nous (résistance), tout en représentant une demande d'aide unilatérale au clinicien (tout comme Amant m'avait téléphoné pour me demander conseil).

2) Peut-être revoir ce rêve de « où est la clé ? ».

3) Amant doit renoncer à ces parents, notamment à sa mère. Ici, dans la famille, d'autres personnes doivent renoncer aussi à d'autres personnes. Le père à ses filles, les filles à leur père, l'ex-épouse à son ex-mari, l'ex-mari à son ex-épouse (par tact, ne pas dire que les deux hommes doivent renoncer l'un à l'autre, mais aborder cela de biais au travers de la question suivante à propos du triangle).

4) Les trois adultes doivent renoncer à leur triangle ? Quelle est la signification de ce triangle : ils ont dit, jusqu'à présent, que c'était une façon de se protéger du monde extérieur. Est-ce qu'on ne commence pas à sentir maintenant que le danger viendrait plutôt de l'intérieur ? Ex-mari a dit : *ce sera dur pour celui qui va rester seul*. Amant a dit : *ce sera dur de laisser mes parents à l'extérieur*. Mère a dit : *on va souffrir de se séparer, c'est comme si la famille éclatait*.

5) Que représente pour chacun des trois adultes ce triangle-refuge ? Ce triangle du crime (d'après Mère) ?

6) Pour Amant n'est-ce pas une façon d'entrer dans le lit de maman ? Et le petit garçon s'aperçoit que son pénis est vraiment trop petit et il fait beaucoup d'efforts, très pénibles, pour en avoir un aussi gros que papa (les efforts d'Amant pour égaler Ex-mari dans les travaux ménagers et la cuisine, pour soutenir Mère).

Plus la thérapie avance et plus la lutte entre les forces de différenciation et celles d'indifférenciation prend de l'ampleur, soutenant une forte tension familiale. Dans cette situation critique, certains membres particulièrement exposés sont amenés à demander une aide privilégiée du thérapeute. Bien entendu, cette demande d'aide représente en dernier ressort une tentative d'attaquer le cadre : le thérapeute sortirait de son ubipartisme, il s'agglutinerait à la problématique familiale pour prendre parti directement dans la lutte.

Confondue avec la famille, celle-ci y perdrait son support équilibrant, dans la distance professionnelle. Mais en même temps, sans obligatoirement répondre aux demandes individuelles, nous pensons qu'il faut les reconnaître avec beaucoup de bienveillance, il faut qu'elles soient clairement entendues. Elles sont des appels à l'aide et n'attaquent le cadre qu'en second rang, presque malgré elles, avons-nous envie de dire. C'est pour cela que toute demande individuelle dans une thérapie familiale, qu'elle soit directe ou détournée, doit être attentivement prise en compte par le clinicien qui doit s'efforcer de la satisfaire en partie, dans les limites de son devoir d'ubipartisme et de son éthique professionnelle.

Pour cette raison, nous donnons à F2 une longue explication sur son rôle de « psychopathe » de la famille et nous utilisons cette explication comme un tremplin pour pouvoir expliciter le jeu difficile de la répartition des forces dans la famille, que ce qui vient en premier ce ne sont pas les individus, mais les forces, qu'ils incarnent dynamiquement. Cela signifiant qu'une force n'est pas attachée absolument à un membre, que chaque membre peut représenter des forces opposées selon le moment de son développement, voire le moment de la journée.

La famille R a enfin touché le mot « inceste ». Il est sorti de la bouche de Mère. On peut comprendre ici que ce n'est pas tant l'aspect sexuel du crime (qui dans cette famille s'arrête au fantasme inconscient) qui est le plus important, mais son implication quant à la différenciation entre les membres d'une même famille. « Inceste » signifie alors que l'on ne peut plus penser, ressentir, élaborer psychiquement pour soi. C'est la disqualification suprême de l'individu qui y perd toute autonomie symbolique, fantasmatique, de sa personnalité.

On peut bien se demander comment ça marche ? Dans le fond, pourquoi une jeune fille ne pourrait-elle pas devenir autonome tout en ayant, à un moment donné, des rapports amoureux, sexuels avec son père ? Certains courants de pensée ont effectivement mis en avant ce pourquoi pas.[19] Si l'on s'arrête à la stricte expérience sexuelle de l'inceste, tout paraît simple et réalisable et on peut même envisager un contexte affectif positif, ludique, voire éducatif !

Cependant, un être humain n'est pas qu'un corps qui a du plaisir. Désir et plaisir sont une alchimie subtile qui nous ouvrent à la dimension de la maîtrise-non maîtrise sur nous-mêmes. Le plaisir sexuel est une excitation qui porte en pleine lumière la question cruciale de la maîtrise de soi, qui implique une maîtrise de l'ordre social. La sexualité a donc à faire avec les problèmes du pouvoir. Pour être un peu caricatural, une certaine sorte de couple légitime, peut être « incestueux »,[20] au sens où la relation sexuelle est déséquilibrée par le fait qu'un des partenaires établit son pouvoir sur l'autre grâce à cette relation sexuelle, soit sur mode de plaisir, ou de déplaisir.

Le pouvoir sur l'autre par la sexualité, ce n'est pas seulement le mari phallocrate qui « viole » sa femme tous les soirs, mais cela peut être aussi l'épouse qui frustre son mari de sa jouissance à elle, par sa frigidité. On voit ainsi que la relation sexuelle n'est pas qu'un jeu des corps, mais elle est aussi un jeu, sous la forme d'une lutte, des esprits. Alors, dans les relations parents-enfants, ou la question du pouvoir est si cruciale, dans ce contexte éducatif, de déséquilibre des niveaux de maturité, l'inceste n'est pas qu'une partie de plaisir, même s'il est partagé et consenti mutuellement, il est aussi une mainmise de l'adulte sur la personnalité de l'enfant et c'est bien en cela qu'il est le plus destructeur.

Double atteinte à la personnalité en ce que l'enfant envahi par les fantasmes du parent ne développera pas ses propres fantasmes, et qu'en plus il n'atteindra jamais à la dimension de la maîtrise du désir qui se bâtit sur la frustration des élans incestueux. À partir de là, on comprendra que dans toute famille, même en l'absence d'inceste effectif, toute relation de pouvoir excessif entre des membres est symboliquement un équivalent d'inceste.

Douzième séance : les deuils et les renoncements

Amant dit que les choses vont beaucoup mieux, Mère ne l'attaque plus, elle ne lui parle plus de ses parents pour les critiquer. Durant cet entretien, sont mis au clair les forces de confusion, du côté d'Amant avec sa trop grande proximité de ses parents, ses tentatives de mêler à la famille le cadre de la thérapie. À noter que la famille a embauché une femme de ménage (qui

---

[19] Dans les années 1970, nombre de revues « sexologiques » naissantes, dans leur courrier des lecteurs, pouvaient rendre compte de telles expériences d'inceste naïf. Romance, provocation ou réalité ? En tout cas le fantasme était bien là, lui.
[20] P.-C. Racamier dirait « incestuel ».

vient se substituer à Ex-mari), une personne étrangère qui, dans une séance antérieure, avait été évoquée comme dangereuse et intrusive avant que la décision d'embauche ne soit prise. La femme de ménage étant, elle aussi, un professionnel au service de la famille, nous pensons que l'on peut voir là un dérivé d'un danger d'intrusion du thérapeute dans la famille, évoqué dans une dernière séance par F2 (en tant que thérapeute nous faisons aussi le « ménage » à notre façon...). L'embauche de cette femme de ménage signifie à la fois que la famille semble bien rassurée de la distance du clinicien, mais aussi qu'elle fait un premier pas vers l'exclusion d'Ex-mari.

Les forces de confusion sont aussi évoquées du côté de Mère avec son père qui est présenté comme un manipulateur, tout-puissant, mortifère, qui asseyait son pouvoir par des stratégies perverses confusionnantes.

Nous parlons du renoncement (père-filles, filles-père, etc.) et pour les trois adultes renoncer au triangle *criminel*, de *Satan et ses œuvres* (termes de Mère) et nous interrogeons Ex-mari, nous nous demandons comment, lui, a pu participer à ce triangle, qu'est-ce qui explique pour lui, par rapport à son enfance cette façon d'accepter l'amant de sa femme. Il dit qu'il a senti qu'il fallait qu'il se retire, qu'il était *out*. Il parle pour la première fois de son enfance, on l'aide à s'exprimer. Sa mère meurt lorsqu'il a 2 ans et il fut élevé en grande partie par une tante paternelle. Celle-ci avait une grande fille, médecin, qui est morte très jeune, trois mois après son mariage, cela ajouté à d'autres deuils qui avaient du mal à se faire dans cette famille. Cette fille médecin avait beaucoup compté pour Ex-mari. Puis, Ex-mari a perdu son père lorsqu'il avait 15 ans. Comme dit Mère : « *Je l'ai épousé parce que je sentais un potentiel en lui, mais il a fini par jeter l'éponge, il est suicidaire dans son attitude, mais on ne peut pas le rejeter quand même* ».

Nous disons que tous les enfants rêvent à un moment ou à un autre de tuer leurs parents, mais que ça a dû être difficile pour Ex-mari quand les gens tombaient tout seul, que l'on peut peut-être comprendre qu'il n'ait pas pensé à tuer l'amant de sa femme, comme on le voit au cinéma ou au théâtre. Nous disons cela, qui peut paraître un peu fort sorti de son contexte, en lien avec l'espèce de fatalisme auquel se réfère constamment Ex-mari. Nous mettons en opposition la famille de Mère où la violence, parler de tuer des gens, semble très communs.

Les deux filles commencent à s'ennuyer, F2 baille et éclate de rire en nous regardant, F1 joue avec les pressions et les fermetures de son anorak. Nous avons l'impression que nous avons atteint le noyau de la problématique familiale, celle qui ne met en jeu que les trois adultes.

Amant évoque un « *transfert* » de Mère, de ses parents à elle sur la famille, mais il ne parvient pas à expliquer ce qu'il veut dire par là. Mère ne saisit pas très bien, non plus, ce transfert. Serait-ce en rapport avec les stratégies de pouvoir de son père ?

Nous sentons au cours de cette séance que la famille R est en train d'amorcer un nouveau tournant dans son travail. Les ajustements nécessaires semblent avoir été réalisés autour de la problématique de la distance, maintenant d'autres éléments commencent à émerger, comme l'enfance d'Ex-mari, la mort qui rôde dans cette famille d'Ex-mari, le suicide dont parle Mère, le meurtre du rival que nous inspire, contre-transférentiellement, cette thématique mortifère. Les deux filles semblent s'ennuyer à nouveau, au point que nous avons du mal à sentir leur place, désormais, dans la thérapie. Les adultes eux-mêmes nous semblent comme figés ; plus personne n'ose bouger devant tant de souffrance.

Treizième séance : la tension monte

Une séance pénible qui a vu se confronter directement le père et ses filles. D'abord F1 qui lui reproche son apragmatisme (il ne peut partir aussitôt du foyer, car il manque d'argent, mais lorsqu'il a de l'argent il le gaspille en s'achetant des appareils électroniques. En fait, une grande partie de cet argent aurait été donné à la mère, chose que F1 ne savait pas). F1 pleure. F2 se plaint, en pleurant aussi, de ce qu'elle ne se sent pas aimée de son père, qu'elle ne supporte plus qu'il crie sur elle, ou sur le chat, la violence qu'il exprime en marchant fort, en claquant les portes.

Pendant ce temps-là, étrangement, Mère paraît hilare et nous nous sentons comme agressés silencieusement par elle. Sa posture d'abord. Elle porte une jupe culotte assez courte sur les cuisses, décente à première vue, mais elle se tient assise avec les cuisses grandes ouvertes, c'est cela qui nous choque, position trop détendue, provocante. Nous ne savons pas si son quatrième mois de grossesse, encore peu visible, justifie tant la posture que l'état d'esprit. Lorsque les plaintes des filles s'épuisent, qu'Ex-mari y répond sur le ton du dépit (il va changer, mais il trouve tout cela exagéré), nous soulignons que « *maman a l'air d'être à l'aise dans ses baskets* ». Alors, Mère explique qu'elle est très contente de ce qui se passe, que le père soit confronté à ses filles, car habituellement c'est elle qui sert d'intermédiaire et elle se sent soulagée.

La famille en vient à parler du chat, animal infernal qui occupe ses nuits à de multiples méfaits. Ambivalence, on en marre de réparer ses bêtises, mais il est si mignon qu'on le tolère. Nous disons que nous avons l'impression que le chat représente *la partie sauvage de l'esprit de la famille*.

Ex-mari a l'air assez secoué. L'ambiance n'est pas à la joie. Amant parle un peu et on lui reproche de trop intellectualiser. Puis on reconnaît que cela aide parfois. Ambivalence encore. Le temps s'épuise.

Fin de la séance, nous acceptons un décalage d'horaire exceptionnel pour la prochaine séance, justifié et accepté par toute la famille. Décalage demandé à nouveau par Amant, mais pour motif professionnel cette fois. Il nous dit que *nous aurons ainsi le temps de réfléchir à la situation familiale* (c'est là encore une façon d'empiéter sur notre vie privée dans l'extrafamilial, de poursuivre les séances en dehors des séances) ; nous ne répondons rien, nous attendons que Mère ait terminé de remplir son chèque…

(Plus tard Mère a appelé pour annuler le rendez-vous, toujours pour motif professionnel d'Amant. La prochaine séance aura lieu dans quinze jours).

La tension commence effectivement à monter dans la famille. Le système de circulation des informations des filles à leur père, via la mère, est désormais court-circuité, les filles adressent directement leurs reproches à leur père : l'apragmatisme, la violence. Cette transaction directe est très positive, car elle soulage Mère et permet au père de reconnaître ses erreurs. Aussitôt apparaît une métaphore spontanée, nous pensons que le chat est un dérivé associatif du père. Comme lui il est un peu sauvage, mais on l'aime bien malgré tout, on est ambivalent. Comme la tension monte, les affects pénibles commencent aussi à émerger, la famille a besoin de moduler son travail, de prendre un peu de distance pour souffler un peu.

Quatorzième séance : comment se servir du thérapeute ?

(La famille nous téléphone pour nous prévenir qu'elle arrivera avec une demi-heure de retard) (!).

Ils arrivent, en meilleure forme que l'autre fois. Nous proposons de parler du sens que peuvent avoir l'ajournement de séance, le retard. Mais dans un premier temps nous sommes disqualifiés par F1 qui laisse entendre qu'elle va vers des exploits au niveau de ses résultats scolaires. Mère n'est plus provocante et se tient assise correctement. La discussion se poursuit, essentiellement axée sur le couple Amant et Mère et ses conflits de communication. Mère se plaint de ce qu'Amant ne soit pas assez disponible pour elle et, en même temps elle se plaint de ce qu'on ne la laisse pas assez seule, alors qu'elle passe, du fait de sa grossesse, toutes ses journées seule chez elle devant la télévision.

Les enfants s'ennuient, elles voudraient jouer et nous demande de passer un autre test. Ex-mari se demande, quant à lui, à quoi cela sert qu'il vienne aux séances. Mère aussi se demande si c'est utile à présent. Voilà sans doute la réponse à notre interrogation initiale. On dévie un peu sur Amant qui fuit quelque chose, en fuyant la maison, en se trouvant brusquement accaparé par son travail, ses rendez-vous d'affaires. Il fuit ses responsabilités de futur père, dira Mère, mais elle accepte cela, au sens où elle lui accorde ces réactions qu'elle juge comme normales.

Sur la fin, un bilan est réalisé et on réajuste le cadre. Nous prenons en compte les demandes de chacun. Nous suggérons que la progression naturelle de la thérapie verra le départ du père d'abord, des enfants ensuite, pour se centrer à la fin sur le couple Amant-Mère. Tout le monde est d'accord avec ce programme. Nous disons ensuite que nous accepterons d'interrompre le traitement si c'est nécessaire, ou bien de faire une pause ; mais, étrangement, à ce moment-là ils hésitent. Nous proposons alors une alternance entre une séance en couple et une en famille. Cela semble plaire à tout le monde. Les deux filles voudraient travailler sur la métaphore, avec des images. Les adultes disent éprouver des difficultés pour inventer à partir de la situation familiale (TSP), il leur semble que ce serait plus facile avec des images (TAST). L'atmosphère est plus détendue. Prochain rendez-vous est donc pris pour le couple Amant et Mère.

Lorsqu'une famille parvient en un point difficile de son travail thérapeutique, elle cherche naturellement à doser son effort, sa peine, sa crise. Pour cette raison, on peut avoir l'impression qu'elle attaque délibérément le cadre de la thérapie, elle demande des aménagements, des changements techniques, ou bien elle commence à prendre une certaine distance en manquant des rendez-vous, en arrivant en retard aux séances. Les membres peuvent commencer à exprimer de façon non verbale, ou verbale, de l'ennui, l'impression que l'on n'avance plus, alors ils peuvent devenir exigeants vis-à-vis du thérapeute, lui demander un soutien spécifique, des conseils, plus d'humanité, de l'amitié. Sous une telle pression de demandes, nombreux sont les cliniciens qui se cabrent, cherchent à se protéger et renvoient trop brutalement la famille à elle-même. Nous avons vu plus haut que l'interprétation de l'attaque du cadre, ou le mutisme, sans rien donner à la famille, pouvaient être des fautes graves, qui peuvent entraîner la perte du lien thérapeutique positif, la famille pouvant perdre confiance en son thérapeute, ou avoir des ressentiments à son égard.

Notre façon de faire avec une famille est beaucoup plus souple. Notre règle numéro un est de préserver au maximum le lien thérapeutique positif, à la base de l'efficacité en thérapie. Notre règle numéro deux est de toujours répondre, d'une façon ou d'une autre, aux demandes de la famille ou de l'un de ses membres. Enfin, notre règle numéro trois est qu'il est préférable de sentir les demandes assez tôt pour pouvoir les devancer et ainsi garder la maîtrise de la situation, ce qui garantit notre compétence professionnelle.

Car, bien entendu, le maintien d'un lien positif, répondre aux demandes ne signifie pas que l'on fasse n'importe quoi de façon irresponsable. Répondre à une demande ne consiste pas uniquement à la satisfaire, il convient d'abord de l'entendre, de la comprendre et de montrer à la famille cette attention et cette compréhension de notre part. Ensuite, il est toujours possible de discuter clairement des conséquences néfastes que peut entraîner telle réponse à telle demande, puis de proposer un compromis, ou de faire un essai. En agissant ainsi, en ne refusant pas d'emblée la demande familiale, on rend la famille responsable de sa demande, on ne fait que lui donner notre humble avis d'expert et cette façon de faire conduit bien souvent une famille à renoncer à sa demande inadaptée pour se ranger à l'opinion de l'expert en lequel elle a gardé sa confiance.

Notre idée est qu'une psychothérapie ne doit jamais être trop rigide, sans souplesse, sinon elle s'apparente à une éducation trop stricte qui empêche le jeune de faire ses propres expériences et erreurs. Ici aussi il faut trouver un juste milieu entre laisser la personne vivre ses expériences et en tirer les leçons et protéger la personne d'expériences qui pourraient avoir des conséquences irréversibles et trop importantes.

La famille R a besoin, visiblement, de moduler son effort de changement. Nous faisons ici le choix de devancer sa demande qui, pour le moment, ne s'exprime que de façon détournée. Pour tester la famille, nous commençons par proposer des options définitives et importantes, comme l'arrêt du traitement, ou une pause pour une durée indéterminée. Le recul est immédiat, ils ne veulent pas arrêter maintenant. Alors nous passons à des options plus douces, qui laissent envisager un avenir, une progression. Les gens aiment bien savoir quand cela va se terminer et même si le thérapeute ne connaît pas la réponse, il est préférable qu'il donne une estimation, ou au moins qu'il décrive un processus qui va évoquer un déroulement temporel. À première vue, la notion psychanalytique d'un inconscient atemporel peut justifier le refus classique de fixer à l'avance une fin à la cure. Cependant, les personnes ne sont pas que de l'inconscient à cent pour cent. Les processus de pensée consciente ont besoin d'un déterminisme, d'une perspective temporelle et il est utile de répondre à ce besoin.

À la fin, nous tombons d'accord avec la famille pour alterner entre un entretien familial et un entretien du couple Amant-Mère. Au sens strictement technique, cette façon de procéder est une erreur, car dès que l'on scinde le groupe familial, il va commencer à apparaître de la méfiance vis-à-vis du thérapeute. Les gens voudront savoir ce qu'il s'est dit pendant leur absence. Durant les séances, ce sera l'occasion pour les individus, ou les sous-groupes de chercher à rompre l'ubipartisme du clinicien. Et puis, au bout d'un moment la famille se rend bien compte que le fractionnement empêche les confrontations et s'il soulage sur le coup de la tension des conflits familiaux, il s'avère à plus ou moins long terme comme stérile. Nous laissons cependant la famille vivre cette erreur, tout en nous préparant à l'informer rapidement, preuves à l'appui, de ses inconvénients.

Winnicott (1975) parle à juste titre de la capacité du patient à utiliser l'analyste. Une capacité qui renvoie aux relations précoces du bébé avec sa mère ou les adultes importants qui peuvent s'occuper de lui. Dans cette capacité se situe la possibilité d'attaquer le thérapeute et le cadre et la question que pose l'auteur est : est-ce que le thérapeute, la technique et le cadre thérapeutiques survivent ou ne survivent pas aux attaques destructrices du patient (de la famille). Cette capacité de survivre implique l'idée pour Winnicott d'une absence de représailles, représailles au rang desquelles il place en premier l'interprétation, au sens où une interprétation peut servir au clinicien de rempart pour se protéger. En « bonne mère », le clinicien survit à l'attaque et il y gagne une récompense sous forme « d'amour », ce que nous préférons appeler, dans un contexte familial, un lien positif, un système thérapeute-famille consistant (on parle aussi d'alliance thérapeutique — Minuchin, 1979).

La question est à présent de savoir comment le clinicien peut survivre face aux attaques de la famille ? Comment une « bonne mère » survit-elle ? La réponse de Winnicott est qu'elle crée pour l'enfant un espace potentiel dans lequel mère et enfant pourront jouer, se rencontrer sans se détruire mutuellement. La mère va porter autant physiquement que psychiquement son enfant. Elle va lui parler, le stimuler, répondre à ses demandes, le frustrer à d'autres moments, mais toujours communiquer, faire être le bébé une personne.

Transposé au niveau familial, ce *holding* winnicottien implique que le thérapeute crée lui aussi un espace potentiel dans lequel il puisse rencontrer la famille en sécurité, dans lequel il apportera une parole, des jeux, des stimulations, de la communication, des fantasmes, dans lequel il répondra à quelques demandes, fera des compromis avec d'autres, en frustrera certaines. La famille R nous demande un jeu, un support pour lui permettre d'imaginer, de penser, de fantasmer, car elle sait inconsciemment pouvoir y trouver un soulagement à ses tensions, des éclaircissements à sa compréhension d'elle-même et les réaménagements psychiques dont elle a besoin. Notre devoir de thérapeute familial est bien de répondre à cette demande.

Quinzième séance : l'histoire d'un couple

Séance de couple aujourd'hui, au cours de laquelle on a vu l'histoire du couple et certaines facettes de la personnalité de Mère. Amant et Mère se sont rencontrés il y a 7 ans de cela, par minitel. C'était d'abord un jeu, qui est devenu sérieux pour Amant, un défi, alors que Mère, de son côté, songeait plutôt à mettre un frein à la passion dévorante de cet homme. Elle lui faisait subir des épreuves proches du sadisme, mais qui avaient le don de le stimuler davantage. Le couple semble s'être rencontré dans un contexte ludique qui a favorisé une grande complicité entre eux.

Mère a révélé cette facette de sa personnalité qui la conduit à s'inventer des personnages et à les jouer dans la réalité de sa vie quotidienne. Elle relate une expérience au cours de laquelle, pour des motifs essentiellement pécuniaires, elle se fait interner volontairement en psychiatrie.

Nous demandons si cette façon de jouer des personnages n'est pas gênante pour l'entourage proche. C'est effectivement le cas. On ne sait plus parfois, dans la famille, si Mère dit la vérité, ou si elle joue une comédie. Cette façon de se déguiser remonte à son adolescence quand, sa mère devenue malade, son père et ses frères plus âgés lui demandèrent d'assumer les tâches ménagères. Elle se révolta alors et se mit à jouer un personnage dur, fort, haïssable.

Amant dit qu'il voit deux personnages en Mère : cette femme dure, agressive, égoïste ; mais en dessous il y a quelqu'un de faible, qui a besoin d'être soutenu et rassuré.

Sur la fin de la séance, nous évoquons le prochain rendez-vous qui sera familial, à cinq, et l'on me dit qu'on ne sait pas si les filles viendront, car jusqu'à présent c'est Mère qui payait les séances, elle veut maintenant que les filles participent avec leur argent de poche, celles-ci ne sont pas contentes de cette solution. On me dit que F1 pense que le psychologue sera contre elles, qu'il ne les soutiendra pas. Ici, entre en interaction le médecin de famille – une femme qui aurait une formation de psychologie médicale – et qui intervient beaucoup auprès des filles, tendant même à nous disqualifier auprès d'elles.

Nous sommes toujours embarrassés par ce genre de révélations, alors que la séance est terminée et que nous attendons notre chèque. Nous disons que nous considérons le paiement comme familial, mais nous ne savons pas si on peut l'exiger des enfants. Nous disons aussi qu'aller voir un autre thérapeute pourrait être une façon de ne pas faire le travail ici, avec nous. Amant et Mère sont d'accord avec cette idée. En attendant, nous sentons que nous sommes contre les filles – sans parler d'Ex-mari qui est complètement passé aux oubliettes.

Voici les commentaires à chaud que nous nous étions faits à l'issue de cette séance de couple :

1) Nous voudrions faire l'hypothèse que lorsqu'un membre de la famille fait appel à un thérapeute étranger au contrat initial, c'est qu'il se sent lâché par le thérapeute familial.

2) Nous ne pensons pas que la solution de l'alternance entre séance de couple et séance familiale soit correcte. Nous avons l'impression que déjà apparaissent les premiers effets au niveau de la confiance en le thérapeute. Il faudra que nous abordions cela.

3) Ils s'attendent, les filles surtout s'attendent à ce que nous proposions un support pour une métaphorisation, peut-être pourrions-nous utiliser cette attente. Une métaphore à leur proposer, un conte à terminer, par exemple, qui mettrait en jeu cette problématique de la séparation qui nous paraît à la base de ce qui se passe en ce moment.

Les effets prédits de la scission familiale en thérapie se sont manifestés sans délai. Les filles se sont tournées vers le médecin de famille et un problème de paiement émerge à propos pour nous faire passer le message que nous, thérapeute, sommes dans l'erreur. Mais en même temps, cette erreur est l'œuvre de la famille, c'est elle qui nous a conduits à assouplir le cadre. Si nous revenons maintenant à l'idée winnicottienne du « patient qui utilise son analyste », nous avons permis à la famille R d'expérimenter une erreur, notre rôle n'est pas de lui faire des représailles, en la culpabilisant, par exemple, mais de prendre sur nous cette erreur. C'est, en fait, une expérience que thérapeute et famille ont tentée, ils en sont coresponsables et en tireront la leçon ensemble.

Seizième séance : le conte des cinq petits lutins

Séance prévue à cinq, mais Ex-mari était absent. On ne me donna pas la raison exacte de cette absence, mais on me laissa entendre qu'Ex-mari était pris au piège, qu'il devait partir, n'en trouvait pas le courage et évitait de se remettre en question en ne venant pas. Après nous être assuré que tout le monde était d'accord pour passer au travail prévu dans l'imaginaire, nous leur avons proposé de compléter un conte (que nous venions d'écrire une heure auparavant). Voici le conte en question, dont nous leur avons fait une lecture.

« Il était une fois cinq petits lutins qui vivaient dans une petite maison au cœur d'une forêt profonde.

« Tous les cinq se ressemblaient beaucoup, mais chacun d'eux avait sa personnalité et sa spécialité dans la vie quotidienne.

« Il y avait d'abord Lutin Bricoleur, un peu rondouillard et jovial, qui réparait tout ce qui n'allait pas à la maison, faisait la cuisine et n'ouvrait la bouche que pour crier après les autres lutins ou le chat de la maison (un chat sauvage, comme le sont tous les chats des bois, avec un sale caractère, des manies et des côtés un peu délinquants, mais adorables malgré tout).

« Il y avait ensuite Lutin Bavard. Ce lutin avait une grosse tête bien pleine ce qui fait que ses idées débordaient par sa bouche sous forme de mots, de phrases, d'arguments logiques et autres philosophies que les grandes personnes font semblant de comprendre, que les enfants ne comprennent pas du tout, mais dont ils rient beaucoup, si elles ne les ennuient pas.

« Il y avait ensuite Lutin Lutteur qui, comme son nom le suggère, était très musclé et aimait beaucoup la bagarre. Il ne se battait jamais vraiment avec les autres lutins, quoique parfois ce soit limite. Non, Lutin Lutteur était un grand chasseur de monstres, dragons et autres dinosaurus, mâles ou femelles, qu'il ramenait à la maison et qu'il donnait à Lutin Bricoleur pour préparer le repas.

« Il y avait ensuite Lutin Tragique qui était le plus beau des cinq lutins ; plein de grâce, délicieusement délicat, sans doute très intelligent, presque aussi intelligent que Lutin Bavard, mais aussi très vaniteux. Lutin Tragique était voué à un destin grandiose, il devait éclairer le monde de son talent et il ne supportait pas que les autres lutins ne soient pas constamment à ses petits soins, pour reconnaître sa grandeur tragique, sa délicatesse, son émouvante fragilité, pour le servir et l'aider à résoudre tous ses grands problèmes de petit lutin.

« Il y avait enfin Lutin Silencieux. C'était un lutin tranquille, peu bavard, un tout petit lutin bien ordinaire, mais qui cachait un très très grand secret. Lutin Silencieux semblait ne pas faire grand-chose, il menait sa petite vie paisible, discrète, parmi les autres lutins et passait inaperçu. Cependant, c'eut été une grosse erreur de penser que Lutin Silencieux ne faisait rien, ne servait à rien, car dans le secret de la maison, c'est lui qui portait et supportait tout le poids des plus lourdes idées de tous les autres lutins. Les grandes personnes ne vous croiront pas si vous leur dites que des idées pèsent lourd. A-t-on vu quelque part une idée incliner le plateau d'une balance ? Quelle bêtise ! Mais tous les enfants savent que certaines idées sont très lourdes à porter sur la balance du cœur. Bien sûr, cela fait parti de ces choses invisibles auxquelles les grandes personnes ne croient pas, ce qui leur permet de s'en décharger sans remords.

« Nos cinq lutins avaient beaucoup de problèmes entre eux.

« Lutin Bricoleur et Lutin Bavard se chamaillaient beaucoup parce que Lutin Bricoleur, en criant, empêchait Lutin Bavard de parler ; ou bien c'était le contraire, Lutin Bavard, en bavardant, empêchait Lutin Bricoleur de crier. Mais le pire était quand Lutin Bavard essayait de faire la cuisine, ou que Lutin Bricoleur essayait de faire de la philosophie. À ce moment-là, ils étaient à deux doigts d'en venir aux mains.

« Lutin Lutteur qui faisait du bruit tous les soirs au grenier avec ses appareils de musculation, qui n'arrêtait pas, tous les jours, d'entasser des monstres, dragons et autres dinosaurus, mâles ou femelles, nauséabonds, dans la cour de la maison et qui n'arrêtait pas de chercher la bagarre avec les autres lutins, devenait de plus en plus pénible.

« Lutin Tragique piquait des crises de nerfs, ou des crises de larmes, ou des crises tout court. Il n'arrêtait pas de demander plein de choses aux autres lutins. Il n'était jamais satisfait. Il voulait partir, quitter la petite maison et la forêt qui, disait-il avec sérieux, « cache la lumière de mon génie ».

« Lutin Silencieux, enfin, était souvent malade et fatigué. Les autres lutins ne voulaient pas le prendre au sérieux, car ils ne connaissaient pas son secret, ils ne voulaient pas voir le poids des idées collectives que Lutin Silencieux devait descendre à la cave, en cachette, toutes les nuits. Le problème de Lutin Silencieux était aussi que la cave avait ses limites,

qu'elle était déjà bien pleine, avec des idées entassées dans tous les coins, mais il ne savait pas comment prévenir les autres lutins.

« *Un jour, nos cinq lutins décidèrent d'aller voir un Grand Sorcier qui vivait sur une montagne et qui pouvait les aider à résoudre tous leurs problèmes. Après les avoir écoutés, avoir reçu quelques pièces d'or en cadeau, le Grand Sorcier leur dit :* — « *Vous devez tous quitter la petite maison au cœur de la forêt profonde.*

— « *Lutin Bricoleur devra partir se mettre au service, pour quelque temps, de mon cousin le Sorcier de l'Île, afin qu'il y apprenne à parler sans crier.*

— « *Lutin Bavard devra se rendre au Puits des Sornettes pour y vider une partie de sa tête trop pleine.*

— « *Lutin Lutteur devra laisser tomber ses altères et ses bagarres et éplucher tous les oignons qu'il faudra pour apprêter les monstres, dragons et autres dinosaurus, mâles ou femelles, qu'il a entassés dans la cour de la petite maison et dont il fera des conserves.*

— « *Lutin Tragique devra songer à quitter la forêt profonde pour pouvoir éclairer le monde, mais avant, il devra apprendre à éclairer sa propre misère.*

— « *Enfin, Lutin Silencieux n'a rien à faire de précis ; simplement, tous les autres lutins doivent vider la cave, chacun devra reprendre ses propres idées.* »

« *Entendant cela, nos cinq petits lutins furent très mécontents et ils rentrèrent chez eux en bougonnant, en râlant : «Quel imbécile de Grand Sorcier, s'il croit que nos problèmes vont se résoudre ainsi ! »*

« *Alors Lutin Bricoleur se mit à crier de plus belle, Lutin Bavard à philosopher encore et encore (il parlait d'aller voir un autre sorcier). Lutin Lutteur s'acheta une mitrailleuse pour tuer encore plus de monstres, dragons et autres dinosaurus, mâles ou femelles, Lutin Tragique piqua une de ses crises favorites, celle où elle se roule parterre en bavant (et elle parla aussi d'aller voir un autre sorcier). Enfin, seul Lutin Silencieux resta silencieux et descendit encore plus souvent mettre de l'ordre à la cave.*

« *Pourtant, chacun savait au fond de lui que le Grand Sorcier avait raison, car il n'avait fait que dire tout haut ce que tous pensaient tout bas. Alors, que vont faire nos cinq lutins pour que cette histoire se termine comme se terminent tous les contes ? »*

Le conte fut accueilli par la famille avec beaucoup de plaisir et des éclats de rire. Même les petites piques, lancées de-ci, de-là, passèrent très bien. Chacun se reconnut et reconnut les autres dans chaque lutin. Nous avons distribué feuilles de papier, stylos et nous leur avons demandé d'écrire rapidement, chacun pour soi, une fin à ce conte et qu'après nous allions confronter ces différentes fins. L'écriture dura une vingtaine de minutes. Voici les productions de chacun sous une forme résumée et dans l'ordre où elles ont été restituées.

Amant : « *La soirée qui suit la visite chez le Grand Sorcier fut très animée pour les cinq lutins devenus tous très bavards, ils cachaient derrière des mots les pensées qu'avait suscité le Grand Sorcier. Ils avaient en face d'eux la vérité qu'ils cherchaient à se cacher quotidiennement à l'aide d'une haute barrière selon le caractère de chacun. Aujourd'hui, conscients de leur inconscience, ils devaient trouver la clé de leur propre prison sous peine d'y périr d'une mort atroce par les armes des défauts de chacun et malgré l'amour qu'ils avaient les uns pour les autres. La nuit fut aussi très agitée : où est donc cette clé ? Au petit matin Lutin Bavard proposa un jeu que tous finirent par accepter : que chacun écrive sur un papier l'endroit où se trouve la clé. Au dépouillement on trouva les mots suivants : amour, respect, confiance, avenir, foi. La solution est sans doute dans tous ces mots, avec lesquels il reste à fabriquer la clé. »*

Hormis le fait qu'Amant semble reprendre, comme en miroir, la situation du conte thérapeutique (le jeu proposé par Lutin Bavard), Mère trouva ce texte trop intellectuel, pas assez axé sur le concret. Amant se défendit en disant qu'ils en étaient tous là, dans l'abstrait et l'inaction, reportant toujours à demain ce qu'il faudrait faire le jour même. Peu à peu émergea le fond de la problématique : tous étaient d'accord pour que le père s'en aille, mais il ne voulait pas partir et tous avaient peur qu'il ne s'effondre s'ils le mettaient à la porte. En fait, il apparaissait maintenant la vérité de la fragilité du père qui pouvait très bien finir clochard, ou pire, que l'on ne voyait pas être capable de se remarier.

Mère ressent avec une grande acuité cette faiblesse et, lorsque nous lui avons fait la remarque à propos de sa philosophie, vis-à-vis de sa fille aînée, celle du « noyé sur la tête duquel on appui pour l'aider », elle nous répondit que cette philosophie était valable pour F1, car elle savait que sa fille avait l'énergie pour s'en sortir, mais pas son ex-mari ; elle avait l'impression que lui se noierait.

Amant, de son côté, ressent la violence sous-jacente à l'énergie qu'il devrait mettre pour « éjecter » Ex-mari et cette violence lui fait peur.

F1 sent aussi que son père est très fragile et qu'il risque de s'écrouler, mais en même temps elle sent qu'il joue un mauvais jeu avec eux, qu'il cherche à les culpabiliser, qu'il les manipule en restant silencieux, le nez dans son assiette, en faisant croire que c'est suffisant qu'il fasse la cuisine pour se permettre de rester.

F2 nous paraît plus indécise, tout en étant d'accord avec les autres pour dire que son père doit partir.

Le second texte est de F2 : « *Les cinq lutins se mirent autour d'une table ronde, tous à la même hauteur, sans chef, ce qui ne donna rien de bon. Ils retournèrent voir le Grand Sorcier, mais la conclusion était toujours la même : Lutin Bricoleur devait partir. Alors il partit ! Lutin Lutteur éplucha les oignons et fit des conserves, Lutin Bavard vida son crâne, Lutin Tragique ne fut plus tragique et partit au ciel, Lutin Silencieux ne vida pas sa cave, mais la fit exploser avec de la dynamite. Et le chat devint gentil.* »

Ce texte simple et conformiste, lu rapidement, ne donna pas lieu à des développements significatifs.

Production de F1 : « *Les cinq lutins sont partis voir un autre sorcier qui leur a dit les mêmes choses que le premier. Alors ils parlèrent entre eux et Lutin Bricoleur partit. Puis, ce fut au tour de Lutin Tragique qui partit vers son destin brillant. Lutin Silencieux allait toujours visiter la maison dans la forêt, Lutin Lutteur frappait toujours les animaux, mais il ne les tuait plus. Lutin Bavard continua de tourner en rond en marmonnant ses idées et partit lui aussi. Lutin Bricoleur et Lutin Tragique ne se revirent plus jamais. Seul Lutin Silencieux revoyait régulièrement chacun des lutins.* »

Ici encore peu de commentaires sur ce texte.

Enfin la production de la mère : « *Lutin Silencieux part tout seul en vacance. Il réfléchit et en revenant il demande aux autres de l'aider à vider la cave. Lutin Bricoleur trouve une autre maison où il peut bricoler. Lutin Bavard se met à faire de la politique et ayant ainsi beaucoup parlé dans ses nombreux discours, de retour à la maison il n'embête plus les autres lutins. Lutin tragique se prend en charge et devient plus calme et serein, il part exercer son art, sa tragédie. Enfin, Lutin Lutteur épluche les oignons qui le font pleurer, mais il finit par tout jeter dehors, les monstres et les oignons, et faire autre chose, par exemple, garder le chat sans le faire rôtir.* »

Le reste de l'entretien confirma le fait qu'ils se sentent tous dans le très grand désir de voir Ex-mari partir, mais qu'ils ne se décident pas concrètement à l'obliger à partir. Ils sentent qu'il est très fragile et qu'il risque de s'écrouler s'ils arrêtent de le soutenir. Ex-mari s'isole de plus en plus, il ne prend même plus contact avec sa propre famille (tante, sœurs) et semble se replier sur la famille R.

On pense qu'il aurait besoin de l'aide d'un psychologue, mais qu'il ne fera jamais la démarche pour cela, qu'il risque aussi ne plus vouloir venir aux séances pour éviter d'être remis en question, chose qu'il fait déjà à la maison en se murant dans le silence chaque fois que l'on cherche à aborder avec lui la question de ses démarches pour trouver un appartement ou du travail.

Comme l'entretien touche à sa fin, nous les questionnons à propos du cadre pour la suite. L'alternance entre le couple Amant-Mère et toute la famille semble ne plus inspirer personne. Nous profitons de ce revirement pour expliquer les inconvénients d'un travail avec des sous-groupes et que nous souhaitons les revoir tous ensemble. Amant explique qu'il a l'impression qu'ils vont « tourner en rond », surtout si Ex-mari ne vient pas aux séances. Nous disons qu'ils sont en train de chercher l'énergie pour mettre Ex-mari à la porte, alors même si les séances sont ennuyantes, nous leur demandons de considérer cet ennui comme un stimulant pour trouver cette énergie qui leur manque. On me parle « d'abcès prêt à être percé » pour illustrer la tension familiale.

Nos remarques à chaud sont que pour la suite du travail il reste à approfondir les transferts familiaux : d'Amant qui se retrouve au sein d'un couple parental dont il doit chasser (tuer) le père ; d'Ex-mari qui vit lui aussi au sein d'un couple parental, mais sur un mode plus narcissique qu'œdipien, il est prêt à accepter de vivre dans cette fusion générationnellement indifférenciée pour avoir la garantie de trouver toujours un support vital, un étayage narcissique contre la dépression ; Mère enfin, face à ces deux hommes-enfants, il n'y a qu'elle dont nous ne voyons pas très bien ce qu'elle rejoue. Peut-être est-ce là la clé qui libérerait l'énergie manquante ?

La technique du conte que nous reprenons de Caillé et Rey (1988) s'apparente à de nombreuses techniques de travail avec l'imaginaire. Déjà, elle est proche du TAST au sens où au lieu d'un support visuel, le stimulus est verbal. Proche aussi de la TSP au sens où la famille évolue dans un univers métaphorique de sa vie réelle, mais là c'est le clinicien qui propose monde, acteurs, réseau et amorce de saga. Dans la technique du conte comme nous venons de l'utiliser, disparaît aussi la dimension collective de l'élaboration. C'est du chacun pour soi qui sera, après-coup, partagé dans une révélation collective. La technique du conte peut aussi être rapprochée du test des « Fables de Duss », pour lequel l'opérateur lit une fable à l'enfant testé, qui doit ensuite répondre à une question précise sur son dénouement. Ici, à la différence du conte qui est une métaphore de la famille, la fable est un matériel standard, comme les images du TAST.

Le point commun entre toutes ces techniques est qu'au départ, un support à l'élaboration imaginaire est proposé, un contexte stimulant est ainsi créé pour que se mettent en route les processus de secondarisation. Ce contexte stimulant est très important, car il correspond à une participation active du clinicien. Il peut être vécu très différemment selon les familles et cette réaction de la famille est en soi déjà un informateur efficace sur le lien thérapeutique et les possibilités de mobilisation imaginaire. Certaines familles, comme la famille R, réagissent de façon très positive et sont même en demande d'un tel support pour leur permettre de travailler. D'autres, évitent de s'impliquer, ne montrent pas de plaisir, voire sont franchement hostiles à un travail qu'elles jugent inutile et ridicule.

Plus particulièrement, le conte est un puissant facteur de lien positif entre la famille et son clinicien. L'effort d'élaboration personnelle de ce dernier, qui peut être considérable, son talent, représentent une sorte de cadeau que nous faisons à la famille, ou en tout cas cela donne une preuve de l'intérêt et de la bonne volonté du thérapeute. Au-delà de cet aspect relationnel, le conte va permettre au clinicien de présenter une sorte de bilan, de synthèse, à la famille, à propos de son travail thérapeutique, de sa situation de crise, ou de blocage. Le conte pourra être l'occasion de faire passer de nombreux messages inconscients ou à fleur de conscience, souvent sous une forme humoristique, caricaturale, voire un peu ironique. L'emballage du conte (la belle histoire), s'il est bien réussi, permettra la transmission de bien des vérités qu'il aurait été difficile de dire autrement.

Nous pensons que le lecteur aura reconnu, aussi bien que la famille, le nantissement des personnages que nous ne mentionnerons qu'à titre d'information (*Lutin Bricoleur* représente Ex-mari, *Lutin Bavard* Amant, *Lutin Lutteur* Mère, *Lutin Tragique* F1 et *Lutin Silencieux* F2).

Notre premier message est celui d'une différenciation entre les lutins, malgré une ressemblance extérieure. C'est une façon de poser l'ambivalence familiale entre être différents ou se confondre les uns les autres. Les défauts de chaque membre sont présentés comme de charmantes caractéristiques des lutins, et ce dès leur dénomination. Chaque membre de la famille est situé dans son rôle privilégié d'interaction au travers des activités habituelles des lutins. On peut noter la présence des imagos parentales (« monstres, dragons et autres dinausorus, mâles ou femelles ») en rapport avec Lutin Lutteur(Mère). La mégalomanie de F1 est présentée sous une forme ironique avec Lutin Tragique. Nous avons voulu donner un sens à la mission occulte de F2, employant la métaphore de l'inconscient familial (la cave) qui s'emplit peu à peu d'idées pénibles.

La problématique familiale a été métaphorisée en soulignant la rivalité naturelle entre Ex-mari et Amant, qui passe par une concurrence au niveau de leurs capacités respectives. L'agressivité de Mère est soulignée, ainsi que la tyrannie affective de F1. Pour F2, nous avons voulu, là encore donner un sens à ses réactions dépressives, d'abattement, en rapport avec sa mission de déblayage et d'enfouissement des idées familiales.

Nous nous sommes mis en scène comme Grand Sorcier (ce qui n'a pas manqué de faire rire tout le monde). Ce Grand Sorcier dit tout ce qu'ils savent déjà, mais qu'ils ne parviennent pas à concrétiser. Le but du conte est donc, finalement, de proposer une métaphore de la situation familiale, avec ses acteurs, et ainsi de placer chaque membre face à son désir de changement. Crûment, la question que pose cette métaphore est : voilà où vous en êtes, voilà les solutions à mettre en œuvre, vous les connaissez parfaitement, ce sont les solutions auxquelles vous êtes parvenus au cours de votre travail, mais dans votre désir personnel, comment peuvent-elles être concrétisées ?

Si l'on examine à présent les élaborations de chaque membre, on peut noter que seule celle d'Amant met en jeu des actes psychiques, elle y gagne à recevoir le plus de commentaires. Les élaborations des autres membres restent cantonnées dans l'agir métaphorique sous forme de *fin à réalisation magique du désir* (Cf. la grille TAT de Shentoub, 1990). La prestation d'Amant parle au travers de son intellectualité même. Il montre que la famille est coincée dans l'abstraction du désir, qu'elle rêve le départ d'Ex-mari, mais qu'elle ne parvient pas à le concrétiser. Sous cette suspension de l'action finit par se révéler le fond des sentiments familiaux, la perception de la fragilité d'Ex-mari que l'on craint de voir s'écrouler si on le rejette.

Ici, il va se passer quelque chose de très important pour l'aboutissement du travail, car à la suite de notre remarque à propos de sa « philosophie de la noyade », Mère révèle ses sentiments d'inquiétude, d'une angoisse quasi maternelle vis-à-vis d'Ex-mari qu'elle croit capable de se « noyer » si elle venait à l'abandonner. Cette angoisse est à la hauteur de la peur d'Amant de la violence qu'impliquerait l'élimination de la figure symbolique du père. La « clé » de la problématique familiale se trouve très certainement chez Mère, car c'est d'elle, de l'éclaircissement de son choix entre les deux hommes, que dépendent et le courage d'Amant et, finalement, celui d'Ex-mari pour quitter le nid triangulaire.

L'absence de commentaires pertinents (dans la limite de nos perceptions et souvenirs) ne signifie pas que les textes des autres membres soient des coups d'épée dans l'eau. Leur façon de résoudre, comme par miracle, la situation est déjà un message important signifiant la volonté que les choses changent et il était essentiel qu'un tel message passe entre les membres. Un travail imaginaire n'est pas toujours porteur immédiatement, il y faut souvent un travail de perlaboration, dont on observe les effets ultérieurement. C'est le propre des messages inconscients que de nécessiter des délais pour en voir les réponses. Ces réponses, nous ne manquerons pas de les repérer dans les prochaines séances.

L'absence d'Ex-mari va avoir de sérieuses répercussions sur le déroulement du travail. Nous-mêmes sommes un peu déçu par cette absence, mais en même temps, sachant les difficultés d'élaboration d'Ex-mari, sa place de plus en plus difficile à défendre dans la famille, nous nous sentons en partie soulagés par son refus de venir en séance. Il est vrai qu'ici notre faculté d'ubipartisme est particulièrement mise à mal. Nous ne pouvons pas soutenir Ex-mari dans son désir névrotique du ménage à trois, mais en même temps nous ressentons comme anormal le fait de ne pas pouvoir l'aider. L'inconfort du clinicien, c'est ce qui nous console, correspond souvent (nous ne disons pas toujours !) à des tentatives de manipulation de la part d'un des membres de la famille, car il est vrai que dans ce cas, Ex-mari joue de sa faiblesse, aussi bien avec nous qu'avec les autres membres.

Dix-septième séance : le dynamisme des enfants

Nouvelle séance familiale en l'absence d'Ex-mari. On nous dit qu'il est entré dans des comportements de repli, de rupture de la communication, il parle pour la façade, fait comme si de rien n'était. Il semble s'adonner de plus en plus à la boisson. On commence à lui retirer ses petites prérogatives, se répartir les tâches ménagères qu'il accomplit habituellement, on s'organise en prévision de son départ.

Il apparaît une opposition entre, les deux filles, d'une part, et les deux adultes, d'autre part, quant au respect que l'on doit à Ex-mari. Amant et Mère se cantonnent derrière des arguments conventionnels dans le style « la personne sacrée du père », ou bien « on peut toujours compter sur lui ». Amant explique à F1 le respect qu'elle doit à son père sur la base d'une prise de position défensive qu'il aurait eue vis-à-vis d'elle un jour (chose que F1 a oubliée, par contre elle n'a pas oublié que son père a toujours était comme absent pour elle), sur la base aussi d'un hypothétique besoin qu'elle pourrait en avoir un jour futur. F1 répond à Amant que si un jour elle avait besoin de l'aide d'un homme, c'est vers lui qu'elle se tournerait et non vers son père. Paroles qui ont beaucoup touché Amant. On évoque des propos du médecin psychiatre qui allaient dans ce sens (que si F1 ne pouvait changer son père, qu'elle pouvait tout du moins en changer).

Nous soulignons qu'on oppose aux sentiments de haine de F1 envers son père soit une chose oubliée, soit un improbable futur, mais rien de concret. Amant et Mère se trouvent embarrassés pour donner du concret sur ce point.

Lorsque nous leur demandons ce qu'ils entendent par « nous le respectons » en parlant d'Ex-mari, l'embarras est encore plus grand. Mère nous demande, en plaisantant, si nous n'allons pas arrêter de leur poser des questions embarrassantes. Nous répondons, sur le même ton plaisant, qu'ils risquent alors de s'ennuyer (référence à la remarque d'Amant à la fin de la dernière séance). Alors Amant, et Mère ensuite, avouent les animosités très concrètes qu'ils ont envers Ex-mari. Tout cela met en joie F1 qui déclare qu'*elle est très contente d'entendre cela, car enfin elle se sent soutenue dans ces sentiments.*

F1 renchérit et déballe toute la haine, le dégoût, les désirs de mort qu'elle a vis-à-vis de son père. Elle évoque notamment un rejet physique, parlant de *sa position penchée sur le magnétoscope – « notre magnétoscope, avec nos cassettes sur lesquelles il enregistre ses émissions » – où il montre son dos dénudé et le haut de la raie de ses fesses.* Et F1 de s'exclamer à la fin : *« Lorsqu'on me parle de mon père, ce n'est pas une figure que je vois, mais un cul ! »*

Tout ce discours très vivant et imagé est reçu par les deux adultes par le rire. Ils s'excusent, expliquent qu'ils rient non parce qu'ils ne prennent pas au sérieux ce que dit F1, mais c'est la façon dont elle le dit. Et c'est vrai qu'elle y met de l'humour, bien que ce soit des choses très difficiles à dire.

Puis, c'est au tour de F2 d'expliquer et d'illustrer le fait que son père ne l'a jamais aimé, qu'il ne fait pas attention à elle, qu'il a toujours était après F1. On s'interroge un peu sur cette préférence : parce que F2 n'est pas une enfant désirée ? Parce que F1 ressemble davantage à sa mère ?

F1 complète le portrait de son père en parlant de ses façons de faire des mélanges, des confusions (mélanger les serviettes de table). Nous disons qu'il y a dans la famille le pôle de confusion (le père-Ex-mari), le pôle de différenciation (les enfants) et le pôle de l'indécision (les deux autres adultes, Amant et Mère). Nous soulignons aussi avec force que ces deux adultes semblent toujours tenir, pour des raisons anciennes, à ce qu'Ex-mari reste à la maison. Parce qu'Amant se retrouve ainsi entre papa et maman et qu'il commence à ressentir la violence qu'il y a à faire sa place pour se débarrasser du rival ; mais, nous ajoutons que nous n'avons pas encore compris ce que Mère recherche face à deux hommes. Nous le lui demandons, elle rit et refuse de s'expliquer.

Comme nous l'écrivions dans notre commentaire de la dernière séance : la *clé* se trouve bien là. Ex-mari reste parce que Mère ne le lâche pas, parce que quelque part elle le retient.

Incidemment, il y a eu un moment où Mère a parlé du pourquoi de son mariage avec celui qui allait devenir le père de ses filles : elle est passée de la soumission à son propre père à celle à un autre homme (qui lui a fait un chantage au suicide pour se marier) par peur de se retrouver à la rue. Nous nous rendons compte que Mère commence à lâcher du lest, à se montrer dans ses faiblesses.

Il y a aussi cette amnésie partielle de Mère à propos de cet épisode au cours duquel F2, vers 6-7 ans, a craché à la figure de son grand-père maternel (le « Rambo » de la famille, mais désormais sur un fauteuil roulant) et a crié plus fort que lui parce qu'elle avait refusé d'aller lui chercher une bouteille de vin à la cave, pour la raison qu'elle ne voulait pas qu'il boive. Et aussi comment F1 et F2 avaient crevé les pneus du fauteuil roulant du même grand-père avec des punaises.

Nous observons l'émergence d'un puissant dynamisme des deux filles qui, dans l'expression de leurs sentiments vis-à-vis de leur père, dans les souvenirs de lutte contre leur grand-père maternel, qui en sont des dérivés associatifs et des éléments de réalité, un évident contraste avec l'apparente impuissance de Mère à mettre son ex-mari à la porte. Il y a aussi cette remarque qui nous revient, de F2 reprochant à Amant *de n'avoir pas encore « éjecté » son père*. Les effets après-coup du conte sont bien là. Par la métaphore d'éplucher des oignons pour apprêter ses monstres, nous demandions à Mère de laisser parler son cœur, plutôt que sa haine et aujourd'hui, nous la voyons commencer à « se mettre à table », montrer sa faiblesse passée et ce à quoi elle a consenti pour tenter de s'en sortir. Un poids énorme de rancœur se trouve tout à coup libéré contre Ex-mari absent, initié d'abord par les filles et poursuivi par Amant et Mère qui aspirent désormais à une vie de couple normale. Le message d'Amant, de la nécessité de concrétiser leur volonté commune de liquider cet invivable ménage à trois semble avoir eu son effet émulateur.

Dix-huitième séance : « les jambes de mon père »

Nouvelle séance sans le père. On attend que nous parlions, dit-on en plaisantant. Nous demandons s'ils souhaitent vraiment que Ex-mari vienne en séance. Car si c'est le cas, nous avons pensé leur proposer des stratégies pour le faire venir. Amant acquiesce vivement à ce projet, il s'est senti mal à l'aise lors de la dernière séance au cours de laquelle ils ont dévalorisé Ex-mari. Mère parle des stratégies qu'elle a tentées spontanément pour le faire venir, mais cela n'a pas encore marché. Elle lui a parlé de ce qu'ils s'étaient dit lors de la dernière séance, que l'on parle et pense pour lui, mais il s'en fout. Il pense que le problème avec F1 vient de ce que celle-ci ne fait aucun effort pour renouer le contact avec lui. À ce moment-là, F1 s'insurge contre cette idée, elle exprime à nouveau avec force sa haine et ses désirs de mort vis-à-vis de son père.

F2 explique à quel point son père est focalisé sur F1, « *il la veut et fait semblant de ne pas savoir s'en sortir seul pour rester le plus longtemps possible auprès de F1* ». F2 explique ainsi que son père ne l'aime pas, elle. Amant et Mère lui renvoient que pourtant il prend des photos d'elle. Ils y voient un acte d'amour. F2 reste sceptique, elle ne voit pas les choses ainsi. F1 souligne qu'il la prend aussi en photo. Nous associons avec l'appareil photo, la caméra du psychopathe dans la TSP, qui sert aussi à tuer. F2 tente sans grand succès de donner un sens à notre intervention ; nous disons que c'est juste une association de notre part, une hypothèse, nous ne savons pas si cela a vraiment un sens. Nous ajoutons que l'on voit un père prendre ses filles en photo au moment de devoir les quitter, comme pour emporter quelque chose d'elles, un souvenir. F2 dit que *c'est comme s'il lui enlevait une part d'elle-même*. Mère ajoute : *comme s'il te prenait ton âme*. Nous disons que dans certains coins d'Afrique les gens ne veulent pas être pris en photo pour cette raison.

Au cours de cette séance, plusieurs points d'incompréhension réciproque seront mis à jour. Mère, sur notre demande (à un moment opportun), se décide à expliquer ce qu'elle a trouvé auprès des deux hommes. En fait cette idée est venue parce qu'elle avait parlé des stratégies d'Ex-mari pour qu'on ne sache pas ce qu'il veut, ce qu'il pense, pour embrouiller les gens. Et nous avions souligné que c'était ce genre d'embrouilles qui faisaient que l'on ne savait plus dans la famille s'il devait partir ou pas.

Mère a donc évoqué tout ce que lui a apporté Ex-mari. *Il lui a permis de quitter sa famille, de s'arracher d'un monde déplaisant, de suspicion, pour aller vers un autre milieu. Il lui a permis de s'exprimer, de ne pas être jugée, de s'épanouir, il lui a donné la vie et, en cela, elle lui est infiniment reconnaissante, il restera un ami éternel, ce lien est indestructible. Quant à Amant, elle dit qu'elle n'en voulait pas au début, mais il a fini par s'imposer à elle, par la séduire, elle le considère maintenant comme son égal, et c'est cela qu'elle trouve intéressant en lui, elle n'a pas l'impression qu'il représente quelque chose de son passé, comme un grand frère ou un père.*

Nous disons que c'est comme un don réciproque de vie, en faisant référence au chantage au suicide pour le mariage. Nous demandons ce que F1 en pense, de ce que sa mère vient d'expliquer, de montrer. F1 le dénie complètement, elle ne peut pas le comprendre. En même temps, Amant dit qu'il ne parvient pas à comprendre F1 et ses sentiments vis-à-vis de son père. Nous disons que c'est comme si F1 niait l'histoire d'amour de ses parents. Mère ajoute : *une histoire d'amour dont elle est le fruit !* F1 rappelle qu'on dit qu'elle aurait de belles jambes comme son père, cela ne lui fait pas plaisir. Elle poursuit avec une expression ambiguë qui fait rire tout le monde : « *un temps je pensais réussir ma vie en utilisant mon corps (elle fait bien sûr référence à sa tentative d'être danseuse), mais à cause des jambes de mon père, j'ai renoncé* ».

La séance touchant à sa fin, nous rappelons les stratégies que nous pourrions envisager. Nous proposons une connotation positive : « *le thérapeute pense que ce serait bien si Ex-mari ne venait plus aux séances* ». Ou encore accentuer le fait que l'*on pense et parle à sa place*. On nous dissuade de telles stratégies qui n'auront aucun effet sur lui, il refuse tous les défis. Mère dit que la meilleure façon de le convaincre est de lui dire que vraiment **on a besoin de lui**. Nous disons qu'ainsi ils sont confinés dans la stratégie classique d'Ex-mari : exploiter à son profit les besoins des gens. Amant souligne qu'au moins ils le savent et peuvent alors se permettre de jouer cette stratégie. Nous terminons en exprimant un doute : *nous ne savons pas si le thérapeute doit lui aussi exprimer un besoin vis-à-vis d'Ex-mari (?).*

Nos propositions de stratégies destinées à faire revenir Ex-mari en séance ont au moins trois raisons. Tout d'abord notre culpabilité de thérapeute, face à l'un des membres de la famille qui ne sera pas aidé, qui est rejeté, pour lequel le traitement, dans ces conditions, ne sera pas un succès. La deuxième raison est que nous avons l'impression que le travail thérapeutique risque de se bloquer en l'absence d'Ex-mari. Cette impression rejoint certainement notre culpabilité et notre souci d'aider la famille et n'a rien d'assuré, nous savons par ailleurs que la famille R a beaucoup de ressources qui devraient calmer nos inquiétudes. En troisième lieu, nous voulons aussi tester la famille, afin de voir comment ils vivent intérieurement l'absence d'Ex-mari aux séances, s'il y a de la culpabilité, quelles sont justement les ressources spontanées mises en œuvre. Effectivement, la culpabilité est exprimée par Amant et les stratégies proviennent de Mère, elles n'ont pas encore abouti. Visiblement ils attendent quelque chose de nous (*on attend que vous parliez*), car l'absence d'Ex-mari leur donne l'impression de ne plus pouvoir avancer, de tourner en rond.

Les deux filles expriment leur malaise vis-à-vis de leur père. Elles ne pensent pas, comme Mère, qu'il est vraiment incapable de se débrouiller seul, mais elles ont l'impression de détecter en lui une sorte de duplicité « *il fait semblant de ne pas savoir s'en sortir seul pour rester le plus longtemps possible auprès de F1* ». Son attirance pour F1, le fait de les prendre en photo toutes les deux, est vécu d'une façon ambiguë. Ici, notre intervention inspirée, pour voir, rapprochant l'action du père qui prend ses filles en photo, de l'appareil de prise de vue qui tue de la TSP, était destinée à interroger les filles sur un ressenti plus profond, plus difficile à exprimer. Dans tout le discours des filles, l'ambiguïté incestueuse est évoquée à demi-mot, alors qu'Amant et Mère ne veulent apparemment rien entendre de cela. Et lorsque F2 déclare que « *c'est comme s'il lui enlevait une part d'elle-même* », elle est enfin soutenue par Mère qui ajoute que c'est « *comme s'il te prenait ton âme* », et ainsi la dimension « psychopathique » (ce mot est employé dans le sens où la famille R, notamment F2, l'emploie) du père est soulignée.

Nous avons posé l'hypothèse que la « clé » du conflit familial résidait en Mère, que c'est elle qui retient Ex-mari en ne l'encourageant pas à prendre son autonomie, en faisant passer des messages troubles de besoins qu'elle aurait encore à son égard. On peut dire que quelque part le deuil de ce premier couple, premier amour, n'est pas encore tout à fait terminé. Dans le récit de ce qu'Ex-mari a apporté à Mère, on sent toute une nostalgie, le fameux « transfert » qu'évoquait Amant, sans pouvoir l'expliquer. On peut dire qu'Ex-mari a joué pour Mère, et joue encore vraisemblablement, le rôle ambigu d'une sorte de père idéal qui serait à la fois protecteur, révélateur d'elle-même, tout en restant aussi et paradoxalement, une sorte de petit enfant fragile à protéger.

À côté, Amant qu'elle présente comme son égal, paraît être le partenaire adulte, finalement choisi par la partie « saine » de Mère. Ce choix reste cependant fragile, « *je n'en voulais pas au début, mais il a fini par s'imposer à moi, par me séduire* », c'est le dynamisme d'Amant qui a fini par l'arracher de cette fixation à l'image d'un père idéal et ambigu. Pour Mère, ce père idéal vient en compensation et comme pour lutter contre sa haine pour son vrai père, c'est une sorte de *roman familial* rejoué au travers d'Ex-mari : *voilà mon vrai père, il est parfait, c'est lui qui m'a donné la vie*. En ce sens, on peut dire que le couple Mère-Ex-mari est incestueux au plan symbolique, avec en résonance la dimension maternelle que Mère joue auprès d'Ex-mari.

À ce *roman familial* de Mère s'oppose celui de F1 qui, quelque part, dénie l'amour passé entre ses parents, la relation sexuelle qui l'a conçue. Son message est « *mon père n'est pas mon père, je ne veux pas voir, entendre que j'aurais les mêmes jambes que lui* ». F2, de son côté, récupère et prend fantasmatiquement en charge les pulsions mortifères et parricides de Mère, pulsions colmatées par l'accrochage à l'image du père idéal. Ainsi, à ces aspects psychodynamiques de la problématique familiale, s'associent leur versant systémique en ce que les filles sont chargés, au travers de leurs symptômes (plaintes tyranniques, échec scolaire de F1, repli dépressif de F2) de distraire leurs parents de leurs propres conflits.

Si on avait laissé la situation mûrir, toute la problématique du couple Mère-Ex-mari aurait sans doute fini par passer métaphoriquement par les troubles des jeunes filles. Cependant, il convient de relever les éléments spontanés de rééquilibrage, de « santé », à la fois de Mère et des filles, de F1 en particulier. Car pour Mère, faire le choix d'un deuxième homme, c'était à terme trouver une aide pour sortir de son couple symboliquement incestueux. De même, la propension de F1 à rechercher un soutien professionnel auprès d'un psychiatre, ou du médecin de famille, est destinée aussi à faire entrer dans le système familial l'élément déstabilisateur qui va permettre le changement.

La dimension symboliquement incestueuse n'est pas non plus, on la vu, absente du couple Amant-Mère. Pour Amant, le ménage à trois renvoie au couple parental au sein duquel il parviendrait à évincer le père pour conquérir la mère. Les épreuves sadiques de Mère, comme elle le précisa, ne firent que renforcer la détermination d'Amant. Dans sa conquête de Mère, Amant ne s'est pas vraiment affronté à une véritable rivalité masculine, Ex-mari ayant rapidement baissé les bras. Ainsi, la présence du père rival pouvait rester pour Amant à un niveau très symbolique et abstrait, mais donner tout de même du « piquant » à sa conquête. On comprend donc fort bien les liens très profonds à la base de ce ménage à trois. Sa dissolution prochaine, voulue, décidée ne se fera pas sans souffrance.

Avant d'introduire l'avant-dernière séance de thérapie de la famille R, nous devons au lecteur quelques explications quant à nos « stratégies ». On aura remarqué que notre façon de travailler avec la famille est relativement variée, utilisant tour à tour des prescriptions comportementales, des interprétations d'inspiration psychanalytiques, une approche interactive, à d'autres moments plus psychodynamique dans l'imaginaire. Certains pourront y voir un éclectisme stérile, brouillon, voire dangereux. Nous pensons, quant à nous, que le jugement d'éclectisme est le produit d'une double erreur de perspective. Tout comme lorsqu'on filme une rue en enfilade, au téléobjectif, on a l'impression que les véhicules et les gens sont les uns sur les autres, le compte rendu livresque d'une psychothérapie de vingt séances, étalée sur cinq mois, peut donner l'impression d'une telle « perspective écrasée » et que la diversité des techniques employées peut paraître incohérente.

La seconde erreur de perspective relève, quant à elle, du modèle de la famille utilisé. Vis-à-vis d'un modèle purement psychanalytique, ou systémique, notre approche de la famille peut effectivement paraître étrange. Cela ne l'est plus du tout à partir d'un modèle psychosystémique.

Nous ne prétendons pratiquer ni la psychanalyse familiale ni l'analyse systémique selon l'acception classique de ces techniques. Simplement, notre conception bisystémique de la famille nous autorise à mettre en œuvre des techniques qui peuvent s'inspirer de la psychanalyse ou de la systémique.

Quant au choix stratégique des techniques, il est loin d'être incohérent et répond aux principes dégagés par notre modèle psychosystémique. Comme nous l'avons déjà expliqué au cours de cet ouvrage, nos choix dépendent essentiellement de « l'état » de la famille rencontrée. Cet état dépend lui-même de la problématique familiale au départ, des étapes du cycle de vie en cours, des fonctionnalités respectives de l'*éthos* et de l'*eïdos* familiaux, des points d'application des forces d'homéostasie. Par la suite, au cours de la thérapie, nos techniques dépendent des étapes que la famille franchit, de son état de mobilisation, ou de blocage, des possibilités de déclencher une crise latente, ou au contraire de la nécessité de contenir une crise qui risque de devenir explosive.

D'autres techniques annexes peuvent être requises à certains moments particuliers, comme pour faire revenir un membre absent, soutenir un membre exclu, répondre à de puissants paradoxes familiaux qui compromettent le traitement par des contre-paradoxes, etc. Ainsi, si l'on regarde l'ensemble de ces techniques selon l'exact déploiement de la perspective temporelle d'une cure, on constatera que chacune d'entre-elles s'engrène avec les autres selon une structure d'ensemble cohérente.

Cette structure, qui correspond au processus psychothérapique, est une expression directe du système thérapeute-famille, c'est dire qu'elle est le reflet de l'ensemble des éléments transférentiels et contre-transférentiels qui ont cours dans les relations famille-thérapeute, mais encore, le processus thérapeutique est conditionné par ces éléments que Langs (1988) appelle de *non transfert* et de *non contre transfert*. Il s'agit de toutes ces influences concernant la réalité des relations selon le contexte adaptatif en cours dans le champ bipersonnel de communication que partagent famille et thérapeute. Cela signifie que le développement de la cure ne correspond pas à un schéma linéaire et immuable, mais qu'il n'est pas non plus aléatoire ou mystérieusement conduit par les « forces de l'inconscient ».

Par leur interaction réciproque, famille et clinicien tissent un réseau de forces, sur la base d'une « intelligence » partagée. Ces forces se manifestent au travers des émotions, des comportements langagiers, moteurs, psychiques de chacun des protagonistes. L'intelligence relève des buts, conscients ou inconscients, poursuivis par chaque membre du système thérapeutique. Mais en ce point, famille et clinicien diffèrent et il faut absolument qu'ils diffèrent pour que l'acte thérapeutique existe et ait un sens. Le clinicien est un professionnel, chargé d'une mission et payé pour la conduire à son aboutissement. Il met en œuvre pour cela un savoir, une expérience et d'autres qualités personnelles qui ne s'apprennent pas à l'université et qu'il est difficile de codifier, d'évaluer. Ainsi, et ce sera notre conclusion à cet exposé, nous pensons que le clinicien ne doit jamais se fier à cent pour cent à une sorte de « magie » de la cure qui interviendrait, comme par miracle, pour dénouer les fils de la pathologie familiale. Il doit exercer une certaine maîtrise, mâtinée d'inspiration, d'intuition, certes, mais qui ne doit pas lui enlever toute intelligence et capacité à bâtir les stratégies appropriées.

La situation de la famille R nous paraît très claire. Elle s'est elle-même fixé une échéance, une date précise à laquelle interviendront des changements considérables (déménagement, séparation nette et définitive d'Ex-mari du reste de la famille, donc confirmation d'Amant en tant que nouveau partenaire de Mère et beau-père des filles). Nous sommes à quatre semaines de cette échéance et Ex-mari ne semble pas prendre les mesures concrètes, pour lui-même, assurant cette séparation. Il se replie sur lui-même, offre un mur de silence et ne vient plus aux séances de thérapie (de plus nous savons ses possibles côtés mortifères : alcoolisation, apragmatisme, menaces de suicide). Pour nous thérapeute, nous pensons qu'il y a urgence pour agir et faire en sorte que la famille R franchisse son étape de restructuration le mieux possible. La mesure d'urgence que nous avons imaginée ne signifie pas que la thérapie est terminée, que tous les problèmes sont résolus, que le travail doit obligatoirement s'achever après l'échéance prévue. L'horizon indéterminé de l'inconscient réapparaît au-delà de cette étape vitale de la famille, mais notre devoir est de rester centré pour le moment sur l'échéance familiale.

Dix-neuvième séance : la lettre au père

Étant donné qu'Ex-mari ne vient plus en séance, que la famille se retrouve coincée, nous décidons une intervention paradoxale avec la lettre, du thérapeute à Ex-mari, qui suit et qui devra être lue en famille chaque jour. Elle sera présentée aux quatre membres de la famille (sauf Ex-mari) comme une stratégie pour aider Ex-mari, tandis que dans la lettre elle-même, Ex-mari est présenté comme devant aider sa famille. En quelque sorte le contenant (le contexte de la lettre) est le contraire du contenu (la lettre elle-même).

Ce paradoxe global, ajoutait aux paradoxes particuliers, pour chacun des membres de la famille, peut être décrit ainsi : Ex-mari aide chaque membre de la famille par sa présence au domicile, mais en faisant cela il sacrifie sa vie d'adulte autonome. Pour que cesse ce sacrifice, les autres membres doivent donc devenir eux-mêmes autonomes vis-à-vis d'Ex-mari et l'aider à partir. À l'inverse, s'ils ne veulent pas aider Ex-mari à devenir autonome, mais s'ils persistent à l'aider dans sa faiblesse, donc à lui permettre de rester au domicile, ils doivent aussi accepter d'être aidés par Ex-mari et renoncer ainsi à leur propre autonomie, ce qu'ils ne peuvent se permettre. Dans les deux cas, la famille est conduite à demander le départ d'Ex-mari. On aura compris que l'essentiel du paradoxe vient de ce que l'aide à Ex-mari peut être entendue de deux façons opposées, soit une aide pour l'autonomie, soit une aide pour lui éviter d'affronter sa solitude. En plaçant ces deux groupes d'intentions sous la même étiquette « d'aide », on crée un paradoxe en ce que, quelle que soit « l'aide » apportée, finalement, Ex-mari doit quitter la famille. Voici la lettre.

1) Ce que lira Mère :

Ex-mari,

Je comprends fort bien que vous [21] ne souhaitiez plus venir en séance, cela ne sert à rien et je vous approuve pour les raisons suivantes.

Toute la famille a énormément besoin de vous. C'est vous qui détenez tous les meubles,[22] c'est vous qui pouvez seul assurer correctement le ménage et la cuisine dans la maison, le bricolage, et bien d'autres choses que l'on pourrait trouver en creusant un peu. C'est de votre part un sacrifice remarquable et je vous en félicite. Vous mettez de côté votre virilité, vos ambitions personnelles, pour aider votre famille en jouant à la femme de ménage, c'est un geste remarquable que vous devez poursuivre.

À côté de ces besoins généraux, chaque membre de votre famille a un besoin particulier envers vous et là encore, je vous félicite de sacrifier votre vie personnelle pour répondre aux besoins personnels de chacun.

Votre ex-femme, à laquelle vous avez donné la vie par le passé en l'arrachant à sa famille, vous en est, dit-elle, infiniment reconnaissante et elle ajoute que le lien entre vous est indestructible. De tels sentiments sont étonnants pour une femme qui a accepté le divorce. Je pense qu'ils cachent plutôt les besoins qu'elle a encore envers vous pour la soutenir, lui sauver la vie si l'occasion se présentait. Ainsi, vous faites bien de veiller sur elle et de vous préparer à la protéger, c'est là encore un geste d'abnégation remarquable de votre part.

2) Ce que lira F1 :

F1 aussi a besoin de vous. On sait que la haine est l'envers de l'amour et la profonde haine, très physique, qu'elle ressent envers vous lui permet de ne pas ressentir le trouble qu'un père suscite toujours pour une adolescente. Cette haine est donc tout à fait normale, c'est le contraire qui serait anormal. Ainsi, en maintenant votre présence auprès de F1, chaque jour vous l'aidez à vous haïr, jusqu'au jour où elle comprendra qu'elle peut

---

[21] C'est donc le clinicien qui s'adresse à Ex-mari à propos de chaque membre.
[22] Ce qui est vrai !

remplacer utilement, pour sa vie et sa santé mentale, sa haine contre son père par de l'amour pour un garçon de son âge.

3) Ce que lira F2 :

F2 a aussi besoin de vous. C'est elle qui a compris votre rôle dans la famille et qui pense que vous faites semblant de ne pas savoir vous en sortir seul pour rester près de sa sœur. Seulement, F2 n'a pas compris que votre présence dans la famille, même après le divorce, est destinée à tous vous aider. F2 ne peut pas comprendre cela, car elle est le seul membre de la famille que vous n'aidez pas vraiment. Comme votre rôle est d'aider tous les membres de votre famille, je vous demande de vous sacrifier un peu plus en aidant votre seconde fille, en partageant avec elle un loisir dans la semaine (aller au cinéma ou autre chose d'agréable pour tous les deux).

4) Ce que lira Amant :

Amant a aussi besoin de vous. Alors que votre femme est divorcée, qu'il lui a fait un enfant, il ne peut pas, comme ferait tout homme normal, vous prendre au collet et vous flanquer dehors. Ses fonctions de mari et de futur père risquent d'être trop lourdes pour lui, il a besoin d'un autre homme pour le rassurer et le soutenir éventuellement. C'est pour cela qu'il a beaucoup d'estime pour vous et je ne pense pas que, dans le fond, il soit prêt à vous voir l'abandonner face à un avenir aussi inquiétant. Cela d'autant plus qu'Amant est, d'après votre ex-femme, son égal, alors que vous, vous êtes plutôt comme un protecteur. Cela signifie que vivre en égal avec Mère sera sans doute très difficile pour lui, car Mère voulant à la fois un égal et une sorte de père protecteur, il faudra qu'il joue sur les deux tableaux, qu'il se dédouble, ce qu'aucun être humain ne peut faire sans y laisser sa santé mentale. Donc, vous devez encore rester un peu dans la famille pour l'aider.

Cette lettre devra être lue par toute la famille, chaque jour, jusqu'à la prochaine séance qui aura lieu dans 15 jours.

Le psychologue

Nous avions prévu l'éventualité de la venue d'Ex-mari à la séance et nous avions décidé d'adopter la même stratégie, sinon qu'alors, notre lettre lui serait lue aussitôt en notre présence. Effectivement, Ex-mari était présent à cette séance. Cela ne faisait que conforter les propos de notre lettre, puisque selon la stratégie de Mère, Ex-mari avait dû se décider à venir « parce qu'on avait besoin de lui ».

Nous avons dit qu'étant donné qu'ils étaient arrivés à une impasse, nous leur proposions de changer de méthode, ils allaient devoir accomplir chez eux, tous les jours, un petit rituel. Et en guise d'entraînement nous leur avons demandé de commencer le rituel dès maintenant. À la fois étonnés, intrigués et amusés, ils se sont prêtés au jeu. La lettre a été lue par : Mère, F1, F2, Amant. En plaisantant, Mère et F1 ont prétendu qu'elles ne savaient pas lire. F1 a bafouillé sur la fin de sa partie, l'évocation de l'amour envers un garçon de son âge. F2 a bafouillé sur le fait qu'elle était la seule à ne pas être aidée par son père (nous lui avons demandé de reprendre ce passage, car elle avait lu l'inverse : *qu'elle était la seule à l'aider*).

Étonnement, amusement, expression d'évidence (« *mais je le savais déjà* » ont dit la Mère et F1) ont été les réactions à cette prescription. « *Signé : le psychologue* » dit Amant ; le « *psychologue psychopathe* » ajoutent Mère et F1 en matière de plaisanterie. Ex-mari nous regarde en souriant et nous dit qu'*il pense que cela va l'aider, surtout lui*. Nous répétons qu'il s'agit de tous les aider. Nous ajoutons que la séance s'arrête là pour aujourd'hui (un quart d'heure !) et nous leur donnons rendez-vous pour dans quinze jours.

Toujours cet étonnement ravi, accompagné d'une réprobation de façade sur un ton plaisant. Les hypothèses les plus humoristiques fusent pour tenter de s'expliquer la réduction du temps de séance et le rendez-vous à quinze jours. Nous nous bornons à dire *qu'il faut en rester là aujourd'hui pour que le rituel garde sa valeur et qu'il est temps que la famille prenne un peu de distance avec le psychologue*. « *Ah, on arrive à la fin* », déclare F2 ravie, qui ajoute, espiègle, que ces séances en début d'après-midi ont l'inconvénient de couper tout le reste de la journée.

Quelques commentaires cliniques

Ex-mari

Cette lettre que nous lui adressons comporte de nombreux messages directs ou tangentiels. Dès le départ, nous évitons toute opposition à son non-désir de venir aux séances de thérapie familiale. C'est là une règle fondamentale : ne jamais se mettre le client à dos. Bien au contraire, nous lui offrons une connotation positive de son choix et nous lui donnons même des justifications. Si l'on veut bien considérer le refus de venir en séance comme une résistance, l'évitement d'une remise en question trop douloureuse, alors s'opposer à cette résistance ne pourra que la renforcer dans l'instauration d'une lutte interpersonnelle entre thérapeute et client qui finira par faire perdre de vue les bases mêmes de la résistance. À l'inverse, l'acceptation de la résistance (qui n'est pas désignée comme telle), et sa justification de la part du clinicien ne peut que tendre à l'annuler. Le patient, s'attendant à une résistance en miroir à la sienne, n'en trouvant pas, mais plutôt un encouragement, tendra à réaffirmer son opposition en faisant justement ce que l'on souhaite qu'il fasse. Parce que nous lui prouvons qu'il ne doit pas venir aux séances, il y a fort à parier qu'Ex-mari y viendra désormais.

En ce qui concerne les raisons avancées, elles contiennent un double message : sous prétexte de sacrifice, d'abnégation, nous glissons une image féminine de lui-même, propre à réveiller son amour propre viril. En parlant de ses ambitions personnelles, nous lui adressons le message, sans discussion possible, qu'il en aurait. Ici encore, nous encourageons le « symptôme » pour dévier la résistance dans le bon sens. Tenter de convaincre Ex-mari de partir, c'est s'opposer à sa volonté, à ses besoins de protection. Recadrer son maintien dans la famille comme un sacrifice, et le prescrire est une reformulation propre à le faire réfléchir. Le message tangentiel est que s'il se sacrifie ainsi, c'est qu'il est assez fort pour affronter la vie seul, il ne peut finalement que s'opposer à une telle idée de sacrifice et quitter la famille.

Dans son rapport à Mère, nous avons voulu mettre en avant, tout d'abord, les contradictions entre les besoins de Mère et le fait qu'elle ait accepté de divorcer. Notre but est que les besoins de Mère, et leurs aspects ambigus, étant mis en avant, les propres besoins d'Ex-mari seront oubliés face à son abnégation, dont il pourra interroger alors le bien fondé pour son propre bénéfice.

Dans le rapport père-F1, les désirs incestueux inconscients et réciproques doivent faire l'objet de messages tangentiels, car ils ont été clairement évoqués par la famille. En même temps, nous devons connoter positivement la haine de F1 et lui trouver une bonne justification aux yeux de son père. Présentée comme une lutte contre les désirs troubles de l'amour, la haine est déclarée comme « normale ». Une fois recadrée, elle n'a plus de raison d'affoler Ex-mari et nous lui demandons même d'entretenir cette haine chez sa fille, par sa présence, afin de l'aider à aimer un autre homme, donc à se détacher de son père. Ainsi, les désirs du père envers sa fille sont recadrés en une mission destinée à séparer père et fille.

Avec la partie de la lettre concernant F2, nous faisons passer à Ex-mari un autre message crucial, celui qui recadre sa faiblesse comme un jeu, ce qui sous-entend qu'il n'est pas réellement faible et incapable. Un nouveau message tangentiel à propos des élans incestueux du père envers F1 tend à recadrer ces élans comme une méprise de F2. Enfin, notre prescription finale est, elle aussi, destinée à éloigner Ex-mari de F1, tout en le rapprochant de F2 qu'il délaisse.

La rivalité entre Amant et Ex-mari est présentée de façon détournée. Dans un premier temps, nous ne soutenons pas Amant, nous soulignons au contraire sa faiblesse et ses besoins d'aide. Nous pensons qu'une telle stratégie avec lui est capable de le stimuler (alors qu'elle encouragerait Ex-mari à baisser les bras, par exemple). En même temps, la non-compétition d'Ex-mari contre Amant est, elle aussi, un signe de faiblesse, de manque de virilité, mais nous la recadrons comme une aide qu'il apporte à son rival. Et aider un rival, n'est-ce pas là un beau paradoxe ! Comme il ne nous faut pas oublier qu'Amant et Ex-mari forment un trio avec Mère, au sein de besoins réciproques, nous nous rattrapons en justifiant la demande d'aide d'Amant comme la nécessité de se protéger d'une « schizophrénie » induite par l'ambivalence de Mère, qui recherche dans un homme, à la fois un protecteur et un égal. Ainsi, finalement, Amant n'est plus si faible que cela, puisque les difficultés viennent de Mère. Le message incident s'adresse bien sûr à Mère. Il signifie qu'elle devra contrôler son ambivalence et savoir faire des choix, renoncer à certains de ces désirs. Comme Mère sait, par ailleurs, que sa présence aide les deux hommes, les choses trouvent naturellement leur équilibre. L'essentiel est qu'une « faute » ne soit pas accrochée à l'un ou l'autre membre, mais que tous aient l'impression de participer, pour parts égales, à un processus global.

F1

Selon la psychanalyse, nous avons durant la crise adolescente un éveil des pulsions œdipiennes. Cet éveil est ici renforcé dans la mesure où le père divorcé, malgré la présence du nouvel homme de la mère, est toujours présent à la maison. Ainsi, la haine envers le père, si physique (dégoût, images de nudité, les jambes de mon père), s'inscrit bien dans une lutte contre les pulsions œdipiennes. Sur le plan interactionnel, cette haine donne au père l'impression de perdre sa fille, d'où son désir de rester près d'elle, ce qui en retour entretient la haine. La relation est paradoxale au sens où la haine destinée à éloigner maintient le lien sans que puissent s'exprimer les amours filial et paternel. La prescription produit un contre-paradoxe : le père reste près de sa fille pour qu'elle puisse le haïr et ainsi l'aider à découvrir l'amour avec un garçon de son âge. Si le père cesse d'aider sa fille, il quitte la maison et par là il aide sa fille en la soulageant de ses réactivations œdipiennes. S'il ne quitte pas la maison, il aide quand même sa fille. La fille de son côté, si elle continue à haïr son père c'est qu'elle accepte qu'il l'aide, donc qu'elle accepte aussi son amour paternel, destiné à lui faire découvrir l'amour exogame. Si elle cesse de haïr son père, elle retrouve son amour filial qui permettra à son père de partir.

Mère

En fait, l'amour-haine œdipien de F1 est l'exacte réplique de l'amour-haine œdipien de la mère pour son propre père. Cette femme cherche en l'homme à la fois ce père-Rambo, protecteur, qui lui sauve la vie et l'homme qui vivra la relation avec elle sur un plan d'égalité. Ne pouvant trouver les deux personnages chez le même homme, elle choisit d'avoir deux hommes qui représentent chacun une face de ce qu'elle désire. C'est une situation paradoxale, car elle est obligée de faire ce douloureux ménage à trois. Le contre-paradoxe est qu'en maintenant le ménage à trois elle aide son ex-mari qu'elle juge incapable de se débrouiller seul (image paradoxale par excellence, dans la mesure où ce mari incapable est aussi son protecteur !), mais que si elle refuse le ménage à trois elle aidera aussi son ex-mari qui devra partir et apprendre à se débrouiller tout seul.

F2

Elle est sans doute le seul membre de la famille qui ne soit pas dans un paradoxe : son père semble ne pas l'aimer, ne pas s'intéresser à elle, il n'en a que pour sa sœur. Cela doit expliquer, d'une certaine façon, le fond dépressif de F2 et son rôle de « psychopathe » de la famille. Elle est l'exclue qui, de par son statut d'exclusion et pour attirer l'attention sur elle, peut se permettre d'évoquer, ou de jouer, les fantasmes agressifs et mortifères de Mère. La prescription tend à déclarer F2 comme semblable, pour le père, aux autres membres de la famille : il doit l'aider elle aussi et se sacrifier pour elle. Ici il n'y a point de paradoxe particulier, le père peut aimer, ou ne pas aimer sa fille ; mais par contre, F2 pourra sans doute profiter du paradoxe global entre son père et le reste de la famille pour recevoir de l'amour de son père.

Amant

C'est un petit garçon qui vit l'amour œdipien et est très angoissé de devoir en assumer les conséquences que seul un homme adulte peut assumer : chasser le rival et assumer les responsabilités d'époux et de père. Dans le ménage à trois il se sent alors en sécurité, il peut jouer au mari tout en se sentant protégé par la présence de l'ex-mari. Cependant, le paradoxe pour lui est que s'il accepte d'être protégé par Ex-mari, il doit aussi accepter de partager la femme avec cet homme. Le fait de devoir jouer à la fois l'égal et le protecteur avec Mère est présenté comme un danger pour sa santé mentale. Le but est de créer un contre-paradoxe complexe entre les trois adultes. Si Ex-mari, reste à la maison pour aider Amant et Mère, il se sacrifie et ne s'aide pas lui-même, Amant et Mère en acceptant cela ne l'aident pas non plus à se débrouiller seul. Si au contraire il part, c'est qu'il leur refuse son aide ; mais de leur côté, si Amant et Mère refusent l'aide du père, c'est qu'ils veulent l'aider à se débrouiller seul. Si les uns et les autres s'aident, alors ils ne s'aident pas, et s'ils ne s'aident pas, c'est qu'ils s'aident ! D'autre part, en rejetant son ex-mari, Mère risque de rendre Amant fou si elle exige de lui d'assumer le double rôle de protecteur et d'égal, mais en même temps elle aide Amant à assumer des responsabilités d'homme adulte. Et ainsi de suite…

Vingtième séance : le dénouement

(Quelques semaines plus tard). Toute la famille était présente à cet entretien qui sera vraisemblablement l'avant-dernier. Ambiance très détendue, à la joie, même Ex-mari nous a semblé en bonne forme. Le déménagement est proche, des cartons commencent à s'empiler un peu partout, nous dit-on. Déménagement, donc séparation d'avec Ex-mari, les choses ont bien bougées. Nous demandons ce qu'il en a été du rituel prescrit, on nous répond qu'il a été plus ou moins suivi, mais qu'Ex-mari commençait à en avoir marre d'être encensé tous les soirs.

Amant dit avoir fait un bilan de sa vie et qu'il le trouve à présent positif, alors qu'auparavant il le voyait plutôt en négatif. Aujourd'hui, il conçoit que ce qu'il a vécu était nécessaire, qu'il a pris le temps de se construire et qu'il n'est donc pas trop tard pour faire un couple et un enfant. Pendant ce temps, moqueuse, Mère rit. Elle finit par dire que ce qui la fait rire c'est que les deux hommes lui doivent beaucoup, car c'est elle qui a accepté ce ménage à trois. Nous lançons la discussion sur ce ménage à trois et il se dégage que chacun des trois adultes, finalement, y a trouvé quelque chose, que c'était nécessaire pour chacun d'eux. À la fin, les filles ironisent sur leur sacrifice : « *Et nous, vous avez pensé à nous ?* » Mais elles n'ont pas l'air actuellement de s'en sentir plus perturbées que cela ; F1 déclare avoir tant de choses à penser de son avenir immédiat et lointain que le passé lui importe peu.

Nous demandons aussi un bilan à Ex-mari. Le silence s'installe. Il dit qu'il y a du positif et du négatif. Nous sentons que ce n'est pas facile. Il finit par dire qu'il va devoir tourner la page, même si c'est dur. Nous demandons aux autres membres s'ils pensent qu'il en fait assez pour s'en sortir. Il y a un instant de flottement, puis Mère et Amant m'expliquent que oui, les trois adultes abordent le thème des difficultés de la recherche d'un appartement lorsqu'on est chômeur.

Sans cesse l'ambiance euphorique reprend le dessus et des propos légers, des chamailleries entre les filles viennent détendre l'atmosphère. On parle du bébé à venir, qui sera une fille. Les filles ont hâte de voir comment on s'occupe d'un bébé.

Nous demandons pour finir où ils en sont en ce qui concerne le travail fait ensemble, la thérapie, s'ils pensent que l'on arrive à la fin. Tous sont d'accord pour considérer que la fin de la thérapie est arrivée, qu'elle correspond à l'échéance du déménagement. Nous disons à Ex-mari que durant son absence les autres ont dit qu'ils pensaient qu'un travail avec un psychologue lui serait profitable. Par jeu, ils votent à main levée pour confirmer cette idée. À cela Ex-mari répond qu'il s'en est passé jusqu'à présent. Les autres membres, Mère surtout, lui expliquent que ce n'est pas une raison. Nous disons à Ex-mari que nous pensons qu'il est tout à fait capable de se débrouiller tout seul, mais que notre porte lui reste ouverte s'il avait besoin d'y voir plus clair sur lui-même. Enfin, nous fixons un dernier rendez-vous, afin de faire un bilan final, dans trois semaines, cela fera une semaine qu'ils auront déménagé, qu'Ex-mari, normalement, ne vivra plus avec eux…

6 - LE PROCESSUS THÉRAPEUTIQUE

Pour achever cette sorte de compte rendu d'une thérapie familiale psychosystémique, nous croyons utile de réaliser une synthèse du processus spécifique qui s'est déroulé pour cette famille. Une telle synthèse ayant pour but d'unifier les mécanismes de notre démarche et de montrer leur cohérence tant théorique que pratique. Nous essaierons notamment de montrer comment la mise en œuvre de l'imaginaire familial, en des points particuliers du décours de la thérapie, sert à relancer le processus, dénouer des blocages, aider à l'*insight* et au changement.

D'emblée le TAST nous permet d'établir une première esquisse du bisystème familial. Au plan psychodynamique nous voyons la mise à l'écart d'Ex-mari, les rôles défensifs de Mère et d'Amant, celui pulsionnel des deux filles, F1 davantage sur le versant de la secondarisation, F2 sur le versant émergent, sur la base de la délégation fantasmatique maternelle. Dans le conflit Mère-F1 et la symptomatique « signal d'alarme » de cette dernière, on retrouve une résonance avec les anciens conflits de Mère avec son propre père. Par ailleurs, on repère un conflit homme-femme, parallèle au conflit père-fille, comme axe dynamique de la famille. Le TAST nous permet aussi de poser un pronostic favorable devant la souplesse et la richesse de l'imaginaire familial, la capacité à vivre du plaisir créatif ensemble.

Le TAST nous aide aussi à repérer les liens essentiels qui relient les membres de la famille R. Lien d'étayage entre Amant et Mère (plus tard nous verrons l'étayage entre Mère et Ex-mari, ce double étayage étant à la base du « triangle infernal »). Les liens aussi entre Mère et ses deux filles, sur la base d'une solidarité féminine et « féministe » à titre général ; mais plus particulièrement dans la compétition avec F1 pour savoir laquelle des deux, mère ou fille, sera la plus désespérée ; lien dans la collusion fantasmatique, enfin, avec F2.

Les rôles systémiques, interactifs, s'éclairent aussi. Ex-mari est le pôle effacé de la famille, marqué par quelques pointes pulsionnelles sur mode colérique, de provocation. Amant assume la défense et la protection de Mère. Mère incarne la rébellion contre les hommes et protège les filles de leur père. F1 est une sorte de porte-parole de la souffrance familiale, elle est celle qui, avec Amant, met en jeu la pensée intellectuelle, la raison, à un niveau œdipien, tandis que F2, est le pôle du secret familial, c'est celle qui souffre en silence, qui porte le poids des fantasmatiques archaïques.

En ce qui concerne justement ces fantasmatiques, le TAST les dégage comme une lutte entre les imagos parentales. L'agression mortifère du père contre la mère, avec en retour l'agression dévoratrice de la mère contre le père. Cette fantasmatique archaïque est une métaphore des souvenirs maternels, la violence physique et psychologique, manipulatrice de son père contre sa mère et elle-même et, en retour, ses désirs de mort envers son père.

Après avoir passé le TAST, en avoir reçu le retour, le système famille-thérapeute se retrouve au pied du mur, le « et alors ?… » qui signifie que la balle est dans le camp du clinicien et que c'est à lui de jouer. Ce « pied du mur » se retrouve dans tous les décours de thérapies, après quelques séances initiales (voire dès la première séance pour les familles les plus difficiles, défensives), lorsque le clinicien a été informé par la famille et que celle-ci attend en retour la concrétisation pratique, sous forme de directives, de conseils, d'une solution miracle, de sa démarche auprès de lui. Le pied du mur interroge le clinicien à propos de sa supposée toute-puissance afférente à son statut et son savoir. Ici, un double piège lui est tendu, entre l'activisme (qu'il soit interprétatif ou prescriptif) et la momification, la « sphynxisation », sur fond de persécution.

Pour nous, le pied du mur est considéré comme une demande inconsciente de la famille de lui offrir un espace transitionnel winnicottien, ou espace métaphorique, au sein duquel elle pourra commencer à échanger des informations, restructurer ses formations psychiques, libérer ses tensions émotionnelles, découvrir des *insights* libérateurs et remotivants. C'est à partir de ce « pied du mur », après avoir essuyé la première attaque du cadre par Amant (autour du demi-secret de la grossesse de Mère, qui représente, en fait, la culpabilité sexuelle des trois adultes vis-à-vis des deux filles), que nous avons proposé la TSP, en tant que première mise en œuvre de l'imaginaire familial.

En ce qui concerne le nantissement des personnages de la TSP, stricte métaphore au plus près de la problématique familiale, les filles s'emparent immédiatement des attributs maternels : les pulsions mortifères pour F2 et la tragédie de persécution pour F1. Les hommes restant comme à l'écart, Ex-mari « fait le noir » du refoulement et Amant délègue au surmoi de service (« service de sécurité »). Il faut que la scène soit jouée deux fois pour que l'on finisse enfin par mettre les pulsions mortifères sous le sceau du refoulement (le psychopathe est en prison) et que la mégalomanie tragique soit retournée à Mère. En conséquence, les deux jeunes filles sont rendues à leur statut d'enfant, les trois adultes se retrouvent confrontés à leur « trio diabolique », ce qui nous conduit à la deuxième attaque du cadre par Amant (le coup du « match de foot à la télé »).

La mobilisation motivationnelle a suivi : une date est arrêtée pour déménager, donc concrétiser le départ d'Ex-mari, la dissolution du ménage à trois. En retour, les adultes ressentent diverses angoisses et peurs, celle de souffrir, l'angoisse d'un éclatement de la famille, ce sera dur pour celui qui va rester seul. Parallèlement, les dimensions incestueuses symboliques et fantasmatiques du ménage à trois commencent à émerger (ils sont comme « les complices d'un crime »). Les deux filles commencent à bâiller pour marquer leur désolidarisation de la problématique affectivo-sexuelle des adultes.

En guise de métaphore la famille va tout d'abord rechercher ses limites par rapport à l'extrafamilial, le clinicien. Le psychologue fait-il partie de la famille ? (Amant, F2). Ce qui va introduire le thème des limites entre les membres, entre les générations, sur mode de dévoration psychique mutuelle (« se bouffer psychiquement »), ou de rapproché père-fille, dans le danger de l'éveil de la sexualité. On peut alors observer que maintenant qu'adultes et enfants commencent à reprendre leurs places respectives dans la famille, que l'échéance de la séparation est posée pour le trio des adultes, le problème des limites, de la distance entre les personnes, prend de plus en plus d'acuité. Distance entre grands-parents et parents, entre parents et enfants, entre le psychologue et la famille. On en arrive à comprendre (Mère) que sans cette distance tout est tellement confus que l'on finit par en mourir (mort de la personnalité ou suicide). La preuve ne se fait pas attendre, le psychopathe-F2, désormais en prison (TSP), devient dépressif.

Dans un premier temps, deux camps s'affrontent, celui de la confusion incarné par les hommes, celui de la différentiation incarné par les femmes. C'est comme si la problématique de la différence n'émergeait tout d'abord pour la famille R qu'au travers d'une différence des sexes. Les hommes seraient du côté du désordre social pervers, assujetti à une satisfaction immédiate des désirs, tandis que les femmes seraient les garantes de l'ordre social, de l'interdit. Pourtant, cette répartition sexuée entre différenciation et indifférenciation n'est pas si rigide que cela et nous cherchons, au travers de l'explication fournie à F2 (à propos de son étiquette autoattribuée de « psychopathe »), à montrer à la famille que ces rôles familiaux sont interchangeables, dynamiques, que chacun en fait, possède en soi des éléments de différenciation ou d'indifférenciation.

La preuve en est comme aussitôt fournie lorsque F1 et Mère se mettent à disqualifier les sentiments des hommes, n'acceptant pas leur différence. Amant est alors confronté par les mêmes F1 et Mère à l'image du mari-père idéal qu'elles attendent de lui. Sa position au sein de la famille devient de plus en plus pénible devant de telles exigences et on comprend qu'il « attaque le cadre » pour la troisième fois, recherchant une aide, un étayage du clinicien dans cette sorte de continuum qu'il voudrait créer entre la famille, la thérapie, le thérapeute.

Devant ces tensions croissantes, ces défis permanents que les femmes jettent aux hommes, nous nous sentons mal à l'aise et nous avons envie de montrer que les efforts concernent tous les membres de la famille. Nous égrenons alors les renoncements de chacun, dans un souci d'équirépartition de la souffrance : Amant doit renoncer à sa mère, Ex-mari à son ex-épouse, l'ex-épouse à son ex-mari, le père à ses filles, les filles à leur père, et enfin, les trois adultes doivent renoncer à leur triangle.

Du coup, la famille touche enfin au mot « inceste », dans le registre de cet « incestuel », inceste non réalisé, mais où la prise de pouvoir sur l'autre correspond à un équivalent d'inceste.

La famille R embauche une femme de ménage. Acte important de dépassement de l'angoisse à laisser entrer un étranger dans l'appartement, amorçage du retrait à Ex-mari de ses prérogatives ménagères qui le justifient dans le ménage à trois, il lui est substitué un agent contractuel, métaphore du clinicien que l'on accepte dans sa distance. On découvre alors l'enfance d'Ex-mari, trois fois orphelin, de mère, de substitut maternel, de père et autres deuils mal travaillés. Et nous osons poser cette question forte : comment « tuer l'amant de sa femme » lorsqu'on a appris que les gens que l'on aime meurent si facilement ? Au travers de cette problématique de la mort (maladie, accident, suicide, dévoration psychique mutuelle), la famille prend un nouveau tournant, les filles semblent s'ennuyer à nouveau, mais pas pour longtemps, car la tension monte toujours. Elles finissent par se confronter directement à leur père ; Mère est soulagée de ne plus être leur médiatrice. Comme il faut bien moduler cette tension, la famille prend un peu de distance avec nous, on loupe une séance, on arrive en retard, on a envie d'utiliser le clinicien et l'on accepte avec joie une modification du cadre inopportunément opportune. On lui demande un peu d'espace transitionnel winnicottien et il ne manquera pas d'en donner. Une séance de couple Amant-Mère est suffisante pour calmer le jeu et tout le monde revient, sauf Ex-mari, pour écouter le conte familial, œuvre et don du clinicien *suffisamment bon*, sur inspiration d'une famille souffrant d'amythose.

Ici le « pied du mur » n'est plus stupeur devant l'énigme familiale, mais saisissement de peur devant le changement qui est en train de s'opérer. La peur a besoin d'être digérée dans l'imaginaire, exorcisée, c'est une montagne illusoire qui, une fois franchie, se révèle n'être qu'un talus. Au travers du conte familial, nous transmettons à la famille des messages conscients, d'autres inconscients, tangentiels. Nous dédramatisons le contexte par cette TSP à la carte où l'humour et l'ironie servent à recadrer la problématique familiale, à stimuler l'imaginaire familial, vers un renforcement des motivations. En retour, chaque membre de la famille renvoie ses propres messages, à tous les niveaux. Tout le monde veut que les choses finissent bien, qu'Ex-mari parte, mais Amant souligne bien que la concrétisation du désir est difficile à mettre en œuvre.

Ex-mari-père est absent, ce qui le rend hyper présent puisque, c'est bien connu, les absents ont toujours tort. Ses prérogatives familiales, ménagères, lui sont de plus en plus retirées, la famille se réorganise dans le sens de la séparation et constate par la même occasion que c'était bien pratique d'avoir un « homme de ménage » à la maison.

F1 en profite pour déballer sans retenue toute sa haine, car les absents sont aussi sourds ! Ce qui est bien pratique. Où l'on voit par la même occasion qu'elle ne manque pas d'humour (« *Lorsqu'on me parle de mon père, ce n'est pas une figure que je vois, mais un cul !* ») et que, tout comme la haine n'est que l'envers de l'amour, le drame est l'envers de la dérision.

La dichotomie familiale en forces opposées de différenciation et d'indifférenciation, commence à être sapée par l'apparition d'une force d'indécision. Ex-mari semble abandonné au pôle de la confusion, les deux filles incarnant celui de la lutte pour la différenciation, tandis qu'Amant et Mère sont indécis, partagés entre la nostalgie du ménage à trois et le désir de faire un vrai couple.

Mère commence à lâcher prise (« éplucher les oignons… qui font pleurer »), elle montre sa faiblesse passée, son acceptation du chantage au suicide d'Ex-mari pour emporter la décision de se marier.

Les deux filles prennent de plus en plus de vigueur. Elles luttent contre leur père, tout comme elles ont lutté contre le grand-père-Rambo, tout comme elles luttent contre l'indécision d'Amant et de Mère vis-à-vis d'Ex-mari.

Au fil des séances l'absence d'Ex-mari induit de plus en plus de culpabilité familiale et… du clinicien. On parle de stratégies pour ramener la brebis égarée. Les filles poursuivent la lutte (F2 se sent rejetée par son père qui poursuit F1) et par le moyen de la métaphore de « l'appareil qui peut à la fois prendre une image de soi et tuer », l'incestuel « psychopatique » se trouve exprimé : « *c'est comme s'il m'enlevait une part de moi-même* » (F2), « *c'est comme s'il prenait ton âme* » (Mère).

Au sein de ce climat de révélations, le lien de Mère à Ex-mari est enfin dévoilé (la « clé » ?), ce don mutuel de vie qui a bâti leur amour, signant l'incestuel qui les anime dans la recherche d'un père idéal, d'une mère idéale. De tout cela F1 en fait le déni (« *je ne veux pas qu'on dise que j'ai les jambes de mon père* »), elle oppose son propre roman familial à celui de sa mère, mais toutes les deux, dans leur conflit, recherchent le même père idéal.

Ce qu'on ressent (« on » représente le système thérapeute-famille) est que l'absence d'Ex-mari – une sorte de fuite –, met en danger de blocage le déroulement de la thérapie, plus précisément, les processus de changement qui sont en cours. C'est ainsi que « on » veut agir, nous-mêmes d'abord, et le clinicien se lance à proposer des stratégies, les clichés de la pragmatique de Palo Alto. Mais Mère qui connaît mieux son affaire que nous-mêmes, n'hésite pas à invalider ce genre de ruses qui ne marcheront pas avec Ex-mari. Ce que nous avons surtout cherché à produire est une plus grande mobilisation familiale pour éviter que le traitement ne s'enlise au moment de l'échéance du déménagement.

La lettre à Ex-mari est une intervention paradoxale à plusieurs niveaux, mais c'est aussi une élaboration imaginaire du clinicien, au même titre que le conte des cinq lutins, destinée à nourrir et mobiliser l'imaginaire familial. Alors que la famille se retrouve comme scindée (absence persistante d'Ex-mari, conflits père-filles, dissensions Mère-filles, lutte des romans familiaux individuels) il nous a semblait nécessaire de prendre à nouveau en compte, de relier, tous les membres. Le processus est le suivant. La famille R part d'une souffrance initiale rattachée à une problématique de différenciation, dont le ménage à trois n'est que l'aspect émergé de l'iceberg. Peu à peu, au fil des rencontres des membres avec le terrain de l'imaginaire familial (le TAST, la TSP, le conte familial), la différenciation s'élabore, créant secondairement l'amorce d'une tension, d'une certaine angoisse, qui ne cessera de croître. Le mouvement de différenciation entraîne des angoisses d'éclatement, de perte, d'abandon, en même temps qu'une culpabilité liée au « crime » de la fusion. Dans tout processus de différenciation des membres d'une famille, le thérapeute doit aider la famille à réaliser de nouveaux liens, ces subtils liens dans le respect de la différence qui marquent les relations « normales » entre les êtres humains.

Sur le plan de l'imaginaire familial, si l'on met de côté les paradoxes, la lettre à Ex-mari, peut être interprétée à un certain niveau, comme la présentation d'une famille « normale » où les gens s'entraident. Le sacrifice d'Ex-mari est une pure invention, un recadrage imaginaire, un conte, une légende, ce qui ne veut pas dire que ce soit un mensonge, une contre-vérité. Le paradoxe, les paradoxes de la lettre, destinés à induire la séparation, « paradoxalement » tissent aussi les liens nouveaux qui pourront porter les relations familiales. À l'indifférenciation succède la solidarité, à l'amalgame des devenirs suivent les projets individuels et de couple.

Épilogue

La vingt-et-unième séance fut bien la dernière pour la famille R. Tout le monde était présent et tous nous ont semblé en pleine forme. Même Ex-mari, devenu tout à coup loquace et détendu. Il vit désormais seul dans un petit appartement et parle de chercher sérieusement du travail.

La séance était prévue pour faire une sorte de bilan, mais cela a fini par tourner à la conversation de salon. De temps en temps Amant rappelait le but de la séance, mais sans y faire une opposition explicite, personne ne semblait intéressé pour faire un tel bilan. Les choses semblaient bien comme elles étaient et il n'y avait pas à revenir dessus. Mère finit par dire que pour elle le bilan se ramenait à la séparation d'Ex-mari et au déménagement et qu'il n'y avait rien d'autre à ajouter, les objectifs fixés étaient atteints.

Au tout début de cette séance, nous avons suggéré une modification des places des membres dans l'espace. En effet, depuis le début du traitement, les membres ont toujours gardé la même disposition. D'un côté Amant et Mère qui sont séparés et donc encadrent les deux filles (F1 près de sa mère et la cadette près d'Amant). De l'autre côté, presque en face d'eux, Ex-mari, à l'écart. Aujourd'hui nous demandons *laquelle des deux filles est disposée à permuter avec l'un des adultes pour réunir le couple Amant-Mère ?* Mère souligne avec espièglerie qu'ils sont très conservateurs sur les places de chacun dans cette famille. F2 s'exclame en fine psychologue : « Ah, parce que selon comme on est assis, vous voyez si… ». Finalement, F1 se propose spontanément et de bonne grâce pour permuter avec Amant. Ce qui est fait. À partir de cette nouvelle disposition, Amant exprime sa satisfaction : « Nous aurions dû nous placer ainsi plus tôt ». Mère le regarde un instant avec tendresse. Ex-mari déclare, ironique : « Comme ça F1 est plus près de son père » ; F1 joue l'indifférente.

Étrangement, la conversation a fini par porter sur les défauts des professeurs des filles (c'est un thème qui était apparu lors d'une des premières séances). En particulier, la famille s'est étalée sur le cas de ce professeur qui s'est permis de dire à ses élèves que *tout le monde était responsable d'une personne qui se suicide*. A suivi une discussion animée par Mère soutenant l'avis inverse, que les suicidés ont la pleine responsabilité de leur mort. La famille est tombée d'accord pour dénoncer ces professeurs qui abusent de leur statut pour soutenir des idées tendancieuses. Quand on sait le fond « suicidaire » d'Ex-mari, le dérivé associatif d'une telle conversation paraît plus clair. Les messages délivrés par la famille, et plus particulièrement Mère, à Ex-mari, sont sans équivoques : le chantage au suicide ne marchera plus désormais, tu dois te débrouiller tout seul.

Ils ont aussi parlé du bébé à venir, échographiquement sexualisé en tant que fille. Chacun des quatre membres (sauf Ex-mari donc) lui a donné un prénom.

La fin du traitement est confirmée, les objectifs fixés sont atteints. Même les résultats scolaires des deux filles se sont bien améliorés. Notre bilan de clinicien est positif, nous avons répondu à l'appel à l'aide de F1, nous avons permis le travail de l'imaginaire familial nécessaire pour que soit comprise la configuration du ménage à trois et permettre ainsi sa dissolution ; pour le reste, la volonté de changement, le courage, la motivation sont redevables aux seules qualités de cette famille particulièrement dynamique.

Nous avons repris contact téléphoniquement avec la famille R six mois plus tard afin de vérifier la consolidation des résultats (entre temps nous avions reçu un faire-part de la naissance de l'enfant du couple Amant-Mère, tout s'était bien passé). L'arrivée du bébé venait confirmer le couple et les deux filles en étaient très heureuses, leurs résultats scolaires étaient excellents. On me dit qu'Ex-mari vit toujours seul, mais qu'il se porte bien. Il travaille de temps en temps au fil des contrats qu'il décroche et qui l'amènent à de nombreux déplacements. Le bilan à six mois reste donc globalement positif.

BIBLIOGRAPHIE

1. Ackermans, A. & Andolfi, M. (1987). *La création du système thérapeutique. L'Ecole familiale thérapeutique de Rome*. Paris : ESF.

2. Andolfi, M. et al. (1982). *La forteresse familiale*. Paris : Dunod & Bordas.

3. Anzieu, D. (1974). Le moi-peau. *Nouvelle Revue de Psychanalyse*, 9, 185-208.

4. Anzieu, D. (1975). *Le groupe et l'inconscient*. Paris : Dunod.

5. Anzieu, D. et al. (1977). *Psychanalyse et langage, du corps à la parole*. Paris : Bordas & Dunod.

6. Anzieu, D. & Martin, J.Y. (1978). *La dynamique des groupes restreints*. Paris : Dunod.

7. Austin, W.R. (1982). *Quand dire c'est faire*. Paris : Seuil.

8. Bandura, J.S. (1980). *L'apprentissage social*. Bruxelles : Mardaga.

9. Bateson, G. (1936). *La cérémonie du Naven*. Paris : Edition de Minuit, 1971.

10. Bateson, G. (1956). The message "This is play". In *Group processes: Transactions of the second conference* (pp. 145-242). New york: J. Macy Jr. Foundation.

11. Bateson, G. (1977, 1980). *Vers une écologie de l'esprit*. Tomes 1 et 2, Paris : Seuil.

12. Benoit, J.C. & Berta, M. (1978). *L'activation psychothérapeutique*. Paris : Dunod.

13. Bergeret, J. (1974). *La personnalité normale et pathologique*. Paris : Bordas.

14. Bertalanffy, L. von (1980). *Théorie générale des systèmes*. Paris : Dunod.

15. Bion, W. (1957). *Recherche sur les petits groupes*. Paris : Presses Universitaires de France, 1961.

16. Bion, W. (1964). Une théorie de la pensée. *Revue Française de Psychanalyse*, **23**, 75-84.

17. Bion, W. (1962). *Aux sources de l'expérience*. Paris : Presses Universitaires de France, 1979.

18. Boszormenyi-Nagi, I. & Framo, J. (1965). *Psychothérapies familiales*. Paris : Presses Universitaires de France.

19. Boszormenyi-Nagi, I. & Spark, G.M. (1973). *Invisibles loyalties*. New York: Harper & Row.

20. Brelet, F.(1986). *Le TAT, fantasme et situation projective*. Paris : Dunod.

21. Bruner, J.S. (1983). *Savoir faire, Savoir dire, le développement de l'enfant*. Paris : Presses Universitaires de France.

22. Caillé, P. & Rey, Y. (1988). *Il était une fois… Du drame familial au conte systémique*. Paris : ESF.

23. Caillé, P. (1985). *Familles et thérapeutes*. Paris : ESF.

24. Caillot, J.P. & Decherf, G. (1982). *Thérapie familiale psychanalytique et paradoxalité*. Paris : Clancier-Guénaud.

25. Chrzanowski, G. (1977). Partecipant observation. *Contemporary Psychoanalysis*, 13 (3), 551-555.

26. Defranck-Lynch, B. (1986). *Thérapie familiale structurale*. Paris : ESF.

27. Eiguer, A. (1987). *La parenté fantasmatique*. Paris : Dunod.

28. Eiguer, A. (1983). *Un divan pour la famille*. Paris : Païdos-Centurion.

29. Ellenberger, H. (1970). *À la découverte de l'inconscient. Histoire de la psychiatrie dynamique*. Paris : Simep, 1974.

30. Ferreira, A.J., Winter, W.D. & Pointdexter, E.J. (1966). Some interactional variables in normal and abnormal families. *Family Process*, 5, 70-75.

31. Freud, S. (1932). *Nouvelles conférences*. Paris : Payot, 1976.

32. Freud, S. (1921). *Psychologie des foules et analyse du moi*. Paris : Payot, 1971.

33. Fivaz, E. (1987). *Alliances et mésalliances dans le dialogue précoce*. Paris : Delachaux & Niestlé.

34. Glick, I.D. et al. (1982). *Family therapy and research. An annoted bibliography*. New York : Grune & Stratton.

35. Guitton-Cohen Adad, C. (1988). *Instant et processus*. Paris : ESF.

36. Goldrick, Mc.M. & Gerson, R. (1990). *Génogramme et entretien familial*. Paris : ESF.

37. Haley, J. (1978). *Un thérapeute hors du commun : M.H. Erickson*. Paris : Epi, Hommes et Groupes.

38. Haley, J. (1984). *Tacticiens du pouvoir*. Paris : ESF.

39. Haley, J. (1980). *Leaving home, quand le jeune adulte quitte sa famille. Psychopathologie et abord psychothérapique.* Paris : ESF, 1991.

40. Heireman, M. (1989). *Du côté de chez soi. La thérapie contextuelle de B. NAGI.* Paris : ESF.

41. Horwitz, M. & Cartwright, D. (1953). A projective method for the diagnostic of group particularities. *Human Relations,* 6, 397-410.

42. Huber, W. (1987). *La psychologie clinique aujourd'hui.* Bruxelles : Mardaga.

43. Jacob, T. & Davis, J. (1973). Family interaction related to an experimental task. *Family Process,* 12, 415-427.

44. Jakobson, A. (1963). *Essais de linguistique générale.* Paris : Seuil.

45. Kaes, R. (1976). *L'appareil psychique groupal.* Paris : Dunod.

46. Korzybski, A. (1941). *Science and sanity.* New York : Science Press.

47. Khun, T.S. (1972). *La structure des révolutions scientifiques.* Paris : Flammarion.

48. Lacan, J. (1938). *Les complexes familiaux.* Paris : Navarin, 1984.

49. Laing, R.D. (1973). *La politique de l'expérience.* Paris : Payot.

50. Laing, R.D. (1972). *Noeuds.* Paris : Editions de Minuit.

51. Langs, R. (1988). *Thérapie de vérité, thérapie de mensonge.* Paris : Presses Universitaires de France.

52. Lebovici, S. (1983). *Le nourrisson, la mère et le psychanalyste, les interactions précoces.* Paris : Païdos-Centurion.

53. Lemaire, J.G. (1979). *Le couple : sa vie, sa mort.* Paris : Payot.

54. Lewin, K. (1959). *Psychologie dynamique.* Paris : Presses Universitaires de France.

55. Loonis, E. (1992). *TAST, le chaos familial.* Université de Bordeaux 2, Mémoire de DESS de psychologie clinique et pathologique, non publié.

56. Loonis, E. (1992). La famille à l'épreuve de la projection. *Le Journal des Psychologues,* 101, 12-13.

57. Madanes, C. (1981). *Stratégies en thérapie familiale.* Paris : ESF, 1991.

58. Malarewicz, J.A. & Godin, J. (1986). *De l'hypnose clinique à la psychothérapie stratégique.* Paris : ESF.

59. Marc, E. (1987). *Les processus de changement en psychothérapie.* Paris : Retz.

60. Meerbeeck, van P. (1988). *Les années folles de l'adolescence.* Bruxelles : De Boeck-Wesmael, 1990.

61. Miermont, J. (1987). *Dictionnaire des thérapies familiales.* Paris : Payot.

62. Minuchin, S.M. (1979). *Familles en thérapie.* Paris : Éditions universitaires.

63. Minuchin, S.M., Montalvo, B. et al. (1967). *Families in slums*. New York : Basic Books.

64. Montagner, H. (1978). *L'enfant et la communication*. Paris : Pernoud-Stock.

65. Mount, F. (1984). *La famille subversive*. Bruxelles : Mardaga.

66. Nathan, T. (1986). *La folie des autres*. Paris : Dunod-Bordas.

67. Neuburger, N. (1984). *L'autre demande. Psychanalyse et thérapie familiale systémique*. Paris : ESF.

68. Neuburger, N. (1988). *L'irrationnel dans le couple et la famille*. Paris : ESF.

69. Parquet, Ph.-J., Bursztejn, C. & Golse, B. (1989). *Soigner, éduquer l'enfant autiste ?* Paris : Masson, Médecine et Psychothérapie.

70. Prieur, B. (1989). *L'anorexique, le toxicomane et leur famille*. Paris : ESF.

71. Racamier, P.-C. (1978). Les paradoxes des schizophrènes. *Revue Française de Psychanalyse*, **42**(5-6), 877-970.

72. Rillaer, van J. (1980). *Les illusions de la psychanalyse*. Bruxelles : Mardaga.

73. Rondeau, R. (1980). *Les groupes en crise ? Éléments pour une étude comparée des problèmes de la psychosociologie d'expression française*. Paris : Mardaga.

74. Rosenthal, R. & Jacobson, L. (1968). *Pygmalion à l'école*. Paris : Casterman.

75. Roman, M. & Bauman, G. (1960). Interaction testing: A technique for the psychological evaluation of small groups. In M. Harrower, P. Vorhaus, M. Roman, and G. Bauman (Eds), *Creative variations in the projective techniques* (pp. 93-138). Springfield, Ill.: Thomas.

76. Rouch, J. (1955). *Les maîtres fous*. Film documentaire ethnographique de 36 minutes.

77. Ruffiot, A. et al. (1979). La thérapie familiale analytique : technique et théorie. *Perspectives Psychiatriques*, **71**, 121-144.

78. Ruffiot, A. et al. (1981). *La thérapie familiale analytique*. Paris : Dunod.

79. Searle, J.R.(1988). *Les actes de langage*. Paris : Dunod.

80. Searles, H. (1981). *Le contre-transfert*. Paris : NRF, Gallimard.

81. Searles, H. (1965). *L'effort pour rendre l'autre fou*. Paris : NRF, Gallimard, 1977.

82. Selvini Palazzoli, M. et al. (1978). *Paradoxe et contre-paradoxe*. Paris : ESF.

83. Selvini Palazzoli, M. et al. (1988). *Les jeux psychotiques dans la famille*. Paris : ESF, 1990.

84. Selvini, M. (1987). *Mara Selvini, l'histoire d'une recherche*. Paris : ESF.

85. Shentoub, V. et al. (1990). *Manuel d'utilisation du T.A.T. Approche psychanalytique*. Paris : Dunod.

86. Singer, M.T. (1968). The consensus Rorschach and family. *Journal of Projective Techniques*, **32**, 348-351.

87. Stierlin, H. (1977). *Le premier entretien familial*. Paris : J.-P. Delarge, Editions Universitaires, 1979.

88. Strauss, M.A. & Brown, B.W. (1978). *Family measurement techniques*. University of Minnesota Press.

89. Thom, R. (1983). *Paraboles et catastrophes*. Paris : Flammarion.

90. Thom, R. (1988). *Logos et théorie des catastrophes*. Genève : Editions Patino.

91. Toman, W. (1987). *Constellations fraternelles et structures familiales*. Paris : ESF.

92. Watzlawick, P. et al. (1967). *Une logique de la communication*. Paris : Seuil, 1972.

93. Watzlawick, P. et al. (1975). *Changements, paradoxes et psychothérapie*. Paris : Seuil.

94. Watzlawick, P. (1976). *La réalité de la réalité*. Paris : Seuil, 1978.

95. Watzlawick, P. (1978). *Le langage du changement*. Paris : Seuil, 1980.

96. Watzlawick, P. & Weakland, J.H. (1981). *Sur l'interaction*. Paris : Seuil.

97. Whitehead, A.N. & Russel, B. (1910-1913). *Principia Mathematica*. Cambridge, UK : Cambridge University Press.

98. Wiener, N. (1948). *Cybernetics, or control and communication in animal and machine*. Paris : Hermann.

99. Willi, J. (1973). *Le Rorschach en commun*. Bern : Huber.

100. Winkin, Y. (1977). *La nouvelle communication*. Paris : Seuil, 1981.

101. Winnicott, D.W. (1971). *Jeu et réalité*. Paris : Gallimard, 1975.

102. Winter, W.D., Ferreira, A.J. & Olson, J.L. (1966). Hostility thematics in family TAT. *Journal of Projective Techniques*, **30**, 270-274.

À PROPOS DE L'AUTEUR

Le docteur Éric Loonis est psychologue clinicien et psychopathologue. Il a exercé en tant que psychothérapeute libéral auprès de familles, de couples et de personnes addictées et il a mené une longue carrière de psychologue clinicien en institut médico-éducatif auprès d'enfants, d'adolescents et de jeunes adultes handicapés. Le docteur Éric Loonis est l'auteur de nombreux articles et ouvrages scientifiques sur les thèmes de l'addiction et de l'imaginaire érotique.

www.ingramcontent.com/pod-product-compliance
Lightning Source LLC
Chambersburg PA
CBHW071340280526
45787CB00001B/165